电子竞技专业
系列教材

丛书主编 黄心渊

赵思源◎著

电子竞技舞台美术
设计与实现

E-Sports
Stage Art Design
and Realization

U0361965

清华大学出版社
北京

内 容 简 介

本书是电子竞技专业系列教材规划中讨论电子竞技核心执行工作和岗位概论中的重要一册,对学术研究和实践指导具有一定的参考价值。本书对全球电子竞技赛事发展至今的大量案例进行了深度解读与专业分析,系统地梳理了电子竞技舞美从设计到实现的逻辑架构及实践流程。针对不同类型赛事的舞美设计原理进行了针对性的研究与分析,并对电子竞技舞美设计与实现的未来发展趋势进行了预测。本书对电子竞技舞美的特效、视听及灯光 AVL、外场及功能区、解说席及评论席、服化道进行了包含美学艺术、技术结合以及电子竞技特有的 IP 融合等方面的讲解,能够让读者快速掌握电子竞技舞美从设计到实现的核心要点。此外,本书提出的架构、方法以及展示的数据,也会对新时代的演出舞美设计与实现提供一些参考与启发。

本书适合作为电子竞技相关专业的教材,也可供对电子竞技感兴趣的读者阅读。

版权所有,侵权必究。举报:010-62782989,beiqinquan@tup.tsinghua.edu.cn。

图书在版编目(CIP)数据

电子竞技舞台美术设计与实现 / 赵思源著 . -- 北京:清华大学出版社,2024. 12.
(电子竞技专业系列教材). -- ISBN 978-7-302-67704-8
Ⅰ. G898.3;J813
中国国家版本馆 CIP 数据核字第 20242LU033 号

责任编辑:谢 琛 薛 阳
封面设计:常雪影
责任校对:申晓焕
责任印制:沈 露

出版发行:清华大学出版社
　　　网　　　址:https://www.tup.com.cn,https://www.wqxuetang.com
　　　地　　　址:北京清华大学学研大厦 A 座　　　　邮　　编:100084
　　　社 总 机:010-83470000　　　　　　　　　　邮　　购:010-62786544
　　　投稿与读者服务:010-62776969,c-service@tup.tsinghua.edu.cn
　　　质量反馈:010-62772015,zhiliang@tup.tsinghua.edu.cn
　　　课件下载:https://www.tup.com.cn,010-83470236
印 装 者:三河市君旺印务有限公司
经　　销:全国新华书店
开　　本:185mm×260mm　　　　**印　张:**19.5　　　　**字　数:**475 千字
版　　次:2024 年 12 月第 1 版　　　　　　　　**印　次:**2024 年 12 月第 1 次印刷
定　　价:79.00 元

产品编号:105721-01

电子竞技专业系列教材
编 委 会

主 任

黄心渊：教育部高等学校动画、数字媒体专业教学指导委员会　　秘书长
　　　　全国高等院校计算机基础教育研究会　　　　　　　　　　会长
　　　　中国传媒大学动画与数字艺术学院　　　　　　　　　　　院长、二级教授

副主任

罗江林：吉林动画学院　　　　　　　　　　　　　　　　　　　　副校长
　　　　全国高等院校计算机基础教育研究会电子竞技专业委员会　主任
郑　夺：英雄体育VSPO　　　　　　　　　　　　　　　　　　　联合创始人、首席
　　　　　　　　　　　　　　　　　　　　　　　　　　　　　　运营官
　　　　中国传媒大学动画与数字艺术学院　　　　　　　　　　　客座教授
袁晓黎：南京传媒学院　　　　　　　　　　　　　　　　　　　　副校长、二级教授
王家福：四川传媒学院　　　　　　　　　　　　　　　　　　　　副校长、教授

委 员

陈京炜：中国传媒大学动画与数字艺术学院　　　　　　　　　　副院长
王贤波：金陵科技学院动漫学院　　　　　　　　　　　　　　　　院长、教授
王　冰：洛阳科技职业学院电子商务学院　　　　　　　　　　　院长、电子竞技专
　　　　　　　　　　　　　　　　　　　　　　　　　　　　　　业学科带头人
万兴福：合肥信息技术职业学院　　　　　　　　　　　　　　　　教师
余日季：湖北大学艺术学院动画与数字媒体系　　　　　　　　　系主任、教授
魏昀赟：北京交通大学　　　　　　　　　　　　　　　　　　　　副教授
李晨楠：四川电影电视学院新媒体学院电子竞技运动与管理教研室　负责人
于福海：黑龙江商业职业学院电子竞技运动与管理专业　　　　　专业带头人
谢清风：中国电子视像行业协会数字影像创意委员会　　　　　　秘书长
　　　　电子竞技专业委员会　　　　　　　　　　　　　　　　　秘书长

秘书长

谢　琛：清华大学出版社计算机与信息分社　　　　　　　　　　编审

出版说明

近年来，电子竞技行业发展迅速，电子竞技的社会影响力与日俱增。电子竞技（Electronic Sports，简称电竞），是电子游戏比赛达到"竞技"层面的体育项目。电子竞技就是利用电子设备作为运动器械进行的、人与人之间的智力和体力结合的比拼。通过电子竞技，可以锻炼和提高参与者的思维能力、反应能力、四肢协调能力和意志力，培养团队精神，并且职业电子竞技对体力也有较高要求。电子竞技也是一种职业，和棋艺等非电子游戏比赛类似，2003 年 11 月 18 日，国家体育总局正式批准，将电子竞技列为第 99 个正式体育竞赛项目。2008 年，国家体育总局将电子竞技改批为第 78 号正式体育竞赛项目。2018 年雅加达亚运会将电子竞技纳为表演项目，中国电子竞技战队在比赛中取得 2 枚金牌、1 枚银牌的优异成绩。2021 年 11 月 6 日，在英雄联盟 S11 总决赛中，中国 LPL 赛区战队 EDG 电子竞技俱乐部以 3 ：2 战胜韩国 LCK 赛区战队 DK，获得 2021 年英雄联盟全球总决赛冠军，电子竞技也因此成为时下大热的一大话题。2022 年，电子竞技成为杭州亚运会的正式比赛项目。

电子竞技的用户群体庞大。据艾瑞咨询发布的《2020 年中国电竞行业研究报告》，中国已有电子竞技用户 4.7 亿。电竞行业人才缺口巨大。2019 年 7 月，国家人力资源和社会保障局发布的《新职业——电子竞技运营师就业景气现状分析报告》指出，目前电子竞技产业只有不到 15% 的岗位处于人力饱和的状态，预测未来五年电子竞技运营师人才需求量近 150 万人。电子竞技运营人才十分稀缺，整个人才市场基本处于空白状态。

中央电视台"发现之旅"频道历时几年拍摄了 6 集大型纪录片《电子竞技在中国》，北京、上海、成都等多个城市积极打造电子竞技城市名片，推出有利于电子竞技行业的政策，将电子竞技作为新的经济增长点。

电子竞技是下一个潜力非凡的行业，需要培养高等专业人才。中国传媒大学在 2017 年开设了全国第一个 211 院校电子竞技专业。目前开设电子竞技专业的本科、高职、中专院校已有 40 多所，但国内学术水平高、实践性强、契合高等教育教学需求的电子竞技专业性教材还十分稀缺，很多学校电子竞技专业面临无教材可用的情况。在经过充分调研和多次讨论之后，我们邀请了很多国内该领域的专家成立了"电子竞技专业系列教材"编委会，旨在建设电子竞技相关专业方向的教材。

本套教材以服务电子竞技教育为首要目标，内容涵盖本科教材、专科教材及职业教育教材，打造电子竞技教育领域的标杆。欢迎本领域专家、电子竞技游戏爱好者及广大读者积极建言，帮助我们不断完善、提高本套教材的出版工作。

联系人：谢琛

Email：xiech@tup.tsinghua.edu.cn

清华大学出版社

2022 年 3 月

序

近年来，随着 2022 年电子竞技作为正式项目在亚运会上亮相，电子竞技产业的增长又迎来一波高潮。迅速发展的新兴产业也意味着不断滋生的产业人才需求，尤其是复合型高素质人才。

中国传媒大学自 2017 年起开始正式布局建设电子竞技相关人才培养方向，并设立了数字媒体艺术（数字娱乐方向）专业方向，开设了电子竞技概论、电竞赛事策划与制作、电竞赛事转播与执行等专业课程，为新兴行业培养专业人才。

作为率先承担起专业电竞人才教育使命的高校，中国传媒大学在教育与实践的尝试与沉淀下，发起并组建了电子竞技专业系列教材编委会，旨在编写出一套兼具学术研究价值和实践价值的专业、权威的电子竞技高校教材。该系列丛书包含电竞产业概论和电竞核心执行工作及岗位概论两大部分，为高校专业教育提供了有力的理论支撑，也结合了多位电竞行业专业从业者的实践经验总结，为电子竞技行业分门别类的岗位分工提供方法论参考。

《电子竞技舞台美术设计与实现》属于电竞核心执行工作及岗位概论中的重要一册，不仅从宏观角度对电子竞技舞美在表演艺术和运动发展中的衍生及变化进行了讲解，还通过通用实践的案例，对电子竞技舞美在不同条件下的细微之处进行了分析，能够帮助希望了解和学习电子竞技舞台美术的学生及从业者快速理解和掌握其中的原理及工作方式。

电子竞技专业系列教材的编写工作任重而道远，我们殷切地希望该套丛书的出版能够带给电子竞技教育及产业一些实在的帮助，也希望得到更多电子竞技研究学术界专业人士的支持、指正和补充。

黄心渊

教育部高等学校动画、数字媒体专业教学指导委员会秘书长

全国高等院校计算机基础教育研究会会长

中国传媒大学动画与数字艺术学院党委书记

自　序

本书是一本全面探讨分析电子竞技舞台美术设计与实现的书籍。

2017 年，在一个偶然的机会下，我以设计师的身份首次正式参与到电子竞技赛事制作中。而我打开电子竞技这个宝匣的第一把钥匙，也正是通过舞台美术设计，来呈现更好的电竞比赛效果。自此，我也正式踏上了从事电子竞技赛事之路。

迄今为止，我在其中的收获主要源于两部分：一是受益于从数字媒体专业学习、钻研所得，有关传播设计的专业知识；二是通过长期的从业经历，不断实践、试错、记录、见证所总结出的应用技能。

切实流转在电竞项目中，可以通过更多元化的视角来看待电竞项目。除了观众们尤为关注的比赛本身，用于呈现、展示电竞赛事的舞美成本其实往往能占到整个项目预算的很大一部分，而一些新技术、新应用却可以有效降低成本或使电竞赛事舞台呈现效果更上一个台阶。因此，研究这些新技术的应用，对电竞赛事的未来发展至关重要。

本书是全面探讨电子竞技舞台美术的书籍。电子竞技舞美设计与实现是电子竞技内容制作中赛事制作与转播的重要部分，其实现流程被分为创意策划和赛事制作与执行两大类，其中，根据这样的流程，又能详细地被归纳为舞美及效果策划、舞美及特效、视听及灯光AVL、外场及功能区、解说席及评论席、服化道六大模块，本书将通过对六大模块的分类详解，为读者解析电子竞技舞美设计与实现的技术要点。此外，本书还将通过大量的经典案例展示，对不同类型电子竞技舞美的实现需求及流程进行深入的讲解。最后，本书还提出了对于电子竞技舞美设计与实现未来发展方向的设想，从新技术应用、场地标准等方面对其提升的可能作出预测。

本书提出及总结的分类、流程和方法，不仅适用于电子竞技领域的学术研究和实践指导，同时也能够给传统体育行业、传媒传播行业提供一定的参考。电子竞技舞美发展不息，有关电子竞技学术研究的产出也方兴未艾。笔者真诚地希望本书能够带给读者、行业乃至更多产业一些收获与启发，让这份由好奇心驱使、经由历练结果的书册，给予更多人求索的精神动力。

赵思源

2024 年 10 月

目　录

第 1 章　电子竞技赛事制作与转播内容导论　　1

1.1　电子竞技专业系列教材体系介绍　　1
1.2　本书内容在电竞产业结构中的位置　　1
1.3　本书内容与电竞产业其他模块的联系　　2

第 2 章　电子竞技舞美设计与实现概述　　4

2.1　电子竞技舞美设计与实现的相关概念　　4
　　2.1.1　传统节目舞美定义　　4
　　2.1.2　电子竞技舞美定义　　4
2.2　电子竞技舞美设计与实现的特点　　5
　　2.2.1　不仅是表演，本质是竞技舞台　　5
　　2.2.2　保证赛事公平性的独特设计　　5
　　2.2.3　深度融合游戏元素　　7
　　2.2.4　与比赛环节紧密关联　　9
　　2.2.5　与其他技术结合应用　　10
2.3　电子竞技舞美设计与实现的发展历程　　11
　　2.3.1　早期网吧阶段：舞美较为简陋和初级　　11
　　2.3.2　发展期体育馆阶段：舞美展现出庞大规模和壮观场景　　12
　　2.3.3　稳定期电竞场馆阶段：舞美呈现专业性和高度的可复用性　　14
　　2.3.4　探索期元宇宙阶段：沉浸式舞美与创新交互体验　　16
2.4　电子竞技舞美设计与实现的理念　　17
　　2.4.1　突出赛事舞美的鲜明品牌　　17
　　2.4.2　增加基于公平竞技的艺术创造　　20
　　2.4.3　提供优质的观赛和互动体验　　21
　　2.4.4　打造选手的舒适仪式感体验　　22
　　2.4.5　准备充足的预案以确保安全使用　　23
2.5　电子竞技舞美设计与实现涉及的安全性　　23
　　2.5.1　大型活动的安全要求　　24
　　2.5.2　突发事件的应对　　27

　　　2.5.3　排水通风的要求　29

　　　2.5.4　电子竞技舞美的安全原则　30

　　2.6　电子竞技舞美设计与实现的意义及作用　30

　　　2.6.1　舞美是电竞赛事内容呈现的重要组成　31

　　　2.6.2　舞美是电竞赛事现场氛围的烘托手段　32

　　　2.6.3　舞美是电竞重要历史时刻的展现方式　34

　　　2.6.4　电子竞技及相关视听科技发展的推动力量　35

第 3 章　电子竞技舞美设计与实现的架构　37

　　3.1　电子竞技舞美设计与实现的组成模块　37

　　　3.1.1　电子竞技舞美设计与实现的主要模块　37

　　　3.1.2　电子竞技舞美及效果策划　38

　　　3.1.3　电子竞技舞美及特效的搭建与控制　38

　　　3.1.4　电子竞技视听及灯光AVL的搭建与控制　39

　　　3.1.5　电子竞技外场及功能区　40

　　　3.1.6　电子竞技解说席及评论席　41

　　　3.1.7　电子竞技服化道　42

　　3.2　主要模块之间的关系　43

　　　3.2.1　六大模块共同协作　43

　　　3.2.2　细分模块高效运转　44

　　3.3　电子竞技舞美设计与实现示意图　45

　　　3.3.1　场内表演及观看区　46

　　　3.3.2　后台区域　47

　　　3.3.3　场内其他区域　49

　　　3.3.4　外场区域　50

　　3.4　电子竞技舞美设计与实现架构的对比分析　51

　　　3.4.1　与传统体育的对比　51

　　　3.4.2　与综艺晚会及演唱会的对比　54

　　　3.4.3　与线下公关活动的对比　56

第 4 章　电子竞技舞美设计及效果策划　59

　　4.1　电子竞技舞美设计及效果策划的定义　59

　　4.2　电子竞技舞美设计及效果策划的目标　60

　　4.3　电子竞技舞美设计及效果策划的流程　64

　　4.4　电子竞技舞美设计及效果策划的意义　68

第 5 章　舞美特效　70

　　5.1　舞美特效的定义　70

5.2 舞美特效的目标 71

5.3 舞美特效的搭建 74

5.4 舞美特效的道具控制 78

5.5 舞美特效的意义 81

第 6 章　视听及灯光AVL　83

6.1 视听及灯光AVL的定义 83

6.2 视听及灯光AVL的目标 83

6.3 视听及灯光AVL的搭建 85

　6.3.1 音响系统的搭建 85

　6.3.2 大屏幕系统的搭建 87

　6.3.3 灯光系统的搭建 89

6.4 视听及灯光AVL的控制 91

　6.4.1 音响系统的控制 91

　6.4.2 大屏幕系统的控制 92

　6.4.3 灯光系统的控制 94

6.5 视听及灯光AVL的意义 96

第 7 章　外场及功能区　97

7.1 外场及功能区的定义 97

7.2 外场及功能区的搭建目标 98

7.3 外场及功能区的搭建流程 100

7.4 外场及功能区的搭建意义 102

第 8 章　解说席及评论席　104

8.1 解说席及评论席的定义 104

8.2 解说席及评论席的设计与搭建目标 105

8.3 解说席及评论席的搭建流程 108

8.4 解说席及评论席的意义 116

第 9 章　电子竞技服化道　118

9.1 电子竞技服化道的定义 118

9.2 电子竞技服化道的应用 121

9.3 电子竞技服化道的建议 123

第 10 章　各类电竞赛事舞美设计与实现的方法　125

10.1 综合性赛事 126

10.1.1 WCG 127

10.1.2 ESWC 135

10.1.3 DreamHack 139

10.1.4 CPL 145

10.1.5 IEM 152

10.1.6 WESG 162

10.1.7 Gamers 8 169

10.1.8 迪拜电竞节 177

10.1.9 TGA 187

10.1.10 嘉年华 192

10.1.11 暴雪嘉年华 192

10.1.12 穿越火线嘉年华 203

10.2 单品类赛事 **210**

10.2.1 RTS 211

10.2.2 MOBA 218

10.2.3 FPS 248

10.2.4 战术竞技类 261

10.2.5 策略卡牌类 269

10.2.6 体育类 277

10.2.7 竞速类 281

10.2.8 其他 284

第 **11** 章 电子竞技舞美设计与实现的未来 **288**

11.1 舞台规模及制作效果持续提升 288

11.2 舞美设计与实现中的新技术应用 289

11.3 舞美设计与实现的场地标准化 291

11.4 舞台场景及功能的革命性变化 292

参考文献 **295**

第 **1** 章

电子竞技赛事制作与转播内容导论

1.1 电子竞技专业系列教材体系介绍

电子竞技专业系列教材中的《电子竞技概论》完善了电子竞技的理论基础，并且提出了电子竞技产业结构图。电子竞技产业结构图将电子竞技产业分为：监管机构、游戏产业及授权出资机构、电竞核心产业、电竞相关产业、电竞衍生产业、电竞消费者等模块。其中，电竞核心产业又分为：赛事组织、内容制作、宣传播出、商业化四大模块。

电子竞技专业系列教材体系以电子竞技产业结构图为体系基础，展开论述了完整的电子竞技产业。每一本教材的内容都会明确其涉及的电竞产业模块或者模块中的部分。系列教材构建了以《电子竞技概论》为总览，以电竞核心产业四大模块为主要内容的电子竞技学科体系。读者可以根据自身需要选择书籍。

1.2 本书内容在电竞产业结构中的位置

本书所讲述的内容是电子竞技舞美设计与实现，它属于电子竞技核心产业内容制作中的赛事制作与转播模块。因为电子竞技舞美设计与实现属于电竞赛事制作与转播中重要的组成部分，同时它的工作内容有丰富且相对自成体系的架构，所以将其单独作为一本教材讲述。电子竞技赛事制作与转播在电子竞技产业结构中的位置如图 1-1 所示，电子竞技舞美设计与实现在电子竞技赛事制作与转播中的位置如图 1-2 所示。

赛事制作与转播在电子竞技产业结构中属于内容制作模块，是电子竞技核心产业链上极其重要的一部分。舞美设计与实现在赛事制作与转播工作内容中贯穿创意策划环节、赛事制作与执行的前端执行、前后端交互环节。电子竞技舞美设计与实现是电子竞技赛事内容呈现的重要组成部分。

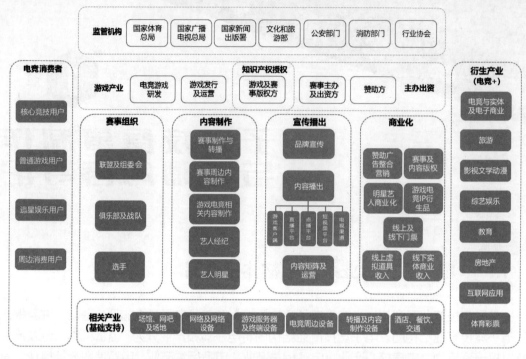

图 1-1　电子竞技赛事制作与转播在电子竞技产业结构中的位置

图 1-2　电子竞技舞美设计与实现在电子竞技赛事制作与转播中的位置

 ## 1.3　本书内容与电竞产业其他模块的联系

电子竞技舞美设计与实现属于电子竞技赛事制作与转播中的前端模块，而电子竞技赛事制作与转播又属于电子竞技产业中的内容制作模块，因此，可以将电子竞技舞美设计与实现归纳为整个电子竞技产业中内容制作模块的一部分。电子竞技产业离不开电子竞技赛事，电子竞技舞美设计与实现是实现电子竞技赛事落地的重要组成部分，也是完成电子竞技赛事视听体验的重要环节。

在《电子竞技概论》一书中，作者已经深入地探讨了电子竞技核心产业的四大模块，它们围绕电子竞技赛事演化而来，具体为赛事组织、内容制作、宣传播出与商业化。对于各模块的职责与工作划分，该书亦作了详尽的分析与阐述。本书所讲述的内容是电子竞技舞美设计与实现这一细分领域，在整个电子竞技产业链中，其核心任务主要聚焦于比赛现场的视听设计及精确呈现，是赛事不可或缺的环节。

第 **2** 章

电子竞技舞美设计
与实现概述

2.1 电子竞技舞美设计与实现的相关概念

"舞美"的全称是舞台美术，是舞台演出的一个重要组成部分，一般包括布景、灯光、化妆、服装、效果、道具等。它们的综合设计称为舞台设计。其任务是根据剧本的内容和演出要求，在统一的艺术构思中运用多种造型艺术手段，创造出剧中环境和角色的外部形象，渲染舞台气氛。

在论述和讲解电子竞技舞美之前，我们需要知道电子竞技的舞美与传统节目的舞美所包含内容有众多不同，因此它们在定义上也有一些区别。

2.1.1 传统节目舞美定义

根据《戏曲舞台美术概论》，舞台美术，简称"舞美"，是一个具有综合性的概念，包括布景、道具、服装、化妆、灯光五个部门。《中国大百科全书戏曲·曲艺》将戏曲舞台美术定义为"戏曲人物造型和景物造型的统称"，是戏曲作为综合性艺术必不可少的组成部分。

根据维基百科对舞台的释义，舞台是在剧院中为演员表演提供的空间，也指进行某种活动的场所，它可以使观众的注意力集中于演员的表演并获得理想的观赏效果。舞台通常由一个或多个平台构成，它们有的可以升降。而传统舞台设计是呈现舞台表演空间的设计，主要用于舞台艺术表演者在观众面前，表现戏剧、舞蹈及其他相关的艺术演出。其中包含舞台设计、灯光设计、服装设计、音乐声响设计、多媒体影像设计等不同部分，舞台设计师与导演、编舞家或是主要创作者共同发想，以不同形式实现表演艺术需要的演出空间、感官及角色塑造，把演出的文本变成实体形象，将抽象的概念具体化。

2.1.2 电子竞技舞美定义

本书对于电子竞技舞美的定义是：电子竞技舞美，是为了在观众面前展现在电子设备端进行的竞技对抗的画面与参赛选手的情绪与动作，通过场景及道具进行设计、搭建与使用的特殊舞台。结合电子竞技舞美的设计与实现依托于真实存在的建筑结构，是将虚拟视角与现实感官进行连接的有效方式，其中包含舞美及效果策划、舞美及特效搭建与控制、视听及灯光 AVL 搭建与控制、外场及功能区、服化道五大模块。

2.2　电子竞技舞美设计与实现的特点

2.2.1　不仅是表演，本质是竞技舞台

传统舞美主要以实现舞台艺术表演者的表演为主，灯光、布景及音效等会随表演者的移动而发生改变。以戏剧与舞蹈为例，设计师与控制员往往会通过舞台布景与灯光去展现舞台剧情上的时间和环境变化，用以塑造人物、叙事及激发戏剧故事的内涵。

在电子竞技领域，舞台设计的核心目标始终是为电子竞技赛事提供最佳的观赛服务和体验。基于此，舞台设计需要深入了解电子竞技赛事的特点，并根据这些特点来制订设计方案。

在《电子竞技概论》中已经介绍过，电子竞技是利用电子设备作为运动器械进行的、人与人之间的智力和体力结合的比拼。因此，电子竞技舞美在设计的过程中，核心思路不在剧情和环境营造，而在于如何呈现出精彩的竞技对抗。

与传统对抗体育场地设计类似，如篮球、足球和羽毛球等传统项目所采用的竞技场，电子竞技的舞美设计同样体现出对称而均衡的构架，以体现对抗感。这意味着舞台上的元素和布局通常会分成对阵的不同区域，不仅是一种视觉上的呈现，更是对电竞核心精神的传达，以便选手能够直接面对对手进行对抗。这种近距离的对抗也强化了团队之间的协作和个体之间的竞争，有助于突出竞技的紧张氛围和对抗的激烈性。

除了对抗分区的设计，电子竞技舞美中还常常出现一些与竞技紧密相关的元素，如奖杯台和计分板等，它们不仅仅是视觉上的点缀，更是竞技活动的核心理念的深度体现。奖杯台作为比赛的顶点象征，承载着最终胜利者的荣耀，激励着每一位选手为荣誉而拼搏；而计分板则是实时呈现比赛进展和数据的窗口，不仅使观众对比赛状况了如指掌，也让参赛选手时刻了解自己与对手的状态。通过对称的对抗分区设计和融入竞技相关元素，舞台美术不仅可以实现信息的高效传递和情感的强烈共鸣，也能够让观众和选手更深入地体验比赛的过程和结果。电子竞技舞美设计不仅仅是视觉的盛宴，更是整个电竞文化的象征，将精彩、激烈和荣耀完美呈现在每一个参与者和观众面前。

2.2.2　保证赛事公平性的独特设计

正如前文所阐述的，电子竞技舞美不仅仅是一种舞台设计，更是电竞赛事的服务性体现。而在电竞运动中，公平竞技的精神无疑是其核心特征，是每一场比赛的不可或缺的本质属性。基于此，电子竞技舞美的设计与呈现必须切实遵循公平竞技的价值宗旨，确保比赛的公正性和竞争的公平性得以充分保障。

　　由于影响电子竞技比赛竞技公平性的因素涵盖了竞赛环境、设备、软件、网络延迟、选手通话以及场外信息泄露等多个方面，在电子竞技舞美的设计中，这些因素得到了特殊的关注和对策，以确保比赛的公正性和竞技的公平性。例如，对战双方所处的竞赛环境在设计上会被保持相对一致与对称，在舞台布置和设备配置方面，力求让两支队伍拥有相同的条件，保证选手在同等环境下竞技，不会因为外部环境的差异而影响比赛结果的客观性。

　　而在信息干扰环节，比赛用的大屏幕会经过精确的角度测试和设计，以防选手通过窥屏等手段获取不正当的对局信息，从而确保比赛结果的真实性和公平性，保障比赛过程中选手纯粹的技术对决，不受外部信息的影响。

　　实际上，这种独特的设计是在电子竞技发展历程中经过不断优化和改进的产物。在早期的 *DOTA1* 比赛中，电子竞技舞美在设计上并没有过多考虑隔音问题，仅仅通过一个简单的过道来划分场地。然而，在 *DOTA1* 赛事的历史中，出现了一位著名选手——白帆（见图 2-1），他以发出震耳欲聋的"嘲讽"声而闻名，并被称为"怒吼天尊"。白帆在比赛中使用"嘲讽"技能，能够干扰对手的思维和表现。正是由于这样的情况引发了思考，随着时间的推移，在 *DOTA1* 赛事后期，引入了"隔音棚"的创新设计，以确保选手在比赛中不会受到场外声音的心理困扰，从而真正实现公平竞技的目标。

图 2-1　"怒吼天尊"——白帆

　　"隔音棚"设计的主要目的是最大程度地减少外界声音对选手的干扰，为他们提供一个相对安宁的比赛环境，以确保公平竞技。如图 2-2 所示，这种独特设计常常涵盖了特殊的声音隔离材料和专门构建的结构，用以隔绝比赛区域与观众席或其他可能产生噪声的源头之间的声音传递。通过采用这一设计，可有效地降低选手在比赛过程中受到外界噪声干扰的程度，从而坚守比赛的公平性和竞技性。

　　在保障电子竞技比赛公平性方面，除了隔音棚，历史上还涌现了众多不断升级的舞美设施，从舞台布置到灯光效果，从音响系统到大屏幕投影，每一个细节都经过深思熟虑的设计。这些设施为电子竞技的持续发展做出了巨大贡献，通过营造一个均衡、公正的竞技环境，使得选手在技术和智力上的较量更加真实而有意义。电子竞技从业人员为了打造一个真正公平的比赛环境，在舞美设计与实现方面投入了大量的心血，通过各种方式积极推动了电子竞技的积极向上发展，让电竞突破社会的刻板印象，也使得电竞不仅仅是一项竞技活动，更成为一个能够传递正能量、促进社会互动的文化现象。

图 2-2 设置了隔音棚的比赛现场

2.2.3 深度融合游戏元素

传统舞美设计与电子竞技舞美设计在核心理念和实现方式上呈现明显的差异，主要着眼于舞台表演和故事情节的展现，通过布景、灯光、艺术手法等元素，创造出与故事背景和角色情感相契合的场景与氛围，以展示演员的流动感、情绪和心理状态。这种舞美设计主要追求的是舞台艺术美感和观众情感共鸣，旨在通过艺术的表达将故事情节传递给观众。

相比之下，电子竞技舞美设计更加关注游戏 IP 还原和参与者沉浸式体验。在电子竞技舞美设计中，焦点集中在呈现游戏场景和故事背景上，通过将虚拟的游戏建模场景转化为实际的舞台布景，创造出一个真实而具体的环境。这种设计力求将玩家置身于游戏中，仿佛身临其境，以最大程度地营造游戏的氛围和情境。

这样的设计理念的差异源于其所关注的核心目标不同。传统舞美设计追求的是情感和审美的表达，通过艺术元素将故事情节和人物情感传递给观众。而电子竞技舞美设计的故事内核来源于游戏世界观本身，更加注重将虚拟的游戏世界融入现实舞台中，以增强玩家的互动体验和参与感。

也正是基于这个因素，电子竞技舞美设计与实现在长久的发展中，会不断探索先进的视觉效果、灯光技术以及舞台道具的应用，以呈现出游戏世界独特的视觉特质。通过运用创新舞台效果、精心打造的灯光渲染和投影技术，还原设计师们塑造出的游戏中所独有的场景、道具和特效，通过高度逼真的虚拟建模，将游戏中的虚拟世界完美地呈现在舞台上，带玩家感受游戏的奇幻世界，使舞台成为游戏体验的延伸。

此外，由于电子竞技赛事的商业模式还处于探索阶段，电竞赛事的运营在这个阶段下与游戏 IP 本身的市场宣传存在一定的关联性。因此，在电子竞技舞美的设计与实现中，还会出现为游戏营销的特点，以及还原游戏中的场景，主要表现为：整体设计风格与游戏背景元素、当季活动等息息相关。以 2020 年王者荣耀世界冠军杯 KCC 为例，如图 2-3 所示，制作商巧妙地利用数万支真实芦苇布置于舞台四周，以增强舞台的自然真实感；同时在场馆上空营造了一个动态星空，与观众席上数控荧光棒的灯光交相辉映，形成一种梦幻般的视觉效果。更为引人注目的是，他们将千盏印有金凤纹路的孔明灯错落悬挂在场馆半空之中，还原了游戏中的千灯场景。该制作团队通过全息技术与实景的完美结合，成功地再现了游戏中那些富有东方风情的经典元素，充分展现了游戏本身所蕴含的东方神韵。

图 2-3　2020 年王者荣耀世界冠军杯 KCC 现场舞美

而在 2022 年王者荣耀职业联赛 KPL 春季赛开幕式舞台设计中，包含有大量富有象征意义的"虎年"和"新春"元素。这种精心设计不仅在与节日庆典紧密结合的同时，也与游戏内的春节活动产生了有机的关联，从而在现实和虚拟之间搭建了一个无缝的桥梁，营造出一致的游戏氛围，如图 2-4~ 图 2-6 所示。

图 2-4　2022 年王者荣耀职业联赛 KPL 开幕式现场舞美

图 2-5　王者荣耀虎年皮肤之廉颇 · 寅虎御盾

图 2-6　王者荣耀虎年皮肤之孙膑·寅虎展翼

2.2.4　与比赛环节紧密关联

竞技游戏本身具备极高的观赏性，其炫目的技能展示和激烈的对战场面自然能够吸引人们的目光。在电子竞技舞美的设计与实现中，利用灯光、音效及虚拟现实（Virtual Reality，VR）与增强现实（Augmented Reality，AR）等技术，并巧妙结合相关道具，与比赛环节的动态变化相协调，能够有效激发并放大观众的情绪反应，从而提升整体的赛事观赏体验。

对于观众来说，参与电子竞技比赛就像是一场真实的冒险。而在舞美设计中，灯光、音效的巧妙运用能够创造出截然不同的氛围，虚拟现实和增强现实技术则能够将观赛体验提升到一个新的高度，让观众可以深入游戏场景中，亲身感受角色的战斗体验，为观众创造出独特的视觉冲击。举例来说，在团队电子竞技赛事的对战中，当出现"单杀"或团战胜利等戏剧性情节时，灯光和音效有着相应的变化，以营造不同的氛围和增强观众的参与感。这些效果的运用能够在关键时刻突出表现，配合调动观众情绪；在一些比赛结束、冠军诞生的环节，道具师可以通过控制空中道具，如"金色的雨"，将其降落下来，给参赛选手和观众带来一种庆祝和仪式感。这种仪式感能够将夺冠的喜悦情绪推向高潮，为赛事增添更多隆重和激动人心的氛围，如图 2-7 所示。

图 2-7　2018 年英雄联盟 S8 全球总决赛上 LPL 赛区的 iG 战队夺冠时刻空中降下金色的雨

通过灯光、音效、虚拟现实等技术的巧妙运用以及道具的创意使用，电子竞技舞美设计与实现能够在赛事中产生视听上的冲击力，将观众的情绪与比赛环节紧密联系在一起，不仅能够提升观众的观赛体验，还能够加深观众对比赛的记忆和共鸣，为电子竞技赛事营造更加独特和吸引人的氛围。

2.2.5　与其他技术结合应用

在电子竞技赛事的制作与转播领域，与传统舞台表演和传统体育赛事制作相比，信号类型存在着显著的差异。传统舞台表演和体育赛事制作主要依赖于现场的实际信号，然而在电子竞技赛事的制作与转播过程中，信号类型的范围远远超出了这一界限。

根据《电子竞技赛事制作与转播》一书的详细阐述，与传统的体育比赛和舞台表演相比，电子竞技赛事的转播所涉及的信号数量更加庞大。这主要源于电子竞技比赛在转播过程中需要捕捉和传输游戏内的虚拟信号，例如游戏画面、游戏音效以及选手的操作等。与传统体育赛事不同的是，电子竞技比赛的转播必须在游戏服务器、游戏设备以及网络基础之上进行。

传统舞台表演和体育赛事转播侧重于将实际场景的画面和声音传递给观众，以还原现场的氛围和情感。而电子竞技赛事的特殊之处在于其基于虚拟游戏世界，因此信号的处理需要包括游戏内的元素。这种信号类型的多样性使得电子竞技赛事的制作与转播变得更加复杂，需要更高水平的技术和设备支持。电子竞技赛事对于网络环境和信号传播的高要求使得电子竞技舞美的设计与实现在走线布局和设备选择方面需要具备独特的策划与谨慎考量。以走线布局为例，精心设计的走线布局是确保信号传输畅通无阻的关键因素之一。电子设备之间的连接必须保证信号传递的稳定性，以免因信号干扰或延迟而影响比赛的公平性。此外，考虑选手的比赛体验也至关重要。优化的走线设计能够减少杂乱的线缆堆积，确保选手在竞技过程中的操作不受干扰。竞技桌上承载着比赛所需的各种电子设备，其走线设计必须综合考虑信号的稳定传播、选手比赛环境的舒适度等多个关键因素。与传统舞台表演和传统体育赛事相比，电子竞技舞美的设计与实现更具复杂性。

近年来，依托于现代先进技术，电子竞技舞美设计与实现也有了众多创新的表现形式。近年来，许多赛事制作商开始将增强现实、AI摄像头（AI Cam）、混合现实（Mixed Reality，MR）、扩展现实（Extended Reality，XR）等多项技术应用于电子竞技舞美设计与实现中，以呈现给观众令人陶醉的、充满魔幻、奇异和科技感的精彩画面。

如图2-8所示，可以预见随着科技持续发展，未来电子竞技舞美无疑将更进一步地发

图2-8　电影《失控玩家》中秒回的打破虚拟与现实边界的场景

展与完善。虚拟现实技术的进一步成熟将为观众带来更加逼真、身临其境的参赛和观赛体验。舞美设计将更加注重创造出具有生命力和表现力的虚拟场景，为选手和观众呈现更加震撼和激动人心的电子竞技世界。未来的电子竞技舞美将不断突破创新，为观众带来更加独特、沉浸式的视听盛宴。

2.3 电子竞技舞美设计与实现的发展历程

电子竞技舞美设计与实现随着大众关注度、参与度和认可度的不断提升，同时在技术的持续进步和设计理念上不断创新的双重推动下逐渐分化与演进。这一过程中呈现出四个鲜明的发展阶段与相应的特点，这些阶段和特点集体勾勒出电子竞技舞美设计与实现的发展历程。

2.3.1 早期网吧阶段：舞美较为简陋和初级

20 世纪末，中国的个人计算机普及率相对较低。根据世界银行的统计数据，2000年，中国的个人计算机普及率为千人 16.31 台，这一比例逐年上升，在 2006 年达到千人56.49 台。对照同时期的高收入国家，美国的个人计算机普及率为千人 803.28 台，韩国为千人 539.50 台。

1995 年，中国互联网向公众开放，实验性的网吧在城市中心区域出现。1996 年开始，上海和北京出现了第一批面向个人提供上网服务的网吧。1998 年，《星际争霸》最初以局域网游戏的方式在网吧中流行开来。2000 年前后，《反恐精英》成为新一轮的爆款游戏。据不完全统计，截至 2000 年底，全国网民数量约 2250 万人，其中 20.5% 的网民通过网吧等互联网上网服务营业场所上网。这类场所一般都聚集了几十台至上百台供人们接入互联网的计算机，形成个人按时长计费使用上网服务的公共空间。

网吧以小型公共空间为特点，给游戏玩家在组队上提供了极大便利，一群好友相约开战的新型社交活动逐渐流行，成了电子竞技职业战队的早期试探，如图 2-9 和图 2-10 所示。

图 2-9　早期网吧赛比赛现场

图 2-10　早期网吧赛观赛现场

在此阶段，基于几款主要游戏的商业比赛明显增多，一批诞生于网吧的准专业战队启动了电子竞技最早的职业化探索。网吧以其相对封闭的环境、良好的网络设备保障，为电子竞技对抗提供了条件，最早期的电子竞技舞台也随之诞生。

1999 年由亚联副总胡海滨与 Jeeps｜寒羽良、易冉，马天元组建了中国第一支电子竞技战队 A.G 战队，在 2001 年 WCG 世界总决赛星际争霸项目中由马天元与韦奇迪组成的组合成功取得冠军，而这支战队则来自重庆彩虹网吧，如图 2-11 所示。

图 2-11　2001 年，马天元与韦奇迪在 WCG 中夺冠

以网吧赛为例，早期的电子竞技赛事注重小范围的团队条件、稳定的网络环境和设备设施，但在舒适度和观赏性等方面，相对来说情况较为朴素。

2.3.2　发展期体育馆阶段：舞美展现出庞大规模和壮观场景

2001 年 12 月 5 日标志着电子竞技的全球化浪潮正式启程，首个世界电子竞技大赛（World Cyber Games，WCG）在韩国拉开帷幕，吸引了来自 37 个国家与地区的 430 名顶尖电子竞技选手聚集于韩国汉城会展大厅，共同投入为期 5 天的激烈竞技对抗。

WCG 的诞生和成功奠定了电子竞技全球赛事的基础。从起初立足于韩国，到后来 WCG 逐渐扩展至全球范围，每年都在美国、德国、中国等国家的各大城市举办赛事，使电子竞技成为一个跨越国界、跨越洲际的全球运动。这一过程中，WCG 不仅是一项竞技活动，更是文化交流的桥梁，将不同国家和文化的电子竞技玩家汇聚在一起，促进了国际电子竞技友谊和理解。

如图 2-12 所示，随着电子竞技受到的关注度逐年递增，赛事的规模也不断扩大。大型会场、专业演播厅，甚至体育场，逐渐成为电子竞技舞美搭建的主要场地选择。

图 2-12　第九届 *DOTA2* 国际邀请赛 The international 9 赛事场馆——梅赛德斯 - 奔驰文化中心

2017 年 11 月，两条 AR 巨龙盘旋在鸟巢上空，开场大屏幕上的画面成功引爆全场，九年前为奥运会而建造的国家体育场鸟巢化身"召唤师峡谷"，迎来英雄联盟全球总决赛。如图 2-13 所示，当 10 米高的巨型奖杯升起在鸟巢中央时，电子竞技舞美的表演规模已达到和一线体育赛事比肩的程度。

图 2-13　英雄联盟 S7 世界总决赛，盘踞在鸟巢上空的 AR 巨龙

2018 年王者荣耀职业联赛 KPL 春季赛总决赛上，制作方以四面高清大屏 AR 效果展示王者荣耀大鲲形象，如图 2-14 所示。在 2020 年 PEC 和平精英国际冠军杯上，赛事制作方利用 3D 投影技术、AR 技术、冰屏技术、舞台升降技术、威亚技术，匠心呈现出了

别具一格的 2020 年 PEC 开幕式,使观众瞬间沉浸于和平精英的电竞世界,如图 2-15 所示。至 2022 年,裸眼 3D、实时动捕、卷轴投影、XR 多项技术被应用在电子竞技舞美设计与实现中。

图 2-14   2018 年王者荣耀职业联赛 KPL 春季赛总决赛上的 AR 巨鲲

图 2-15   2020 年 PEC 和平精英国际冠军杯现场舞美

现代化设施和精心设计的舞台,为观众带来更加震撼的观赏体验,同时也为选手提供了更好的竞技环境。电子竞技已经不再是小众的娱乐活动,而是一个备受瞩目的全球现象,吸引着数以百万计的粉丝和赞助商的支持,为电子竞技的未来发展打下了坚实的基础。

2.3.3   稳定期电竞场馆阶段：舞美呈现专业性和高度的可复用性

当前,电子竞技舞美领域呈现出多元化和庞大规模的特点,然而仍然存在着低复用性的问题。以英雄联盟全球总决赛为例,通常会在大型体育场馆进行现场搭建,赛后迅速撤除,但这种一次性的搭建方式导致昂贵的设备和材料只能应用于单一场次,无法实现可持续的使用。

为了解决这一难题,制作商对电子竞技舞美的可复用性也提出了更高的要求,于是涌现出专门设计和按功能分类的电竞场馆。这些场馆的设计充分考虑了不同游戏的需求和赛事规模，采用了模块化和可调整的结构，使得舞美元素能够更加灵活地布置和组合。这种可复用的舞美设计不仅有助于减少资源的浪费，还能够降低搭建和撤场的成本，提升赛事的效率和可持续发展。

电子竞技场馆的模块化设计使得赛事制作变得更加高效。无论是举办大型锦标赛还是小型比赛，这些场馆都可以根据需求进行灵活的调整和组合。这不仅为赛事主办方带来了更多的灵活性，也为选手和观众创造了更加舒适和逼真的体验。

这一趋势还体现在可持续发展的理念上。通过降低一次性资源的使用，可复用的电子竞技舞美设计在减少环境影响方面具有积极作用。同时，场馆的灵活性还能够更好地适应不同类型的比赛和活动，为电子竞技的未来发展打下坚实的基础。

2020 年，在上海市文旅局、上海市体育局的指导下，上海市电子竞技运动协会、上海市网络游戏行业协会、上海市互联网公共上网服务行业协会依据《电竞场馆建设规范》团体标准，推出首批获评级的电竞场馆，其中包括主场 ESP 电竞文化体验中心、火柴电竞馆、网易暴雪游戏电竞馆、上海静安量子光电竞中心等专为电子竞技而设计的场馆，如图 2-16 所示。

图 2-16　主场 ESP 电竞文化体验中心

除与传统体育场馆有所区别的功能性电竞场馆外，以王者荣耀职业联赛 KPL、和平精英职业联赛 PEL 为代表的大型一线电竞赛事，在常规赛阶段也采取了固定、可复用的舞美形式，如图 2-17 所示。

可以预见，随着电子竞技赛事舞美领域不断向前迈进，制作成本逐渐变得更加透明，未来将涌现更多拥有专业功能性的电竞场馆和固定分类的舞美设施。这一趋势势必为电子竞技舞美的设计与实现带来新的发展方向和充满机遇的前景。未来，我们期待看到更多专为电子竞技设计的场馆，这些场馆将根据不同游戏的要求和比赛规模，配备先进的技术设施和舞美元素，为选手和观众创造出更佳的体验环境。同时，固定分类的舞美设计也将成为发展的重要方向。随着不同类型的电子竞技游戏和赛事的不断涌现，为每个类型打造特定的舞美场景将成为一种趋势。例如，MOBA 游戏可能需要突出战斗的紧张感，而 FPS 游戏则可能注重视觉效果和动态元素。专业性的电竞场馆和特定类型的舞美设施将推动赛事制作向更高水平发展，同时也为电子竞技赛事的可持续性发展奠定坚实基础。

图 2-17　PEL 和平精英职业联赛常规赛成都固定主场

2.3.4　探索期元宇宙阶段：沉浸式舞美与创新交互体验

2018 年 3 月 30 日，由史蒂文·斯皮尔伯格执导的电影《头号玩家》在中国大陆上映，该电影在短时间内风靡全球，如图 2-18 所示。

图 2-18　电影《头号玩家》剧照

电影描绘了对未来世界（2045 年）游戏行业的畅想，民众可以选择通过 VR 设备进入名为 Oasis（绿洲）的世界里，在一个所想即所见、完美的 MMORPG 虚拟场景中，成为任何一名角色，做任何想做的事。Oasis 由天才程序员詹姆斯·哈利迪（James Halliday）创造，他在临终前宣布，自己在游戏里藏了三把钥匙，玩家集齐它们就能获得彩蛋，并得到整个游戏的控制权。于是男主韦德·沃兹（Wade Watts）和女主及一帮好基友一起，和数十亿玩家进行了一场找钥匙得彩蛋的游戏竞赛，期间经历了反派的重重阻挠，最终取得胜利。

在电影《头号玩家》中，我们得以一窥未来电子竞技舞美的想象，电子竞技舞美的设计与实现将人机交互推向更深层次，虚拟现实技术的应用也将远远超越现今的水平。在这个未来愿景中，选手的角色形象和技能将呈现出逼真的可视化效果，观众将能够沉浸在身临其境的观赛体验之中。

2021 年 12 月，"元宇宙"这一概念被选为《柯林斯词典》年度热词，这也引发了对电竞元宇宙的广泛讨论。这个概念将虚拟世界和现实世界融合在一起，为电子竞技和其他领域创造了新的可能性。结合《电子竞技概论》中提到的电子竞技未来发展的三大宏观趋势，可以预见，电子竞技舞美的发展也将随着科技的进步而实现新的突破。

未来，电子竞技舞美设计与实现可能迎来更加深刻和引人入胜的创新。通过结合虚拟现实技术、元宇宙概念以及其他新兴技术，我们可能会见证选手与观众之间更加紧密的互动，赛事现场将变得更加震撼和真实。同时，电子竞技舞美也将在整个行业中扮演更为重要的角色，成为连接玩家、观众和科技的纽带，为电子竞技的未来发展开辟更加广阔的天地。

2.4 电子竞技舞美设计与实现的理念

2.4.1 突出赛事舞美的鲜明品牌

传统舞美领域包含了综艺舞美和戏剧舞美，这两者在表现形式上均强调表演性质。不论是京剧、昆曲、芭蕾舞剧，还是广场演出和明星演唱会，舞美配置都存在明显的差异，目的是营造独特的表演场景，创造出恰到好处的氛围。在决定如何选择灯具、大屏幕和音响形式之前，对舞台上主要表演项目的核心内容或主题必须有明确的了解。以戏剧舞美和明星歌会为例，戏剧舞美的设计通过多种手法，如人物形象雕塑、动作空间的组织、环境与地点的再现，以及情感氛围的烘托来呈现主题和思想。例如，在以中国古典文学为背景的戏剧舞台上，舞美设计通常会运用石桥、屏风等元素，并且灯具使用不会过多，从而展现一种静谧、雅致的氛围，如图 2-19 所示。相比之下，明星歌会的舞美设计更加突出光效和音效，以强化明星的舞台形象。如图 2-20 所示，这类设计通常包括大量的灯具、高品质的音效以及众多的特效道具，旨在营造一个与观众情感强烈互动的氛围。借助这些元素，明星歌会的舞美设计能够提升观众的参与感、沉浸感和情感共鸣。

图 2-19 越剧《西厢记》舞美

电子竞技舞美的关键焦点通常在于彰显品牌价值。品牌在这里有两个主要方面：一是赛事所依托的核心游戏 IP，二是赛事所传递的核心理念。这两者共同塑造了电子竞技赛事的独特魅力。正如《电子竞技概论》所强调的，"游戏 IP 授权是电子竞技的推动力"。具体而言，游戏 IP 授权在电子竞技赛事的发展中发挥着不可或缺的关键作用。

图 2-20　BLACKPINK 日本巨蛋巡回演唱会舞美

以韩国电竞电视台 OGN 的停播为例，其停播的原因主要涉及新冠疫情和游戏版权等多个方面。在 21 世纪这个电子竞技蓬勃发展的时代，游戏 IP 授权一直在影响着电子竞技赛事的发展。无论是第三方机构还是第三方赛事，都会受到游戏 IP 授权的影响。这表明游戏 IP 的授权权利对于电子竞技产业的运作至关重要。因为游戏 IP 是赛事的基础，影响着选手的表现、观众的体验以及整个赛事的声誉。如何在确保游戏 IP 权益的前提下，促进电子竞技产业的繁荣，是一个需要持续探讨和解决的问题。

除了突出品牌形象，电子竞技舞美的设计还要通过传达游戏 IP 所承载的核心价值和精神内核来进一步提升赛事的吸引力和观赛体验。每个游戏 IP 都有其独特的情感、价值观和故事背景，这些元素贯穿游戏的始终。将这些核心元素融入舞台设计中，可以增强观众的情感共鸣，并使他们更深入地理解和体验游戏背后的故事。这种深度融入的观赛体验为电竞赛事赋予了更为丰富的层次，不仅仅是技术对抗，更是情感共鸣的交汇。

因此，电子竞技舞美设计与实现的核心导向旨在通过精心策划的舞台布局、灯光矩阵、音效氛围等多种策略，将所属游戏 IP 的独特品牌形象饱满地展现于观众眼前。进一步地，通过深入地传递游戏 IP 所承载的精神内核，可以极大地提升赛事的魅力磁场和观赛体验，使得观众与选手更加深入地融入电竞赛事的世界，实现真正的情感共鸣。

值得注意的是，不同种类的游戏在赛事舞美的选手席配置及对位布局上存在显著的区别。例如，在 MOBA 类赛事中，选手席数量为对位分别设置 5 席，而在 FPS 类赛事中，参与者人数可能多达 60 人，甚至战术类赛事的人数可触及 80 多人。就算是在同一品类的赛事中，不同的赛事 IP 也会对舞美设计产生重要影响。每款游戏都有其独特的世界观、角色设定和游戏玩法，这些因素会直接影响到舞台布置、灯光效果、音响设计等方面。比如，一个英雄射击游戏可能需要更加紧张的氛围，而一个多人在线战术游戏可能强调团队协作和策略性。因此，舞美设计师需要深入理解每款游戏的特点，将其独特之处融入舞台设计中，以创造出与游戏世界相契合的视觉和情感体验。

在电子竞技舞美设计中，设计师在进行配色方面会选择与游戏 IP 高度关联的色彩，以增强品牌形象的一致性和识别度。在景物造型方面，电子竞技舞美设计师会充分运用与游戏 IP 相关的场景、角色、道具等元素，以创造出富有代表性的视觉效果。如图 2-21 所示，通过在舞台上呈现游戏世界中熟悉的元素，观众能够立刻联想到游戏本身，从而营造出一种独特的参与感和情感共鸣。这样的设计策略能够使观众迅速融入赛事的氛围中，感受到游戏 IP 的魅力和独特性，从而加深他们对赛事的兴趣和认知。

图 2-21　CRL 皇室战争职业联赛现场，极大程度地还原了游戏 IP 场景等元素

除 IP 外，许多电子竞技赛事在开赛前都会明确定义其赛事定位。赛事定位的核心在于确定赛事的理念和精神，以便为赛事打造相应的舞美设计。在这个过程中，通常会创造出体现体育精神、响亮且容易传播的口号（SLOGAN）及有记忆点的图标（LOGO），如图 2-22 和图 2-23 所示。电子竞技赛事的舞美设计与实现过程将会紧密围绕着赛事的定位和理念展开。设计师们将深入了解赛事的核心价值观，以此为基础进行构思并表达主要视觉元素，同时也为产生各种舞美元素奠定基础。赛事的口号和图标可能会成为设计创意的重要源泉，舞美团队将运用独特的设计手法和创新的元素融合，以达到完美地呈现赛事定位和理念的效果。通过视觉上的引人入胜，设计团队的目标是激发观众的共鸣和认同，使他们更加投入赛事，理解其中蕴含的意义以及电子竞技的精神内涵。

图 2-22　2022 年王者荣耀甲级职业联赛 KGL-SLOGAN：
为更强喝彩

图 2-23　荒野乱斗全球锦标赛
LOGO，拥有极富特色的奖杯标识

2.4.2　增加基于公平竞技的艺术创造

电子竞技的本质属性是公平竞技性。

在电子竞技舞美设计与实现的理念中，保障赛事的公平竞技性依然是一个至关重要的原则。尤其是在线下电竞赛事中，确保比赛的公正性和公平性对于维护竞技的信誉至关重要。为此，赛事主办方通常会采取一系列措施，以确保比赛的公平性：在线下电竞赛事中，主办方会提供统一的比赛场地和设备，所有参赛选手将在同一场地进行比赛，使用的游戏设备和网络环境都由赛事方提供，这些设备和网络会经过仔细的配置和测试，以确保它们在性能和稳定性方面的相对一致性。这样一来，所有选手都能够在相同的条件下参与比赛，避免因为设备或网络问题而产生不公平的竞争情况。

此外，在舞美设计方面，同样会遵循统一且相等的原则。每个选手都应该能够享有相同的视觉体验和环境氛围，不会因为舞美设计的不同而对比赛产生影响。这可能涉及舞台布局、灯光效果、音效氛围等方面的设计，以确保每位选手都能够在一个公平且一致的环境中参与比赛。

在确保赛事的公平竞技性的同时，电子竞技舞美设计还注重满足观众对内容的观赏性需求。为了营造更加引人注目、独具艺术创意的舞台效果，舞美设计师会借助大量的高科技技术和独特的环节设计，以赋予舞台本身更浓厚的故事感和情感共鸣。例如灯光技术，将光影与音乐相融合，创造出独特的视觉盛宴；从选手入场到比赛的进行，再到最终的颁奖典礼，每一个环节都被精心设计，以增加观众的参与感和观赏体验。又如，开场表演、选手介绍、特效展示等都能够营造出舞台的戏剧性和令人难忘的瞬间。

如图 2-24 所示，在 2021 年王者荣耀职业联赛 KPL 秋季赛总决赛中，赛事方以一只蝴蝶作为引入线索，串联起总决赛首发的十位选手，为观众们展示了一个完整的故事：以蝴蝶和镜面的转换，完成了选手与英雄共生的视觉表达。现场舞美除了常规灯光以外，还引入了数控技术手段，让灯光跟随舞台仪式与空间变化，产生相应的效果反馈，在选手登场环节也营造出一种由虚拟到现实的转换。

图 2-24　2021 年 KPL 总决赛开幕式现场

总而言之，电子竞技舞美设计在追求公平竞技性的同时，还往往需要通过高科技技术和独特的设计元素，将舞台打造成一个引人入胜、充满情感和创意的艺术表现空间，以满足观众对于视觉和情感的双重需求。

2.4.3　提供优质的观赛和互动体验

电子竞技运动作为"热体育"运动，在比赛过程中，局势的变动会引起观众情绪的起伏。与传统戏剧舞美不同，电子竞技舞美设计不仅可以形象地表现物理环境和社会背景，还可以通过屏幕、灯光、音响、特效道具等元素的变换来创造相应的氛围和情调，以渲染比赛的紧张氛围，调动和放大观众的情绪。

如图 2-25 所示，以 PMPL（PUBG Mobile Pro League）赛事为例，当赛场上出现精彩对战时，除了回放画面的展示，现场灯光也会相应地发生变化，与现场观众激烈呐喊的场景形成交相辉映。这种场景的营造能够将观赛情绪推向巅峰，使观众更加投入，激发他们的激情和热情。通过灯光的变化、音效的调整、特效道具的运用等手段，电子竞技舞美设计能够创造出一种身临其境的感觉，让观众更加真切地体验比赛的紧张和刺激，加强观众与比赛之间的情感连接，使他们更加投入比赛的氛围中。

图 2-25　2022 年 PMPL SEA Championship Spring 现场，观众激烈呐喊

除舞美搭建环节外，赛事方通常还会制作相应的物料道具，如拍照打卡墙、应援物料等，给予现场粉丝参与、互动感，拉近他们与赛事、与电竞明星的距离，如图 2-26 所示。

这些为观众提供更为丰富和感性的体验的舞美设计，通过视觉、听觉和情感的多重刺激，使比赛成为一场全方位的感官盛宴，可以吸引更多的观众，并使其更加投入、热情高涨，从而推动电子竞技的自发性传播。

图 2-26　2021 年 PEL 和平精英职业联赛现场，赛事方设计布置了 PEL 赛事主题"氛围组"，包括空投箱、三级头、迷彩吉普车、战队 LOGO 墙等极具 PEL 和平精英职业联赛元素和随处可见的游戏标志性元素，以满足现场不同玩家打卡、互动的娱乐需求

2.4.4　打造选手的舒适仪式感体验

在《电子竞技概论》中作者曾经论述过，竞技比赛的本质是职业运动员的水平达到极致，使大众玩家产生崇拜，职业选手进而产生了对他人的影响力。打造顶级赛事明星是赛事及内容制作的核心抓手，也是一切实际工作的有效出发点和落脚点。用造星来扩大电竞或传统体育的影响力，往往具有事半功倍的效果。基于这样的原因，电子竞技舞美设计与实现在满足竞赛、观赛的同时，也需要为选手服务，提供舒适的参赛体验，打造极致的仪式感。

截至 2022 年 7 月 8 日，在国家专利检索平台，可以查询到 756 条与"电竞椅"相关、463 条与"对战桌"相关的专利。经过多年的迭代，现阶段大型电子竞技赛事舞美所运用的对战桌、电竞椅、耳机、键盘、鼠标等产品，均已经过市场的验证，力求带给选手使用感极佳的参赛体验，从而降低场外干扰。

而在与流程环节关联方面，电子竞技赛事舞美设计也会增加特殊设计，打造仪式感，衬托出明星和冠军的分量。如图 2-27 所示，在 2020 年穿越火线双端职业联赛总决赛现场，

图 2-27　2020 年穿越火线双端职业联赛总决赛 AR 呈现上海电竞之都

赛事方使用虚拟 AR 技术为观众们呈现了百年后上海电竞之都的景貌，应用了"城市即是主舞台"的概念，将整场活动的每个环节都融入上海的各个建筑与大环境中。伫立在城市中央的"CF 枪械大楼"即是比赛的主战场，随着双方战队的登场，枪械大楼内外观也变化为对战场景，给选手身临其境的体验。而"金色的雨"也成为多个电竞赛事冠军诞生的见证，记录了众多传奇书写的历史时刻。

2.4.5　准备充足的预案以确保安全使用

随着电子竞技舞美技术和舞美装置的快速发展，舞美相关设备越来越庞大、复杂。与此同时，舞美装置所带来的隐患也日益增多，在传统舞美设计发展历史中，涉及人身安全、演出质量安全的事故时有发生。1993 年，著名乐队 Beyond 主唱黄家驹与乐队其他成员一同在日本录制综艺节目，在一个玩游戏的环节中，由于舞台事故，黄家驹从接近 3 米的舞台上摔下去，最终抢救无效身亡。而在国内，因为舞美装置故障导致的舞台事故也并不罕见，2012 年，郭富城在红馆召开演唱会，在表演歌曲《铁幕诱惑》时，他所站的升降台突然钢丝断裂，郭富城跟着一并坠落；2021 年 10 月，张杰演唱会途中，其中一部升降台先是卡在半空，随后突然坠落，导致站在其上的张杰一同坠落并摔倒。

舞美安全直接关系到观众、演职人员的生命安全，关系到昂贵设备的财产安全，频繁的大型事故的发生还会关系到整个演出业的发展。在电子竞技舞美设计中，安全保障是必要考虑项，包括但不限于消防安全、建筑安全等。

2022 年 4 月，中国舞台美术学会起草了舞美装置安全相应的演出安全行业标准（WH/T 78—2022《演出安全》），中国境内演出涉及安全的标准体系由基础安全标准、技术安全标准、管理安全标准、工作安全标准等系列标准，分别对系统及设备、组织、职业岗位作出安全方面的规定。根据安全保护对象，演出安全逐步实现和完善生产安全、职业安全、质量安全和公共安全等安全保护体系。

在电子竞技舞美设计与实施中，为了做好风险前置工作，必须制订详细的应急预案，确保在突发情况下能够迅速、有效地应对。此外，还需要精心规划安全的动线和疏散路线，以便观众和工作人员在紧急情况下能够迅速离开现场，保障生命安全。

2.5　电子竞技舞美设计与实现涉及的安全性

在前面论述中已经提到，电子竞技舞美安全保障是电子竞技赛事必不可少的部分。电子竞技舞美安全性保障涉及前期的建设、使用过程中的维护、管理制度的建立和执行等多个方面，可以说是电子竞技舞美的基石。

近年来，随着社会和政府对电子竞技的认识逐步上升，各监管部门也对电子竞技舞美设计与实现做出了相应的要求。

2.5.1　大型活动的安全要求

大型线下电竞赛事参与人数众多，属于大型群众性活动。大型群众性活动在准备阶段必须向当地公安部门进行报批。

针对举办大型活动的管理，依据的是 2007 年国务院颁发的第 505 号《大型群众性活动安全管理条例》（以下简称 505 号文）。505 号文比较明确地界定了"大型群众性活动"的概念，是指法人或者其他组织面向社会公众举办的每场次预计参加人数达到 1000 人以上的活动，如体育比赛、演唱会、音乐会等文艺演出、展览、展销等。预计参加人数（针对商业活动，参加人数就是可售票数量）在 1000 人以上的活动，就需要活动承办方向公安机关申请安全许可。

505 号文同时明确举办大型群众性活动，"坚持承办者负责、政府监管的原则"，承办者应当制订大型群众性活动安全工作方案。大型群众性活动安全工作方案包括下列内容：

（1）活动的时间、地点、内容及组织方式；

（2）安全工作人员的数量、任务分配和识别标志；

（3）活动场所消防安全措施；

（4）活动场所可容纳的人员数量以及活动预计参加人数；

（5）治安缓冲区域的设定及其标志；

（6）入场人员的票证查验和安全检查措施；

（7）车辆停放、疏导措施；

（8）现场秩序维护、人员疏导措施；

（9）应急救援预案。

在进行公安报批时，需要向公安部门提交的材料主要包括以下内容。

1.　《大型群众性活动安全许可申请表》

该表格一般由各地公安机关提供模板，承办者应当就活动基本概况，如活动时间、地点、内容等如实填写。同时明确活动承办方、舞台搭建方、安保安检提供方、场地提供方、票务公司的主要负责人及项目负责人联系方式、职责范围，并由各单位负责人签字并加盖公章。

同时出具正式委托书，委托承办公司专员负责办理相关手续，为报批材料的真实性承担责任。

2.　承办者合法成立的证明及安全责任人的身份证明

（1）承办者《营业执照》复印件。

（2）承办者的公司法人及安全责任人（报审专员）身份证件复印件。

（3）由两个或两个以上承办者共同举办活动的，应当提交联合承办协议及上述各自相关证明，以及职责范围。

3.　其他资质、资格证明

举办大型体育赛事、演唱会等大型群众性活动，应当依照有关法律、法规的规定，提交有关主管部门的批准或同意举办文件。

如文艺演出应提交市文化广播电视和旅游局行政许可书正本，进行外语演出的外籍演员应附经文化部审核通过的演出项目详表；体育比赛应提交国家体育总局相关部门或省、市级以上体育部门批准文件或证明函。

4.　活动场所管理者同意提供活动场所的证明

（1）提供场所租赁协议或场地确认函，明确场地租赁方法人主体、场地方营业执照，使用该场所的时间、范围、包含设施等基本情况，附场所及活动平面图等，加盖承办者公章。

（2）新建场所应提供消防部门出具的消防安全检查验收证明文件，含场所消防安全验收合格文件、经消防部门核定通过的该场所活动人员容量设计方案等。

5.　大型群众性活动方案

说明活动举办的日期及具体时间段，场地所处的位置，具体内容和组织形式，预计参加人数、演艺人员、参赛队伍、参展单位人数、其他安排等情况的活动方案。涉及当红明星及运动员的，还应提供航班号和入住酒店，并做好相应预案，以减少机场或酒店大量粉丝的无序聚集可能性。

6.　进行活动场所搭建的相关证明

搭建临时舞台、看台的，应当提交搭建公司的以下证明材料。

（1）搭建公司的《营业执照》和资质认证材料复印件。

（2）搭建公司的法人代表身份证件复印件。

（3）搭建公司与承办方的搭建协议。

（4）明确舞台、看台及灯光、音响等设施的搭建平面图（平面图应以 CAD 格式套在场地平面图中）、剖面图和效果图，并附搭建示意图和使用材料说明，并由承办者和搭建公司有关负责人签字、加盖公章。

（5）对可能的特效及特殊舞台机械进行说明。

7.　票务销售方案

（1）票务公司的《营业执照》和资质认证材料复印件。

（2）票务公司的法人代表身份证件复印件。

（3）票务公司与承办方的票务合作协议。

（4）对社会公开售票的活动，应当提供票券样张，防伪措施、线上及线下票务销售渠道及方案。

（5）应当提供标明具体票务销售数量及场所内座位分布情况详图（该图应套在场馆平面图中，并在关键位置进行距离标注，如舞台台口至第一排座位、内场行距、安全通道等）。

（6）对摄像机位、视线受阻位、安全预留座位等在座位图上进行明确标注。

8.　大型群众性活动安全工作方案

（1）安保、安检公司的《营业执照》和资质认证材料复印件。

（2）安保、安检公司的法人代表身份证件复印件。

（3）安保、安检公司与承办方的合作协议。

（4）活动的时间、地点、内容及组织方式。

应当说明活动举办日期以及具体的时间段，场地所处的位置，活动的具体内容，活动以何种方式组织等。

（5）安全工作人员的数量、任务分配和识别标志。

提供承办方与安全工作人员提供方（有资质的安保、安检公司）的合作协议。同时说明安全工作人员基本情况，安全工作人员主要包括承办者的安全工作人员以及专门从事大型群众性活动安保（安检）工作的保安队伍。方案中明确保安（安检）人员数量、岗位安排、点位图、工作职责和安检设备配置情况等。安全工作人员应当佩戴统一、规范、便于识别的标志。

（6）活动预计参加人数。

应当说明活动各个分区的详细容量，在考虑核定容量留有余地的基础上，预计参加活动的人数。

（7）治安缓冲区域的设定及其标志。

应当根据公安机关的要求，设置相应的人群缓冲区域，以及设置明显的引导标志。要对该情况作出说明。

（8）入场人员的票证查验和安全检查措施。

票证应当有防伪措施。票证查验应当有专人负责，必要时配备专用设施。应当根据公安机关要求，配备专业安检设备、器材，对入场人员进行安检。对于一些特殊活动，还应在材料中明确哪些器材是不允许带入活动现场。要对该情况作出说明。

（9）车辆停放、疏导措施。

应当说明机动车、非机动车停车场地设置和疏导标志设置情况，并配备相应的停车证样张。

（10）现场秩序维护、人员疏导措施。

应当在进出场高峰、活动高峰等重要时段，出入口、舞台前、楼梯口等重要部位安排安全工作人员及设施设备，加强秩序维护和人群疏导。要对该情况作出说明，明确工作职责。

9. 大型群众性活动消防安全工作方案

应当制订灭火和应急疏散预案，说明活动场所内消防设施、器材配备、消防安全标志设置、疏散通道、安全出口通道等情况。

10. 大型群众性活动突发事件应急预案

应当说明在发生人群拥挤踩踏等突发事件情况下，应急救援的指挥关系、力量调动和工作措施。

11. 演员承诺书

活动中有境外演员的，应当提交其承诺遵守我国法律、法规的签字保证书，如为外籍演员的应提交中英文对照版本的保证书。

在举办观众超过 1000 人的大型线下电竞赛事或者电竞活动时，都需要按照规定向公安部门提交以上材料。地方公安机关对电竞活动项目提交的材料会进行严格审核，并在活动开始前检查活动场地，查看安全标志、安全器材、疏散通道标志等是否安排妥当。公安机关对电子竞技的监管，确保了电子竞技线下活动的安全，使得电子竞技产业能够规范有序地向前发展。

2.5.2　突发事件的应对

电子竞技线下赛事中的突发事件包括但不限于：需临时疏散、疫情防控等。

根据《建筑设计防火规范》（ GB 50016—2018),舞美设计在疏散方面应符合以下规定。

（1）观众厅出口应符合下列规定：

① 出口应均匀布置，主要出口不宜靠近舞台。

② 楼座与池座应分别布置安全出口，且楼座宜至少有两个独立的安全出口，面积不超过 200m^2 且不超过 50 座时，可设一个安全出口。楼座不应穿越池座疏散。

（2）观众厅的出口门、疏散外门及后台疏散门应符合下列规定：

① 应设双扇门，净宽不应小于 1.40m，并应向疏散方向开启。

② 靠门处不应设门槛和踏步，踏步应设置在距门 1.40m 以外。

③ 不应采用推拉门、卷帘门、吊门、转门、折叠门、铁栅门。

④ 应采用自动门闩，门洞上方应设疏散指示标志。

（3）观众厅应设置地面自发光疏散引导标志。

（4）观众厅外的疏散通道应符合下列规定：

① 室内部分的坡度不应大于 1∶8,室外部分的坡度不应大于 1∶10,并应采取防滑措施，室内坡道的装饰材料燃烧性能不应低于 B1 级，为残疾人设置的通道坡度不应大于 1∶12。

② 地面以上 2.00m 内不得有任何突出物，并不得设置落地镜子及装饰性假门。

③ 当疏散通道穿过前厅及休息厅时，设置在前厅、休息厅的商品零售部及衣物寄存处不得影响疏散的畅通。

④ 疏散通道的隔墙耐火极限不应小于 1.00h。

⑤ 对于疏散通道内装修材料燃烧性能，顶棚不低于 A 级，墙面和地面不低于 B1 级，并不得在燃烧时产生有毒气体。

⑥ 疏散通道宜有自然通风及采光，当没有自然通风及采光时，应设人工照明，疏散通道长度超过 20m 时，应采用机械通风排烟。

（5）疏散楼梯应符合下列规定：

① 踏步宽度不应小于 0.28m，踏步高度不应大于 0.16m。连续踏步不宜超过 18 级；当超过 18 级时，应加设中间休息平台，且平台宽度不应小于梯段宽度，并不应小于 1.20m。

② 不宜采用螺旋楼梯。当采用扇形梯段时，离踏步窄端扶手水平距离 0.25m 处的踏步宽度不应小于 0.22m，离踏步宽端扶手水平距离 0.25m 处的踏步宽度不应大于 0.50m。休息平台窄端不应小于 1.20m。

③ 楼梯应设置坚固、连续的扶手，且高度不应低于 0.90m。

（6）后台应设置不少于两个直接通向室外的出口。

（7）舞台区宜设有直接通向室外的疏散通道，当有困难时，可通过后台的疏散通道进行疏散，且疏散通道的出口不应少于 2 个。舞台区出口到室外出口的距离，当未设自动喷水灭火系统和自动火灾报警系统时，不应大于 30m，当设自动喷水灭火系统和自动火灾报警系统时，安全疏散距离可增加 25%。开向该疏散通道的门应采用能自行关闭的乙级防火门。

（8）乐池和台仓的出口均不应少于两个。

（9）舞台天桥、栅顶的垂直交通和舞台至面光桥、耳光室的垂直交通，应采用金属梯或钢筋混凝土梯，坡度不应大于 60°，宽度不应小于 0.60m，并应设坚固、连续的扶手。

（10）剧场与其他建筑合建时，应符合下列规定：

① 设置在一、二级耐火等级的建筑内时，观众厅宜设在首层，也可设在第二、三层；确需布置在四层及以上楼层时，一个厅、室的疏散门不应少于 2 个，且每个观众厅的建筑面积不宜大于 400m^2；设置在三级耐火等级的建筑内时，不应布置在三层及以上楼层。

② 应设独立的楼梯和安全出口通向室外地坪面。

（11）疏散口的帷幕燃烧性能不应低于 B1 级。

（12）室外疏散及集散广场不得兼作停车场。

此外，根据国家 2005 年颁布的《高层民用建筑设计防火规范》4.1.5A.6 规定，疏散走道的主要疏散路线面或靠近面墙应设置发光疏散指示标志。

自 2019 年新冠疫情肆虐全球以来，针对电子竞技赛事等大型线下活动的防疫需求也出台了相关规定。

根据 2021 年 8 月 31 日文化和旅游部市场管理司印发的《剧院等演出场所新冠肺炎疫情防控工作指南（第五版）》规定，演出主办方应与参演单位和个人签订安全协议或健康承诺书，并对观众戴口罩行为做详尽要求，如观众购票及进剧场观看演出期间应全程佩戴一次性使用医用口罩、医用外科口罩或以上防护等级口罩，确保口罩盖住口鼻和下巴，鼻夹要压实。出示健康码、行程码，配合测温。拒绝佩戴口罩、扫码或体温异常的，严禁入场。

2022 年 12 月 26 日，中华人民共和国国家卫生健康委员会发布《关于对新型冠状病毒感染实施"乙类乙管"的总体方案》（以下简称《总体方案》）。《总体方案》明确指出，2023 年 1 月 8 日起，对新型冠状病毒感染实施"乙类乙管"。

2023 年 1 月 8 日后，中国大陆境内对观众观看演出的防疫规定也随之变动。如图 2-28 所示，2023 年王者荣耀职业联赛春季中，关于观赛防疫规定改为了：观赛中需全程佩戴口罩。

图 2-28　2023 年王者荣耀职业联赛春季观赛指南

2.5.3 排水通风的要求

针对排水、通风，《剧场建筑设计规范》（JGJ 57—2016）也作出了相关规定，在遇到极端天气（如暴雨、狂风）时，该规定能有效保障舞台场内人员安全。

（1）屋面雨水斗、雨水悬吊管及雨水立管不应布置在观众厅区域内；舞台区的雨水排水管不应设在主舞台区域内。

（2）面光桥、耳光室、追光室、灯光控制室、音响控制室、调光柜室、功放室、舞台机械控制室、舞台机械电气柜室、琴房、乐器库房等，应设机械通风或空气调节；厕所、金工间、木工间、绘景间等应设机械排风。前厅和休息厅等房间宜有良好的自然通风；不具备自然通风条件时，应设机械通风或空气调节。

（3）剧场空气调节室内设计参数应符合表 2-1 的规定。

表 2-1 剧场空气调节室内设计参数

参数名称	夏 季	冬 季
干球温度 /℃	24~28	18~22
相对湿度 /%	40~70	≥30
平均风速 /m/s	0.15~0.3	0.1~0.2

（4）夏季采用天然冷源降温时，剧场室内温度应低于 30℃。

（5）对于严寒和寒冷地区未设空气调节的剧场，冬季室内供暖设计参数应符合表 2-2 的规定。

表 2-2 冬季室内供暖设计参数

房 间 名 称	室内计算温度 /℃
门厅、走道	14~18
观众厅、放映厅、洗手间、休息厅	16~20
化妆、主舞台、后台休息室	20~22
贵宾休息室、VIP 化妆室、服装间	22~24

（6）剧场室内稳定状态下的二氧化碳 (CO_2) 允许浓度应小于 0.25%。

（7）剧场最小新风量应符合现行国家标准《民用建筑供暖通风与空气调节设计规范》（GB 50736—2012）的相关规定。

（8）剧场的空气调节系统应符合下列规定：

① 舞台、观众厅宜分系统设置；多层观众厅宜竖向分区设置系统；化妆室、灯光控制室、音响控制室、调光柜室、功放室、舞台机械控制室、舞台机械电气柜室、琴房、乐器库房等，宜设独立系统或装置。

② 集中式系统所采用的空气处理措施应满足室内卫生要求，宜作粗、中效两级过滤，并宜设置具有杀菌功能的空气净化装置。

③ 过渡季节应具有不进行热、湿处理，仅作机械通风使用的功能。

④ 主舞台上冬季应有防止下降冷气流的措施。

（9）剧场的送风方式应按具体条件选定，并应符合下列规定：

①主舞台、观众厅的气流组织应进行计算；当布置风口时，应避免气流短路或形成死角。

②主舞台送风应送入表演区，并应采取调控措施，不得吹动幕布及布景。

③观众厅宜采用座椅送风等下部送风方式，并应防止尘化，且污物和水不得进入风口和风管；地下水位高的地区不宜采用地下风管；地下风道应设置清扫口。

④主舞台上的排风口应设在较高处。

（10）通风或空气调节系统应采取消声减噪措施，通过风口传入观众席和舞台面的噪声应满足室内允许噪声要求。

（11）通风、空气调节及制冷机房与观众厅和舞台邻近时，应采取隔声措施，且隔声能力应满足室内允许噪声要求。动力设备应采取减振措施。

（12）机械化舞台的台仓应设空气调节；在潮湿地区或湿度可能超过舞台机械使用要求的条件下，台仓内还应设除湿设施。

（13）舞台的送风支管宜采用可伸缩的软管。

（14）观众厅闷顶或侧墙上部应设通风。

2.5.4　电子竞技舞美的安全原则

电子竞技赛事发展至今，由简单的网吧赛到"大场地、大规模、大制作"、参与人数众多的、融合了表演和艺术的视听盛宴，舞美设计在安全方面需遵循以下原则，以确保参赛选手、观赛观众和工作人员的安全。

（1）遵守国家相关规定：电子竞技赛事的舞美设计与实施必须符合国家相关规定。这包括但不限于建筑安全规范、防火规定、公共安全措施和防疫要求等。遵循这些规定可以确保场地和设施的安全性。

（2）专业安全检测：在搭建施工、运营和撤场阶段，舞美设计需要经过专业安全检测。这涉及舞美装置的结构稳定性、舞台设备的电气安全性、道路和通道的安全规划等方面。通过专业安全检测，可以排除潜在的安全隐患，保证整个舞美设计的可靠性和安全性。

（3）消防和公共安全：电子竞技赛事舞美设计必须符合消防和公共安全要求。这包括设置合适的灭火设备和疏散通道、合理规划人员流动和应急通道，以及制定相应的应急预案。通过采取这些措施，可以确保在紧急情况下人员的安全疏散和火灾等事故的及时处理。

（4）防疫措施：由于新冠疫情的影响，电子竞技舞美设计需要符合相关防疫规定。这可能包括采取体温检测、人员登记、安排座位间隔、提供消毒设施等措施，以保障参赛选手、观众和工作人员的健康和安全。

2.6　电子竞技舞美设计与实现的意义及作用

电子竞技舞美设计与实现，经过多年的发展，已经成为了一项集功能性和艺术性于一体的重要工作。它不仅仅是为了娱乐，还在整个电子竞技行业中扮演着关键的角色。具体而言，电子竞技舞美设计与实现的意义可以进一步展开，包括以下几个重要方面：

（1）电子竞技赛事内容呈现的重要组成部分。

（2）电子竞技现场氛围烘托的重要形式。

（3）电子竞技重要历史时刻及造星仪式感的表演方式。

（4）电子竞技及其相关的科技行业发展的推动力量。

2.6.1 舞美是电竞赛事内容呈现的重要组成

电子竞技赛事内容呈现分为线上制作及线下呈现，其中线下呈现主要依赖舞美设计及实现。

如图 2-29 所示，电子竞技的制作与转播不仅仅局限于比赛的举办和直播，舞美设计与实现在其中扮演了至关重要的角色，贯穿了从创意策划一直到制作执行的整个过程。通过舞美设计与实现，电子竞技赛事的表现形式得以丰富，电子竞技的虚拟延展性也得以展现。

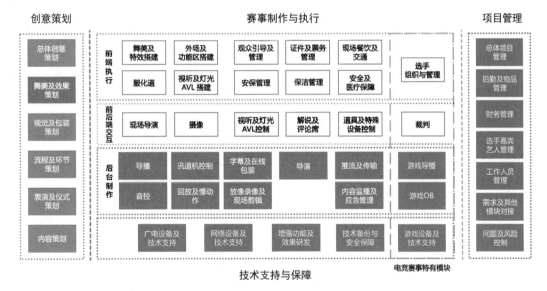

图 2-29 电子竞技制作与转播舞美设计与实现在前端、前后端交互中的内容

一场电子竞技比赛要想达到精彩纷呈的效果，离不开对舞台的精心打造，这也是电子竞技赛事内容呈现中与传统体育比赛拉开差距的重要部分。通过高度科技化的展示手法，电子竞技可以构建一个与观众心中的虚拟世界高度呼应的赛场环境，让观众享受一场视觉和听觉上的盛宴。

在当今阶段，一场成功的电子竞技赛事吸引观众的魅力远不止于比赛的胜负。对很多观众而言，一场电竞比赛可能意味着一次盛典、一次令人难忘的旅程，或者是一份献给自己的特殊礼物。在这个时候，电子竞技舞美设计与实现的作用则不可小觑。电子竞技舞美设计与实现能够通过全方位的设计和布置，将观众带入一场陶醉的"观赛之旅"，无论是赛场内的观众还是线上观众，从踏入比赛场馆或进入直播间的那一刻开始，就享受到愉悦感。

对于现场观众来说，电子竞技舞美设计可以创造一个视觉和感官的奇妙世界。赛场的布局、灯光效果、大屏幕投影，甚至是座椅的设计，都能够提供一种独特的、极具娱乐性的环境。观众不再只是旁观者，而是被带入比赛的氛围中，情感投入其中，而这种身临其境的感觉是战斗数据和比赛结果本身所不能提供的。

对于线上观众来说，电子竞技舞美设计与实现同样有着不可忽视的作用，电子竞技舞美设计与实现通过引人入胜的虚拟舞美效果、互动元素和高质量的直播制作，让在线观众可以享受到与现场观众一样的乐趣。直播间的布景、音效、中场互动等元素共同构建了一种无可替代的观赛体验。

总之，电子竞技舞美设计与实现已经超越了传统意义上的视觉效果，它是电子竞技赛事内容呈现不可或缺的一部分，也是电子竞技赛事无可替代的魅力体现。

2.6.2 舞美是电竞赛事现场氛围的烘托手段

电子竞技赛事的观赛方式分为线上观看以及线下观赛两种形式。线上观看主要依赖游戏的 OB 界面，观众关注的焦点主要在于技术展示和赛事内容本身。线下观赛则通过电子竞技舞美设计与实现所涵盖的各个流程环节和艺术呈现引发更加丰富的互动情感，将氛围推向高潮。

电子竞技舞美设计与实现需要涵盖线下赛场的各个流程环节，从比赛场馆的布局到灯光效果、音响效果、特效道具和应援物料的运用，都要能够为线下观赛观众创造出独特的互动体验。

现场的沉浸感相对于线上观看而言更能够刺激观众的感官体验。在现场观众眼中，电子竞技舞美设计能够将他们带入一个心率飙升的互动空间，观众可以与其他粉丝互动，共同应援自己支持的队伍或选手。特效道具的使用，如发射的彩带、举起的应援牌，都能够为观众们提供积极参与的空间。

此外，电子竞技舞美的魅力还在于它提供了粉丝和选手在现实生活中交流互动的空间。在这个特殊的领域里，选手已不再是冷冰冰的屏幕虚拟 ID，而是真实存在的个体，这种亲近感和互动性可以为观众带来更加深刻的参与感和情感共鸣，打破传统体育与观众之间的隔阂。观众可以在电竞赛事中亲历选手的实力、毅力和职业精神，而这种亲身体验是其他体育项目很难提供的。观众可以通过面对面的接触、亲手签名和拍照留念，更好地了解和支持自己喜爱的电竞明星，建立起一种真实而深厚的粉丝与选手之间的情感纽带。

另一方面，在一些外场空间，赛事方还会通过舞美设计与实现，在观众正式观赛前组织一系列的活动，用于调动观众情绪，这些活动使粉丝能够亲临现场，与选手、解说、主持、甚至是俱乐部宠物互动，领取所支持的俱乐部周边、提前为选手加油打气等，这种近距离的接触也有助于调动起观众在现场的情绪，让他们更加沉浸在之后的比赛里。

以 2023 年王者荣耀职业联赛 KPL 夏季赛为例，常规赛阶段的比赛活动不仅局限于竞技本身，还包括了一系列的互动和社交体验。赛事主办方在外场组织了名为"超级电竞周选手面对面"的活动，为选手和粉丝提供了面对面交流的机会，通过外场精彩的舞美建设，为选手与粉丝之间的互动创造了一个充分的空间基础。

在这个活动中，现场粉丝汇聚一堂，热情高涨，与喜爱的电竞明星们面对面互动。外场设置了打卡墙、历史墙、赞助商活动台、选手互动区等区域，使整个外场焕发出无限的活力。观众们纷纷为自己支持的选手加油助威，呼喊助威口号，营造了一个充满热闹、激情和团结的氛围，如图 2-30 所示。

图 2-30　2023 年王者荣耀职业联赛夏季赛 KPL 赛前"超级电竞周选手面对面"活动现场

而到了 2023 年王者荣耀职业联赛 KPL 夏季赛总决赛阶段，赛事方采取了一系列精心的舞美设计与策划举措，用于烘托夺冠时刻的全场氛围，这一阶段，内场区域的规划和物料道具的特殊设计发挥了关键作用，其中最令人印象深刻的要数"金色的雨"的惊艳呈现。

前面已经提到过，"金色的雨"是电子竞技赛事中一项重要的元素，能够将荣誉和感动的氛围推向顶峰。以这场赛事为例，赛事方通过电子竞技舞美设计与实现，将"金色的雨"飘洒到粉丝区，让粉丝与夺冠的战队共享这一激动人心的时刻，成为这一时刻的见证人，当夺冠战队登上胜利舞台，获得了属于他们的荣誉时，"金色的雨"像闪烁的星光一样落下，粉丝和选手一同置身于璀璨的金色雨幕之下，粉丝们也纷纷伸出手去接住"金色的雨"。

如图 2-31 所示，这样的场景不仅为赛事增添了惊人的视觉效果，还为粉丝提供了深刻的情感共鸣，强化了粉丝与夺冠战队之间的联系，将现场荣誉和感动的氛围烘托到了极致。

图 2-31　2023 年王者荣耀职业联赛 KPL 夏季赛中，粉丝伸手接"金色的雨"

总的来说，电子竞技舞美设计与实现不仅意味着精彩的视听盛宴，还具备强大的情感调动能力。它能够将观众带入高亢激昂的氛围之中，创造出与直播观看完全不同的、更加感染人和震撼人心的观赛体验。

电子竞技舞美设计与实现以其独特的视觉和听觉元素，将赛场变成一个充满活力和魔幻感的空间，让观众融入比赛的故事情节中。灯光的变化、音效的震撼、特效道具的运用以及应援物料的炫目，都能够使观众感受到比赛的紧张和激情，营造出令人振奋的情感氛围。

通过电子竞技舞美设计与实现，现场观众互动的热情被调动起来，观众们可以自由地为自己支持的队伍或选手欢呼助威，挥舞旗帜等应援道具，同时也为比赛增添了一份独特的人文气息。这种亲身参与的共情，使观众更加深入地融入了比赛的情感中，与其他观众一同分享着胜利的喜悦或失败的悲伤。

舞美设计不仅仅是赛事的视听表现，它还能够触发观众内心深处的情感。观众在现场可以感受到赛事的紧张和激情，与其他观众一同构建独特的情感共鸣。这种情感体验让观众更加深刻地理解和热爱电子竞技，使观赛成为一次真正的情感之旅。

2.6.3　舞美是电竞重要历史时刻的展现方式

许多电子竞技赛事的粉丝，当谈到他们喜欢的选手的夺冠时刻时，通常会分享冠军队伍举杯的图片。在电子竞技的发展历史中，有不胜枚举的精彩夺冠瞬间，摄影机透过快门捕捉到这些充满光辉和泪水的时刻，而在镜头的背后，是赛事方精心打造的电子竞技舞美。

对于那些如季度总决赛等精彩赛事来说，一个出色的舞台是必不可少的，它成为了夺冠时刻的见证者。电子竞技舞美的魔力在于它可以将这些时刻转化为真正的仪式感，让选手和观众都深刻地铭记。这些时刻也被记录下来，一代又一代地留存，成为电子竞技历史中的重要节点。

如图 2-32 所示，以 2018 年 IG 战队夺得英雄联盟 S8 全球总决赛总冠军为例，那一刻，伴随着仁川体育馆那场"金色的雨"，数以千万的电竞爱好者都为之沸腾。当比赛结束，

图 2-32　2018 年 11 月 3 日在韩国仁川举办的英雄联盟 2018 年 S8 全球总决赛中，
来自中国 LPL 赛区的 IG 战队夺得 2018 年 S8 全球总决赛总冠军

IG 战队成为冠军，观众们进发出如雷鸣般的掌声和欢呼声，这个战队沐浴着"金色的雨"举起奖杯的时刻被数以百万计的观众通过直播和社交媒体分享，成为电子竞技历史上的经典瞬间。

这些夺冠时刻不仅仅是胜利的瞬间，更是所有电子竞技赛事的共鸣点和灵感源泉。这些时刻象征着拼搏、坚持和团队合作等核心价值观，为电子竞技的粉丝们提供了无限的激情和动力，鼓舞着他们追求自己的梦想。

电子竞技舞美设计与实现在这些时刻的意义和作用是不可估量的。它不仅仅为比赛增色添彩，更将这些珍贵的瞬间永远地镌刻在了观众和选手的心中。通过创造令人难以忘怀的视听盛宴，舞美设计将比赛提升到一个全新的高度，使每一个电竞爱好者沉浸其中，加深了他们对这些时刻的情感投入，让这些瞬间不再是简单的比赛结果，而是充满艺术性和情感内涵的独特体验。

此外，电子竞技舞美设计与实现也在塑造电子竞技文化中发挥了不可或缺的作用。它为电子竞技注入了更多的戏剧性和仪式感，将比赛变成一场可以被诉说的故事，吸引了更多的观众和赞誉，也让这些时刻成为电子竞技社区的象征，代表着电竞的辉煌历史和无限潜力，激发着新一代电竞爱好者的激情。

综合而言，电子竞技夺冠时刻与舞美设计之间存在着深刻的互动关系。它们一同塑造了电子竞技文化，将比赛提升到了一个全新的高度，并为观众和选手创造了永恒的回忆。这些时刻不仅代表了电竞的胜利，更代表了团队合作、拼搏和精神力量的胜利，激发了人们对电子竞技的无限热爱和信心。

2.6.4　电子竞技及相关视听科技发展的推动力量

在电子竞技赛事中，最容易反映出电竞的科技进步感的表现之一，就是电子竞技赛事的舞美设计。与传统体育比较而言，电子竞技因其本质上具有科技属性，因此其舞美设计中会涵盖大量富有科技感的设计元素。

电子竞技赛事的舞美设计借助先进的科技，将比赛现场打造成一个充满未来感和科技感的空间。这样的舞美设计与实现包括了灯光、音响、特效道具、虚拟现实元素等方面的应用，例如，LED 灯光系统能够创造出各种色彩斑斓的效果，营造出独特的氛围；音效技术可以让观众身临其境地感受比赛中的音效；虚拟现实技术能够将观众带入游戏世界，使他们有身临其境的体验。

在电子竞技发展的过程中，一些先进的技术如增强现实、裸眼 3D 等特效技术也被广泛应用于电子竞技的舞美设计与实施领域。它们或能够将虚拟元素与真实世界相结合，为观众创造出富有创意和交互性的视觉效果，呈现游戏中的虚拟角色、道具或者特效，使其仿佛真实存在于比赛场地之中；或能够让观众在不需要戴 3D 眼镜的情况下，享受到三维立体的视觉效果，创造出更加生动和逼真的比赛画面，提升观众的观赏体验。

近年来，受新冠疫情的影响，一些虚拟制作技术逐渐成为电子竞技舞美设计与实施领域的重要工具。赛事方积极应用 XR 和虚拟制作等技术，通过创新手段，将原本无法在线下制作的赛事呈现出接近线下制作的真实效果，以满足观众的视觉和感官需求，同时还原选手在线下赛事中的竞技仪式感。在这样的背景下，虚拟制作技术也为电子竞技舞美设计带来了革命性的变化，通过虚拟制作，赛事方能够在虚拟环境中模拟出赛场场地、选手入场仪式等细节，使其无限趋近于线下制作的效果，弥补了线下比赛无法举行的缺憾。

大型赛事一直以来都在不断追求进步和新鲜感，电子竞技赛事的舞美设计与实施作为观赛体验的最直观体现，承载着推动行业科技进步性的重要功能和作用。每一年，大型电子竞技赛事都成为科技创新的舞台，不断引入新的科技技术，而电子竞技舞美设计也在每个阶段都面临着不断创新的需求，这种需求不仅推动着科技行业的发展，也促使电子竞技行业不断进步。

另一方面，电子竞技舞美的不断创新也激励着科技行业的进步。为了满足电子竞技赛事的需求，科技公司不断推陈出新，开发出更先进的技术和设备。包括更精确的动捕设备、更高分辨率的显示屏、更复杂的特效道具等。这种需求与供应的相互作用推动着科技的前进，使电子竞技领域与科技行业保持着密切的联系。

综合而言，大型电子竞技赛事中的舞美设计与实施不仅仅是为了提供精彩的观赛体验，还扮演着推动科技进步的角色。这种相互作用有助于电子竞技行业不断创新，同时也促进了科技领域的不断发展，推动了两个领域的共同进步。随着时间的推移，这种合作和互动将继续推动电子竞技行业朝着更高的水平发展。

第 3 章

电子竞技舞美设计
与实现的架构

3.1 电子竞技舞美设计与实现的组成模块

3.1.1 电子竞技舞美设计与实现的主要模块

传统的舞台设计，是以"舞台"为标的物的设计，更具体地说是以舞台设备、灯光、布幕、音响、演出道具、悬吊与更换支架系统、戏服、戏妆为标的物的设计。电子竞技舞美虽与传统舞美有相似之处，但在智能时代，电子竞技舞美更强调观众、选手、角色与场景之间的交互体验。如今，除了传统的置景外，视听、灯光 AVL 和特效都为观众提供了丰富的感官体验。

在电子竞技高速发展的历程上，如何将一场赛事从简单的视觉体验更新升级，不断向精神层次体验靠拢，在电子竞技舞美设计与实现上需要脉络分明的细节分工和成体系的业务模块。

在《电子竞技赛事制作与转播》一书中，作者绘制了电子竞技赛事制作与转播的架构图，而在本书中，也可以明确电子竞技舞美设计与实现所涉及与涵盖的架构模块，如图 3-1 所示。

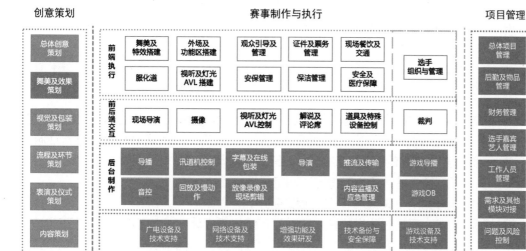

图 3-1　电子竞技舞美设计与实现所涉及与涵盖的架构模块

本章将着重讨论以下六大模块：舞美及效果策划、舞美及特效搭建与控制、视听及灯光 AVL 搭建与控制、外场及功能区、解说及评论席、服化道，这些模块将在后续章节进行详细探讨。

3.1.2　电子竞技舞美及效果策划

在电子竞技舞美设计与实现中，舞美及效果策划是第一步，舞美及效果策划主要包含舞台风格设计、舞台建模与渲染、功能间设计、流程效果设计等。

在整个电竞赛事项目的 IP 和规模得以确认后，舞美策划人员需要针对性地开启一系列创新、实用又吸引眼球的探索，以构建能够使整个赛事得以呈现出丰富的视听效果的蓝图，这样的蓝图不仅要贴合游戏 IP，也要确保在赛事竞技方面的公平性、传播性、舒适性，且不能完全参考过往的项目案例。对于一些大型版本更新的游戏、与城市文旅有结合的赛事等，还需根据特定的环境和背景，做出适当的创新，最终呈现出集风格、位面规划、功能需求等为一体的蓝图，再交由设计师进行建模和渲染出效果图。

除了主舞台、解说席等重要上镜区域的效果图的建模和渲染，功能间和流程效果设计也必不可少。根据电竞赛事项目的大小与参与嘉宾的不同，功能间的设计会涉及导播间、工作间、嘉宾休息室、选手休息室、艺人休息室、化妆间等。功能间的数量及位置还会与现场走线、网络等息息相关，例如，选手休息室往往需要设置摄像机与观赛屏幕以便记录选手的状态、方便教练进行记录，而摄像机和屏幕这样的电子设备需要特别注意其走线。

如图 3-2 所示，流程设计即整个比赛过程中会涉及的特殊环节及需要提前准备、设计的装置，例如选手出场时的通道、奖杯的位置及打光、"金色的雨"的准备等。

综上所述，这些流程效果的设计要综合考虑多个因素，其中视觉吸引力只是其中之一，更为重要的是，这些设计需要在实际比赛中能够顺畅地实施，以确保整场电子竞技赛事呈现出引人入胜的效果。流程效果的成功设计和实施，是电子竞技舞美的核心之一，它为赛事增色添彩，同时也为观众创造了充满活力和令人难忘的赛事氛围。

3.1.3　电子竞技舞美及特效的搭建与控制

"沉浸式"数字艺术场景是近年来比较热门的一种表现形式，从视觉、听觉、感觉等维度去感知沉浸式环境，可以实现其他普通投影、灯光做不到的实时的沉浸感，让游客、观众体验到置身 IP 空间的深度互动。在众多设计场景都在追求"沉浸式"体验的当下，舞美特效在电子竞技中的运用也变得愈发司空见惯。

舞美及特效分为两个关键环节：搭建和控制。

设计师和技术人员通过先进的技术和对建筑结构与媒体艺术关系的探索，将前沿的信息技术（5G、VR、AR、人工智能、云计算和大数据等新的信息生态链）用于艺术活动的创作中，利用多通道投影融合技术将投影画面完整地投射到四周墙面、地面上，形成一种动态的封闭式空间，给观众一种前所未有的、身临其境的震撼享受，实现物理空间与数字

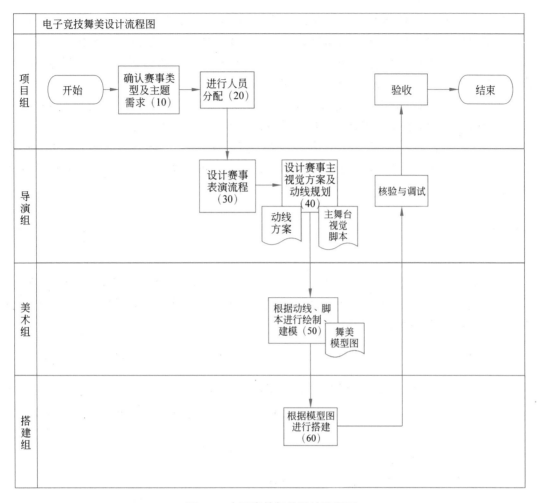

图 3-2　电子竞技舞美设计流程图

空间的交集，再运用灯光、音效打造出与游戏场景高度相似的梦幻置景，带给屏幕前的观众极致的感官体验。

在电子竞技舞美特效得以在观众面前展现之前，需要设计师围绕赛事主题设计互动方式，将游戏 IP 内容融入互动中，技术人员则通过场景搭建、设备植入与场景建模实现等手段进行前期搭建准备，再结合特效控制技术输出强烈的氛围代入感，使观众进入空间即能沉浸其中，达到身临其境的效果。

3.1.4　电子竞技视听及灯光 AVL 的搭建与控制

视听及灯光（Audio Visual Lighting，AVL）我们往往也称为视听及灯光 AVL。在电子竞技舞美中，设计师和技术人员通常需要结合灯光、大屏、音响等视听装置，不断探索光、声音和空间之间的相互作用，将空间、时间、声音、图像汇集为一个以身体直接感知的空间，给予选手仪式感，调动观众的情绪。

视听及灯光 AVL 包含两个关键环节：搭建和控制。

视听及灯光 AVL 搭建在制作与转播架构中属于前端模块，是观众能够直接感知到的部分，在赛前需要搭建完成。视听及灯光 AVL 控制在制作与转播架构中属于前后端交互模块，是工作人员进行控制产生特殊效果的部分。

2021 年，国家广播电视总局发布了《广播电视和网络视听"十四五"发展规划》，其中明确指出："运用 VR、AR、MR 和超高清等技术，推出全息化、可视化及沉浸式、交互式内容产品，丰富智慧广电的传播形态、传播样式"，许多舞美搭建厂商都纷纷响应，通过升级视听及灯光 AVL 的相关技术，提升广电的传播形态，带给观众更好的视听享受。

3.1.5 电子竞技外场及功能区

除主舞台外，一场大型电竞赛事还会涉及外场及功能区。外场和功能区的划分及布置，不仅对场地环境、区域大小、动线等提出高要求，同时也催生出一些特殊功能互动应用其中。功能区的主要分类如图 3-3 所示。

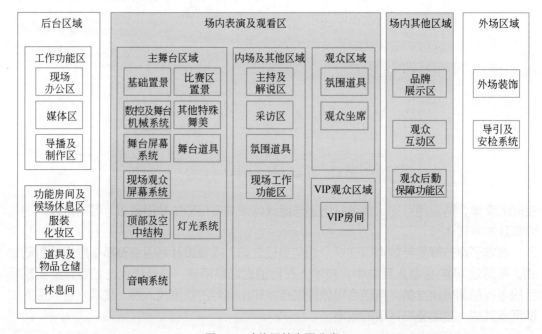

图 3-3 功能区的主要分类

外场即对战区及观赛区之外的区域，主要为入场处及场馆外界周围，用于点明赛事 IP 内容及秩序维护。观众可在此处进行暖场互动、主题装置合影体验、快闪周边采买、应援物料领取等，如图 3-4 和图 3-5 所示。

功能区主要包含以下部分。

（1）工作功能区：现场办公、媒体区、导播及制作区。

（2）功能房间及后场休息区：服装化妆区、道具及物品仓储、休息间。

图 3-4　2020 年和平精英国际冠军杯 PEC 外场

图 3-5　观众在 2020 年和平精英国际冠军杯 PEC 外场拍照打卡

3.1.6　电子竞技解说席及评论席

与传统体育类似，为了便于观众理解游戏，增加赛事的解读和趣味性，在电子竞技赛事中也会设置解说及评论席。

如图 3-6 和图 3-7 所示，"解说及评论席"其实是两个部分，电子竞技赛事中的解说席是观众观看比赛重要的信息来源，在比赛过程中，资深的评论员会就比赛的战术、选手的策略、团队间的协作以及其他重要事件进行实时解说和分析；评论席则是提供给与赛事相关的评论员进行赛事复盘、讨论的平台，评论席嘉宾会深入研究比赛中的亮点、失误、策略，探讨选手的表现以及可能的改进之处。

解说和评论席是电子竞技舞美设计与实现的重要组成部分。在实现的过程中，需要注意与主舞台视觉的统一性，同时关注嘉宾的舒适性、信号的有效传播以及赞助商的露出。由于评论席和解说席是辅助赛事呈现的区域，在一些大型联赛常规赛中，它们往往会被放置在一起，以节约成本、确保赛事的流畅进行和观众的全面体验。

图 3-6　KPL 王者荣耀职业联赛常规赛解说席

图 3-7　KPL 王者荣耀职业联赛常规赛评论席

3.1.7　电子竞技服化道

舞台艺术中的服装、化妆、道具布景合称为"服化道"。

电子竞技服化道则是指在电子竞技赛事现场为了营造赛事氛围所设置的服装、妆造和道具。如图 3-8 所示，这些服化道对于塑造舞台人物、还原 IP 故事环境、营造氛围、进

图 3-8　2021 年王者荣耀世界冠军杯 KCC 总决赛开幕式，
舞蹈演员穿着形似游戏角色"公孙离"，作"惊鸿舞"

而引领观众进行"沉浸式"观赛至关重要，更是体现舞台风格的重要元素。电子竞技舞美服化道呈现及布置主要涉及开幕式、闭幕式、中场秀等环节，由于游戏人物、场景与现实视觉观感有着鲜明的差别，完整的服化道体系不可或缺。

3.2 主要模块之间的关系

电子竞技自 2003 年被国家体育总局批准成为第 99 个正式体育项目以来，在争议中高速发展，并迅速进入正规化的发展轨道。电子竞技舞美由最初的网吧赛逐渐发展成为当今堪比大型歌舞晚会的视听盛宴，甚至将电影级置景搬上了舞台，受到了来自全世界玩家的喜爱以及各界人士的关注，其中，整个舞美制作团队的细致分工和通力合作起到了至关重要的作用。

电子竞技舞美不仅在台前发挥作用，幕后也为观众和工作人员提供了专业、舒适的体验。同时作为电子竞技赛事的可视化见证，记录着这一运动的发展与繁荣。本章节将对电子竞技舞美模块之间的关系进行讲解。

3.2.1 六大模块共同协作

如图 3-9 所示，电子竞技舞美设计与实现的六大模块分别是：舞美及效果策划、舞美及特效、视听及灯光 AVL、外场及功能区、解说及评论席、服化道。

图 3-9 电子竞技舞美设计与实现的六大模块

电子竞技赛事的成功举办不仅仅依赖于比赛本身的精彩，还需要经过精心策划和完善的舞美设计，以在赛前、赛中和赛后的各个环节中打造引人入胜的体验。将电子竞技的激情和竞技场景生动呈现在观众眼前，是电子竞技舞美设计的核心任务。

电子竞技舞美设计涉及众多模块，每个模块都扮演着不同的角色。从策划和规划阶段到舞美及特效的搭建，再到视听及灯光 AVL 系统的配置，以及外场及功能区的划分、解说和评论席的布置、服化道的安排，每个环节都需要经过详细的功能划分和人员响应。这个复杂的过程需要不同团队和角色之间的高效协作，以确保所有要素都无缝衔接，不影响比赛舞台上的设备和道具控制。

更重要的是，这个过程需要平衡多方的需求和期望，以创造出令观众和选手流连忘返的电子竞技赛事体验。从赛前的策划到赛中的表演和展示，再到赛后的回顾和总结，每一步都需要考虑如何吸引观众、提高比赛的传播性、保障参与者的舒适度，并在竞技公平性方面达到高标准。

　　总而言之，电子竞技舞美设计与实现六大模块之间的共同协作，是电子竞技赛事成功的关键之一。通过模块间的协调与配合，才能够打造出一场精彩绝伦的电子竞技赛事，将观众和选手带入一个充满激情和创意的虚拟世界，成为一次令人难忘的电子竞技盛宴。

3.2.2　细分模块高效运转

　　电子竞技舞美的设计与实现是一个基于电子竞技赛事和游戏 IP 的创意与美学延伸的复杂过程。它被划分为六个关键模块，这些模块需要相互协作，并在一个共同的目标原则下分层逐级地工作。每个层级的相关工作人员都承担着各自的职责，这样才能确保整个赛事流程能够高效、有条不紊地进行，达到事半功倍的效果。

　　以舞美设计及效果策划为例，这一模块负责创造赛事场景的视觉魅力，使观众在观看过程中完全融入其中。为了实现这一目标，每一个舞台细节都必须经过精心的设计和规划，包括主要色彩的选择、屏幕材质的挑选、数量和布局的确定以及灯光效果的设计等。所有这些元素必须在整个舞台上相互交织，以突出该场景的游戏 IP 特色和主题。

　　在舞台设计及效果策划中，色彩和亮度细节被看作传递赛事 IP 核心精神力和风格的象征，每一场赛事仪式、每一次表演以及每一个关键瞬间都被视为传达赛事的核心内涵的机会，需要经过精心考虑和精确控制，以确保每一场赛事的独特性。这个模块的工作涉及团队的创造性思维和艺术才能的充分发挥，设计师们必须深入了解赛事的主题、SLOGAN、游戏风格等，让设计与之紧密契合；另一方面，舞台设计及效果策划还需要不断关注新的技术和创新，以保持竞争力并提供更出色的视觉效果。

　　这种高度的精细程度和全面性的考虑不仅在舞美设计中体现，同样适用于其他模块。在外场及功能区模块中，不同区域的划分必须以实际功能为基础，并需要经过详细的规划和人员分配。如图 3-10 所示，功能区的协调人员承担着繁重的任务，他们需要进行详尽的文档工作，规划清晰的动线，并合理分配人员资源。此外，他们还必须根据各个功能区的需求，仔细安排房间内的各种设备和设施，包括硬件和软件的配置。

图 3-10　《香肠派对》赛事各类工作证示意图

与此同时，现场安保人员也肩负着重要的职责，他们需要根据精确的动线和人员划分，严格监督和维护外场及功能区的秩序。这包括确保安全检查的有效实施、人员流动的顺畅管理以及应急情况的快速响应。

在这样的衔接配合中，细致入微的计划和协同工作是至关重要的，每个功能区都必须在实践中发挥其最佳效能，以满足不同需求和要求，并受到严格的动线监管，而各个团队之间的沟通和协作也必须有条不紊，以确保整个外场及功能区的运营紧密相连，没有任何疏漏。

就好比一台精密的交响乐团演奏会，演奏出最动人的音乐，细分模块的高效运作如同每个乐器演奏家在音乐会上的默契配合一样重要，它要求各个模块都达到最高水平，同时协同合作，以确保整个赛事流程顺畅、有序进行，为选手与观众呈现完美的电竞体验。

3.3 电子竞技舞美设计与实现示意图

电子竞技舞美设计与实现领域虽然仍在不断发展和逐渐规范的过程中，但已经建立了成熟的传统舞美模式与架构。这种成熟的工作方法不仅能够提高效率，还能够确保电子竞技赛事的顺利进行。为了更好地理解和应用这一方法论，我们将其规范划分为不同的模块，包括场内表演及观看区、后台区域、功能房间及候场休息区、场内及其他区域以及外场区域，如图 3-11 所示。

图 3-11　电子竞技舞美设计与实现示意图

图 3-11 不仅为电子竞技舞美设计与实现提供了可视化的参考，还有助于各个团队之间更好地协同合作，明确各自的职责和工作流程。

接下来，我们将就这张示意图进行详细的功能和区域划分讲解。

3.3.1 场内表演及观看区

对电子竞技舞美设计与实现来说，场内表演及观看区是最核心的区域。作为整个舞美最有标志性、最直观的视听呈现模块，场内表演及观赛区承载了一场电竞赛事的中心表达思想与文化内涵。此外，这个区域也是一场比赛的类型、规模及资源的最直接体现，针对不同类型、规模及程度的资源，项目组会对场馆大小进行取舍，设计师则通过合理的设计呈现恰到好处的视觉空间，同时，相关工作人员也可以依照总体选手与观众规模，对该区域进行竞赛安全区和观赛安全区的划分。也就是说，通过场内表演及观看区能够最直观地感受到一场比赛的规模大小、专业度以及所要表达的文化思想。

场内表演及观看区又被细分为主舞台区域、内场及其他区域、观众区域、VIP 观众区域。

主舞台区域在电竞赛事中扮演着至关重要的角色，它不仅承担着对战、主要视觉和听觉表达的功能，还是赛事的视觉焦点和文化象征。如图 3-12 所示，在主舞台区域，设计师需要根据赛事的主题、IP、核心理念以及创意的错觉概念进行基础置景和比赛区置景的设计。这个过程包括了对专业数控舞台机械系统、舞台屏幕系统、现场观众屏幕系统、舞台道具、顶部及空中结构、灯光系统和音响系统的精确布置和搭建。其设计目标则是在呈现主视觉形象的同时，创造出充满创意的赛事空间，以给观众留下直观而深刻的印象。主舞台区域的设计和表现力往往成为观众参与现场赛事的记忆点。当观众回顾一场赛事时，他们最先回想起的通常就是主舞台上发生的精彩瞬间，这些瞬间贯穿着比赛的高潮和情感，成为他们赛事体验的核心部分。此外，赛事团队也会精心地进行主舞台区域的空镜拍摄，将这些镜头作为赛事的珍贵纪念点和文化符号。可以说，主舞台是一场电竞赛事的重要记忆存档点，它不仅能够塑造赛事的独特魅力，也能够作为电竞文化的象征和传承。

图 3-12　2020 年 PCL 绝地求生大师赛主舞台空镜

内场及其他区域则是对选手对战之外的视听表达，这里一般又涵盖了主持及解说区、采访区、氛围道具及现场工作功能区。主持及解说区是赛事的重要中枢，需要与整体赛事风格协调一致。这个区域不仅要为主持人和解说员提供一个舒适的工作环境，还需要能够有效推动赛事流程的设施和技术支持。在这里，主持人和解说员进行赛事解读、与观众互动并推动比赛进程，如图3-13所示。

图3-13　2022年HOK中东赛事现场解说台

采访区则是主持人和选手与观众进行交流和沟通的场所。这个区域通常需要一些简单的舞美设计，如背景板或摄影棚的布置，以确保采访内容能够高效、简洁地呈现给观众，与传统体育的采访区类似，电子竞技赛事采访区的设计通常会涉及一些赞助商的露出。

氛围道具在内场中也不少见，通常为一些旗帜、横幅、道路等元素，为内场的舞台表现增添生动色彩，激发观众的热情，建立观众与支持的队伍更深的情感链接。

现场工作功能区通常包括摄影、摄像、现场导播等部分，虽然它们属于主舞台区域，但通常不会出现在镜头屏幕中，这些功能区的工作是为了确保赛事的直播和录制能够顺利进行，通常提供给一些幕后工作人员使用。

3.3.2　后台区域

除核心对外输出的场内表演及观看区域以外，负责实现舞台效果的工作人员需要一定的空间进行设备操作及控制，直转播制作、后勤工作及休息。因此，在场内表演及观看区之外，还有一块起着核心功能的区域——后台区域。

一场电子竞技赛事从制作到呈现在观众眼前，台前的视觉呈现是落地部分，在实施落地之前，需要进行大量的调试及预演甚至预制作，在视觉呈现的同时，也要进行一系列同步的直转播制作，这些部分往往不会呈现在观众的视角里，但对舞台的成功呈现起着核心的支撑作用。如果我们把电子竞技舞美比作一栋精美的别墅，那这些部分则属于地基及钢结构。这些部分我们统称为幕后工作，幕后工作所涉及的场内区域则为后台区域。

如前所述，电子竞技舞美的后台区域在赛事中扮演着至关重要的角色，它既为工作人员提供支持，又要确保整个电竞赛事的制作和转播能够高效顺利进行。这个后台区域被分为两个关键部分：工作功能区和功能房间及候场休息区。

工作功能区主要分为现场办公区、媒体区、导播及制作区。

现场办公区是项目制作团队的驻地，提供了一个良好的工作环境，为工作人员提供了必要的设备和无线网络，以便他们在现场进行各种工作，包括协调赛事流程、处理紧急情况等。

媒体区则是为赛事媒体准备的区域，媒体人员可以在这里休息和进行临时办公。这个区域的设计需要兼顾媒体人员的需求，提供舒适的休息环境，同时也要考虑到他们可能需要进行的赛事采访问答。

导播及制作区被认为是后台工作功能区的核心部分。它需要提供稳定的网络和电力支持，并配备导播台、字幕机、回放机、推流设备等导播和制作设备。所有在现场接收的信号都会首先传送到这个区域，然后经过加工和处理，再传送到直播平台。因此，导播及制作区的设计和设备配置必须达到高标准，以确保电子竞技赛事的制作质量和转播效果，如图 3-14 所示。

图 3-14　导播及制作区

功能房间及候场休息区则由服装化妆区、道具及物品仓储、休息间组成。

这其中比较特殊的是电子竞技赛事的休息间，休息间的用途多种多样，因为在一场电子竞技赛事的舞台上，不仅有参赛队伍的选手、教练和领队，还有开幕式和中场表演的艺人，甚至还有颁奖嘉宾等不同类型的人员。因此，不同类型的人员所需的休息间标准存在较大差异。

如图 3-15 所示，以选手休息室为例，通常一间选手休息室会配备舒适的沙发，用于选手休息和准备。此外，休息室还会配置信号返送屏幕，供选手观看比赛进程和实时数据。为了方便讨论战术和策略，通常还会提供赛场地图和白板以及白板笔。当然，饮品和小吃也是不可或缺的，选手休息室通常会准备一些香蕉一类的水果、饮用水或功能饮料（通常为赞助商赞助），以确保选手们保持体力和精神状态。

艺人休息室则通常会配备全身镜，以方便艺人化妆和更衣。此外，衣服挂架也是必备的设施，用于存放艺人的演出服装和道具。

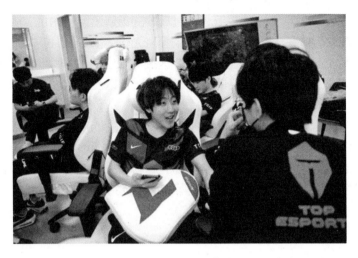

图 3-15　2022 年 LPL 开赛前，TES 的选手们在休息室内休息与交流

3.3.3　场内其他区域

场内其他区域主要包含：品牌展示区、观众互动区与观众后勤保障功能区。

一场大型赛事通常会依赖大量品牌赞助商的支持，它们不仅提供资金支持，还能够为赛事注入广告、宣传和合作机会，而这些合作机会又通常会成为电竞赛事的重要营收来源，尤其是在有观众参与的重要线下赛事中，品牌商的存在和合作也变得尤为重要。因此，在品牌展示区域，电子竞技赛事通常会提供一片区域用于赞助商的展示，赞助商可以在入口附近设置专门的展台和展示区，以展示他们的产品、服务和最新创新，如图 3-16 所示。另一方面，该区域通常也会为观众提供一个与品牌互动的机会，观众可以详细了解各个赞助商的品牌，了解他们的产品特点、新品信息以及提供的服务，这样的区域也是一个让观众深入了解品牌文化和价值观的机会，让更多电子竞技的受众更深入地了解电竞赛事的支持者和合作伙伴。

图 3-16　2021 年 CF 百城联赛赛事赞助商优加展示区

观众互动区与品牌展示区往往较近，通过巧妙的场景装置和角色立牌，为观众创造独特的互动环境。观众可以在这里与赛事的 IP 场景融为一体，与虚拟世界中的角色亲密接触。此外，一些专业的 Coser 也可能被邀请到这个区域与观众互动，为他们提供与游戏世界亲近的机会。观众可以在这里留下珍贵的照片、打卡照片以及其他记录，作为电子竞技赛事的珍贵回忆。

后勤保障功能区通常不对外开放，它承担着赛事背后的重要工作。在这个区域，会进行物料的存放和领取记录，确保各种必需品、道具和资源能够及时供应给需要的地方。此外，后勤团队也会在这里协调和执行各种常规的后勤保障工作，确保电子竞技赛事的各个方面能够顺利进行，包括安全、卫生、通信等方面的支持。

3.3.4　外场区域

在本书中，我们将电子竞技外场区域定义为：电子竞技赛事包围式观赛区之外，与该电子竞技赛事相关联且起到辅助电子竞技赛事功能的临近区域。这部分区域也属于电子竞技舞美的一部分，由外场装饰、导引及安检系统组成。

大型赛事的外场区域通常会设置明显的 IP 装置，用以吸引观众、定位赛事、渲染比赛气氛。如图 3-17 所示，2020 年的和平精英国际冠军杯赛事外场上，赛事主办方就设置了创意互动区，粉丝可通过互动装置与战队自拍，仿佛置身于战队之中，和战队成员共同完成一张珍贵的合影照片。现场观众还可在入场前为自己心中支持的战队投票，并在前三局结束的中场间，从每局吃鸡战队的抽奖箱中为观众现场抽奖。多种玩法丰富了粉丝们的赛事体验，也加强了观赛参与感。

图 3-17　2020 年 PEC 和平精英国际冠军杯外场

2023 年英雄联盟手游亚洲联赛 WRL 总决赛现场策划同样充满了创意和视觉吸引力，在外场，赛事方布置了色彩鲜艳、引人注目的大型字符，不仅与比赛的主题相契合，还充当了指引地标和氛围营造的关键元素，为观众提供了一个引人入胜的前奏，使观众在比赛开始前就充分享受到电竞的魅力，如图 3-18 所示。

图 3-18　2023 年英雄联盟手游亚洲联赛 WRL 总决赛现场外场布置

此外，外场区域通常还会设置入场指引系统，以确保观众能够顺利进入赛事现场。不同的观众，根据所持有的证件和门票类型会接受不同程度入场验证程序，而安全检测都是必要的。在新冠疫情期间，为了最大程度地降低风险，许多电竞赛事还采取了额外的安全措施，例如在外场设置防疫装置，包括体温检测设备、手部消毒站、健康申报系统等。观众在入场之前需要接受这些额外的防疫检测，以确保他们的健康状态符合参与赛事的要求。这不仅有助于维护观众和工作人员的健康，也为整个赛事的平稳运行提供了重要的支持。

3.4　电子竞技舞美设计与实现架构的对比分析

电子竞技的舞美领域已经经历了一段相当长的发展历程，逐渐形成了自己独特的逻辑和工作流程。然而，在横向比较时，我们会发现电子竞技舞美依然受到传统体育和传统娱乐领域尤其是综艺晚会、演唱会和线下公关活动等方面的影响，这种跨界的影响在电子竞技舞美的工作性质和流程中留下了许多相似之处。

为了帮助读者更深入地理解电子竞技舞美领域的特点和发展，本章将详细比较电子竞技舞美与传统体育、综艺晚会、演唱会以及线下公关活动等领域的舞美结构和流程。这样做是为了让读者更容易理解电子竞技舞美领域的独特之处，以及它是如何吸收并发展传统领域的经验和方法的。

通过以下内容的分析和对比，笔者希望读者能够更全面地认识电子竞技舞美在体育和娱乐产业中的重要性和独特性。这也有助于读者更好地理解为什么电子竞技赛事在全球范围内如此受欢迎，并为其持续的成功和创新提供了基础。通过对不同领域的舞美实践的深入探讨，我们可以更好地理解电子竞技舞美的特点，并为未来的发展带来更多的启发和思考。

3.4.1　与传统体育的对比

传统体育的主要承载功能为体育竞技，而在《电子竞技概论》一书中，曾论述过电子竞技与传统体育有着巨大的区别，其中一点为：传统体育大多是身体各部分肌肉协调的"大肌肉"运动，目前电子竞技主要是手、脑、眼协调的"小肌肉"运动。因此，两种赛事呈现的舞台美术上也有较大的区别。图 3-19 是传统体育赛事的舞美架构图。

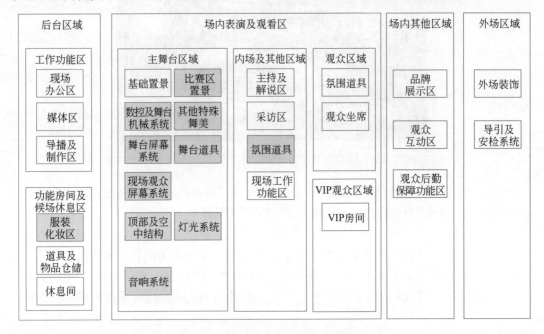

图 3-19　传统体育赛事的舞美架构图

　　截至目前，绝大多数大型电子竞技赛事舞美选址依旧会选择在一些传统体育场馆，也正因如此，在观众席与外场方面，传统体育舞美与电子竞技舞美所起到的差距是并不明显的。

　　传统体育赛事同样会在外场进行装饰，并配置相应的安保和导引系统。在内场，也会设置观众应援道具、品牌展示区以及观众互动区等元素，以提供更好的观赛体验。

　　通过图 3-19 不难看出，传统体育舞美与电子竞技舞美最大的区别是在主舞台区域：在传统体育比赛中，主舞台通常用于展示运动员的竞技表现，其设计更加注重比赛本身的视觉效果。而在电子竞技赛事中，主舞台不仅需要呈现游戏的画面和玩家的表现，还要满足观众对游戏战局的理解和享受。因此，电子竞技舞美通常包括更多的视听效果元素。

　　同样的，在《电子竞技赛事制作与转播》一书中曾提到过，在体育竞技舞美的创意策划方面，除了奥运会、亚运会等大型国际赛事的开幕式、闭幕式需要进行舞美效果策划外，大部分传统体育赛事都在专门的运动场所进行，一般不需要进行舞美及效果策划，观众全神贯注地欣赏体育场内运动员的竞技活动。而由于电子竞技是科技发展的产物，其竞赛和呈现都需要依赖于高科技软硬件设备，其对战场面也集中在游戏画面中，对观众而言，电子竞技观赛，"观"的部分需要通过屏幕呈现，而传统体育的观赛则通过运动员的肢体语言即可直接呈现。

　　综合以上原因，我们可以看出，与电子竞技舞美设计相比，传统体育的主舞台舞美要求较少，其主要关注点在于确保比赛的公平性以及提供必要的竞技设备，例如网带、球架等。传统体育场馆通常不需要大规模的场景布置、巨大的观赛大屏幕，以及复杂的灯光和音响设备。

在传统体育比赛中，焦点通常集中在运动员的表现和比赛结果上，而不是舞美元素的创新和展示。因此，传统体育场馆的舞美设计更加注重提供一个良好的比赛环境和观众体验。与电子竞技舞美不同，它不需要营造虚拟游戏世界的视听效果，而是更专注于为观众和运动员提供一个有利于竞技和互动的场地，如图 3-20 所示。

图 3-20　2022 年美国网球公开赛（U.S. Open）

不过，尽管传统体育和电子竞技在主舞台方面存在明显的差异，但在后台区域和功能房间、休息区方面，它们之间有一些相似之处。唯一较大的区别在于，电子竞技被认为是一项小肌肉群运动，因此电子竞技舞美的后台区域需要为主持人、解说员和选手提供一系列专门的服务和设施。而传统体育的后台区域通常只需满足解说员和主持人的需求，因为传统体育比赛通常涉及大肌肉群的运动，不需要为大肌肉群运动的运动员进行专门的造型和打扮。从后台区域的数量和大小来看，电子竞技舞美的后台区域可能会相对更大、更复杂，以满足选手和主持人的特殊需求。这一差异也反映了不同类型体育赛事的特殊需求，需要在后台区域的设计和规划中进行考虑和区分。无论是传统体育还是电子竞技，后台区域的设计都至关重要，因为它直接影响到参与者的舒适度和表现，以及比赛的整体顺利进行。

总体而言，传统体育与电子竞技在舞美设计上呈现明显的差异，这些差异取决于两种赛事类型的独特特征——传统体育更注重展示真实的运动信号本身，强调运动员的实际表现以及比赛的物理环境；与此不同，电子竞技则追求虚拟信号与显示信号的巧妙融合，它需要考虑如何让观众、选手以及其他参与者沉浸于虚拟游戏的奇妙世界之中。

传统体育的舞美设计侧重于提供适合运动表现的场地，以确保比赛的公平性和观赏性。这通常包括规范的比赛场地、必要的竞技设备以及为主持人和解说员提供服务的后台区域。

相较之下，电子竞技舞美的设计更加复杂，因为它需要创造一个虚拟的游戏世界，融合现实和虚拟元素，以提供视听效果和互动性。这包括大规模的观赛屏幕、灯光和音响设备，以及为选手、主持人和解说员提供虚拟信号的工作空间。也正因如此，导演和舞美设计师需要在传统体育和电子竞技之间找到平衡和差异，创造出符合功能及想象的舞台。

3.4.2　与综艺晚会及演唱会的对比

有趣的是，除电子竞技外，大型的综艺晚会与演唱会通常也会选择在大型体育场馆举行，且其实现的形式也曾是电子竞技舞美学习的方向，因此，在整个工作流程和工作性质上，电子竞技舞美和大型的综艺晚会与演唱会舞美有非常多类似的地方，但也仍然存在一些差距，这样的差距主要取决于舞台所展现的内容，电子竞技的核心仍旧是"竞技"，而综艺晚会与演唱会的核心则是"表演"。

综艺晚会与演唱会的架构图如图 3-21 所示。

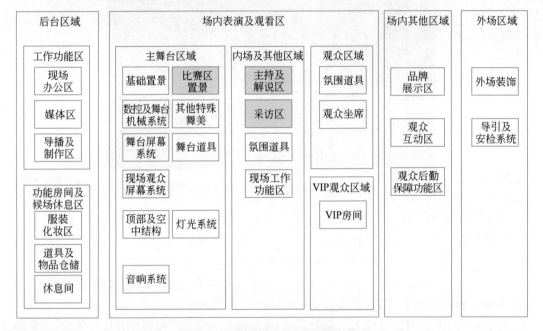

图 3-21　综艺晚会与演唱会的架构图

在主舞台区域方面，由于综艺晚会和演唱会的核心焦点都是表演本身，因此这一部分的内容实际上与大型电子竞技赛事的开幕式和中场秀环节非常相似。因此，与电子竞技的"比赛置景区"相比，综艺晚会和演唱会可以不必保留这样的区域，而将主要关注点放在表演布景上即可。

此外，由于综艺晚会和演唱会的节目流程不需要解说员和评论员的转场（主持人通常在主舞台上完成工作），也没有赛后采访的需求，因此主持及解说区以及采访区在综艺晚会和演唱会的舞美架构中并不是特别重要的元素。

尽管电子竞技舞美设计与大型综艺晚会和演唱会舞美存在一些差距，但它仍然可以从这两者中汲取许多宝贵的经验和灵感。例如，在舞台布景和灯光设计方面，都需要考虑如何巧妙地营造气氛和突出关键焦点，以引起观众的注意力。这包括选择合适的背景元素、照明效果和舞台布局等；舞美团队还需要精确协调音效、特效和视觉效果，以创造出良好的视听体验，无论是音乐的选用、特殊效果的应用还是灯光的变化，都要能够与比赛或表演的情感和氛围相呼应，使观众能够更深入地体验到比赛或表演的魅力。

此外，舞台的互动性和观众参与感也是电子竞技舞美设计和综艺晚会以及演唱会共同关注的点。不论是通过互动式元素、观众互动区域还是创新的互动技术，都可以增强观众的参与感，使其更加身临其境，与表演或比赛产生更紧密的联系。

以大型演唱会和电子竞技赛事的观众区互动元素为例，如图 3-22 所示，可以看到这两个领域之间的一些共通之处。在众多大型演唱会上，粉丝们经常携带各种灯牌、标语牌等，用以表达对他们喜爱的歌手的支持和鼓励。这些灯牌不仅仅是视觉上的装饰，还传递着情感和热情，与演唱会的氛围融为一体。

图 3-22　TFBOYS 十周年演唱会上的应援灯海

类似的现象同样存在于电子竞技赛事的舞美设计中。如图 3-23 所示，在许多大型电子竞技比赛的总决赛现场，粉丝们也会积极参与，携带各种手幅、标语、灯牌等，为他们支持的选手或战队加油助威。这些应援物品不仅是粉丝之间的情感交流工具，也是观众与选手之间的纽带，共同为比赛增添了更多激情和互动。

图 3-23　2022 年王者荣耀世界冠军杯现场观众举着应援物料为喜欢的选手应援

然而，由于电子竞技的特殊性质，舞美设计必须更加专注于游戏元素的呈现和虚拟世界的再现，以提升选手和观众的沉浸感。相比之下，综艺晚会和演唱会更着重于舞台表演和艺人与观众之间的互动，以创造出独特的娱乐体验。

总的来说，电子竞技舞美与综艺晚会及演唱会舞美之间存在一些明显的区别和相似点。电子竞技舞美侧重于展示游戏元素和虚拟世界的呈现，以增强选手和观众的沉浸感，而综艺晚会和演唱会更注重舞台表演和艺人的互动，以创造出独特的娱乐体验。这导致了内容呈现、焦点和后台区域需求方面的明显差异。然而，两者也有一些共通之处，如对视觉和声音效果的关注以及观众的参与感，这些共同点为舞美设计领域的交流和创新提供了机会。无论是电子竞技还是综艺晚会与演唱会，它们都在各自领域中为观众提供了独特而难忘的娱乐体验，同时也不断拓展和丰富了娱乐产业的创意和可能性，电子竞技舞美设计与大型综艺晚会和演唱会舞美设计之间的相似之处也为彼此的交流和借鉴提供了机会。这种跨界的学习和探索将进一步推动舞美设计领域的创新与发展。

3.4.3 与线下公关活动的对比

与大型赛事和大型综艺晚会相比，线下公关活动的舞美设计通常更为精简，因为其规模相对较小，且活动性质不同。线下公关活动通常是为了促进与特定目标群体的交流与互动，而不需要像大型赛事那样进行复杂包装的直播或转播。

首先，由于大多数线下公关活动不需要实时的视频直播制作，因此不需要为导播和制作区域分配额外的资源和设备，少数的大型线下公关活动即使需要实时视频直播，也不需要过多的字幕和分镜设计，因此在舞美的复杂性和成本上来说，会远低于大型电子竞技赛事。

其次，线下公关活动的观众管理也通常相对简单，相比之下，大型赛事可能需要设置赛事区域，以确保观众的安全和秩序。此外，线下公关活动的焦点通常是与参与者的互动，不需要对嘉宾进行非常细致的入场互动管理。

最后，由于线下公关活动的目的不同，通常也不需要专门的选手赛后采访区域和解说评论区域。这些区域在大型赛事中用于运动员或选手与媒体的互动，或便于观众理解赛事，但在公关活动中，与目标群体的互动更多地侧重于社交和建立关系。

不过，一些公关活动可能在其节目安排中包含了酒会等社交环节，因此可能需要额外的餐饮区域，以满足参与者的用餐需求。这些餐饮区域的设计往往会考虑活动的主题和氛围，确保其与整体风格协调一致，同时提供一个舒适、宜人的用餐环境。

在这些餐饮区域中，舞美设计可能会以特别的方式呈现，以增强社交体验。举例来说，如图 3-24 所示，对于一场企业活动，餐饮区域的布置可以与公司品牌色彩相契合，以提升品牌形象；而有时，对于一个慈善筹款活动来说，餐饮区域的装饰可能会与筹款目的相呼应，让参与者更深入地理解和支持这一事业。此外，餐饮区域的舞美设计还可以通过布置餐桌、椅子、

2023中国国际AI游戏产业大会

图 3-24　2023 年中国国际 AI 游戏产业大会餐饮区

餐具、花卉和照明来创造出独特的用餐体验。

可以说，虽然公关活动的舞美设计通常相对简洁，但在一些细节处，会为参与者提供更多舒适的社交互动的机会，同时营造出与活动主题相契合的氛围。

综上，线下公关活动的舞美架构图如图3-25所示。

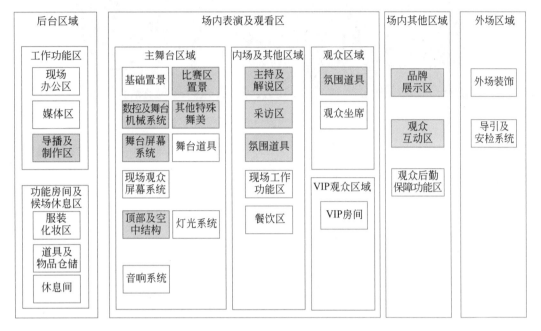

图3-25　线下公关活动的舞美架构图

综合而言，电子竞技舞美设计和线下公关活动的舞美设计在许多方面存在明显的差异，与传统体育和综艺晚会、演唱会类似，这样的差异也源自两者各自的核心目标和诉求不同。

电子竞技舞美设计的核心焦点是赛事，需要通过强化视听效果来展示虚拟游戏世界的精彩和紧张，包括大屏幕、灯光、音响效果等元素，提高选手和观众的沉浸感，同时促进观众互动。此设计需要精心协调，以确保游戏元素能够以最引人注目的方式呈现，为竞技氛围增色。

相反，线下公关活动的舞美设计注重简洁和高效。它的主要目标是为活动提供合适的场景，使参与者能够轻松交流和互动。这种设计通常不需要大规模的舞台设施和表演区域，而更侧重于为参与者创造舒适的体验和适宜的交流氛围。餐饮区域、座位、装饰等方面的设计可能会更多地考虑活动的主题和目的，以确保嘉宾感受到尊重，并且贴合活动需要讨论的主题。

虽然电子竞技的舞美设计与线下公关活动的舞美设计存在着明显的区别，但两者之间也存在着许多相互学习和促进的机会。如图3-26所示，实际上，一些以电竞为主题的大型公关活动已经开始采用一些电子竞技赛事相关的元素，以强化活动的主题和意义，特别是那些与科技、娱乐或创新相关的活动中，可以看到电子竞技的元素被引入，例如举办电竞比赛、设置电竞游戏区域或与电竞相关的虚拟现实体验。

另一方面，电子竞技赛事也在不断改进自身，以提供更出色的观众体验。通过改进直播技术、增加互动元素和提供更多的观众参与机会，提高了赛事本身的声誉和吸引力。

图 3-26 2023 年腾讯电竞峰会外场区域舞美布置

对于电子竞技和线下公关活动，通过交流经验和引入不同领域的元素，可以丰富各自领域的创意和可能性，推动娱乐和活动产业的创新，提高活动的吸引力和影响力。

第 **4** 章

电子竞技舞美设计及效果策划

4.1 电子竞技舞美设计及效果策划的定义

在电子竞技赛事中，舞美设计及效果策划是赛事呈现的第一步。在《电子竞技赛事与转播》一书曾将电子竞技舞美设计及效果策划定义为：根据赛事主题，为电竞比赛舞台及演出舞台进行布景、灯光、音响、服装的设计。

和传统戏剧及演出项目不同，电子竞技舞美主要服务于体育竞技赛事，且首要服务对象为参赛选手。因此，在电子竞技舞美设计及效果策划中，体育赛事的功能性是放在首位的，其次才是美学效果和观赏性。

在电子竞技赛事的不同阶段，电子竞技舞美的规模往往有非常明显的差距。

在电子竞技赛事常规赛赛段，需要完成多轮比赛，因此，舞美设计和效果策划通常会选择以较小的舞台作为基底，以满足比赛的基本需求。特效道具和舞台机械的需求相对较少，焦点更多地放在选手的表现上。然而，与其他传统体育竞技赛事类似，选手在这个阶段仍需要穿着统一的队服，以展示队伍标志和个人特征，如选手昵称。

而到了总决赛赛段，能体现的竞技水平较高，时间跨度也较为集中，赛事的重要性和关注度也增加，因此，该阶段的赛事会选择较大的舞台，以更好地展示高水平的竞技表现。在设计呈现方面，开始注重特效道具的呈现、舞台的故事性和艺术感。这意味着舞美设计师和策划团队将付出更多努力来创造引人入胜的视觉效果，以提高观众的参与感和观赏性。

此外，一些电子竞技赛事受到环境、关注度或整体效果的影响，会采取不同的策略。例如，一些赛事可能会选择在常规赛赛段采用线上赛的形式，而在赛程后半段的重要赛事如季后赛，将特别布置舞台，以展示高竞技水平和吸引观众的亮点。

如图 4-1 所示，在上海梅赛德斯奔驰中心举行的第九届 DOTA2 国际邀请赛决赛中，布景、灯光等重要元素的设计为参赛人员及观众呈上了一场浩大的视觉盛宴。

因此，在电子竞技舞美设计与效果的定义中，我们依旧将需要进行设计及策划的内容涵盖并划分为布景、灯光、音响、服装的设计。这几个模块既是常规表演艺术中总体视觉创作的四大组成部分，也覆盖了从常规赛到总决赛的各类型正式电竞赛事舞台设计及效果策划。

图 4-1　第九届 *DOTA2* 国际邀请赛

4.2　电子竞技舞美设计及效果策划的目标

电子竞技舞美设计及效果策划的目标主要有三个：保障赛事公平；提升赛事体验；提升赛事影响力。

1. 保障赛事公平

公平竞技性是电子竞技运动的本质属性，保障赛事公平是电子竞技舞美设计及效果策划的基础。

在《电子竞技概论》一书中，作者曾经对电子竞技做出如下定义：电子竞技是秉承公平竞技和探索极限的精神，以电子信息技术为核心，以高科技软硬件等为竞技工具、竞技空间和竞技对手，在统一规则下开展的人与人、人与机器、机器与机器的对抗运动。电子竞技利用高科技手段对人类智力和体力进行延展和突破，是科学技术深度融入竞技体育而产生的全新体育形式。

从 20 世纪末到 21 世纪初，自网络游戏诞生以来科学技术的飞速进步，从萌芽发展成为我国信息服务业的重要组成部分、最具活力的重点和热点领域之一，其公平性的保障也成为了行业规范的要点之一。

2010 年 12 月，我国全国信息技术标准化技术委员会宣布成立游戏标准工作组，以便有序组织制定我国与游戏产业相关的国家、行业标准，并确保标准制定的广泛性、科学性和公平性。2016 年，全国信息技术标准化技术委员会发布并正式实施了《网络游戏外挂防治》。外挂是能够严重影响电子竞技公平性的存在，除外挂外，一场电竞赛事中会影响竞赛公平性的因素还包括：竞赛环境、设备、软件、网络延迟、选手通话、场外信息泄露等。

因此，为了保障电子竞技赛事公平性，电子竞技舞美设计的阶段，要尽量保证每位选手使用的设备、所处的参赛环境相对一致且均由赛事方统一提供。

两队对决的赛事，在整体布局上会呈现对称的设计，且观赛的大屏会相对、背对或高于选手，以免造成窥屏的影响。多队对决的赛事，在布局方面，每队选手之间的间隙、队伍之间的间隙都要保持相对一致。此外，在设备选择方面，除提供一致的设备及系统外，对于耳机的收音、隔音等都有一定的要求，需尽量保证耳机隔音效果较好，以免导致同队选手通话泄露，如图 4-2 所示。

图 4-2　赛事现场，选手戴着标准的赛事耳机

2. 提升赛事体验

提升赛事体验是电子竞技舞美重要的目标之一。

与线上的游戏娱乐不同，不论是线上的电子竞技还是线下的电子竞技，都会赋予选手更强的仪式感和荣誉感，这正是电子竞技舞美设计与效果策划所需要考虑和实现的。

在互联网信息时代，电子游戏给海量玩家提供了一个畅玩的宏大虚拟舞台，匿名性和身体缺场等带给玩家不同程度的身心沉浸，表现出与现实传统不同的虚拟仪式感。而针对水平较高的职业电子竞技运动员，电子竞技舞美设计与效果策划应当打造一个更加职业、更加落地的舞台，从而强化电子竞技的体育性质和竞技性质。

以大型赛事线下总决赛为例，在舞美设计与效果策划阶段，会涉及众多的游戏场景实体还原、特效展示及流程设计。设计师会设计有故事感的舞台主题，并根据该主题完善舞台设计，给参赛选手以身临其境的梦幻感，而类似奥林匹克赛事开幕式环节，足球联赛、篮球联赛的拉拉队舞蹈表演环节等，大型赛事线下赛通常也会包含开场秀、中场秀的舞台设计与效果策划，将秀场与选手登场相结合，给予选手极高的身份认同仪式感。奖杯与奖杯台的设计、颁奖仪式的舞台设计也是舞台设计的一部分，通常会结合一些特效道具，给予夺冠时刻独特的仪式感。

当然，除了给予参赛选手仪式感外，电子竞技舞美设计与效果策划也需要以带给观众仪式感作为目标。除了主舞台区域，观众区域的设计与效果策划也必不可少，观众席的规划往往会设计出应援区。此外，还会进行灯牌放置规划并设计应援物料领取区域，让观赛的粉丝共同参与一场电子竞技赛事演出，并为此振奋。

近年来，受疫情因素及部分环境、政策影响，许多赛事也改为了线上执行，除了常规的赛事房间，纯线上赛的电子竞技舞美设计与效果策划通常还会增加虚拟舞台、虚拟解说台等场景作为游戏世界和竞技舞台的链接，赋予选手们统一的空间感。以 2021 年 PMGC

为例,如图 4-3 和图 4-4 所示,赛事方将 16 支来自世界各地的战队通过 UE4 虚拟引擎技术带到同一个虚拟舞台上,将比赛画面、选手画面呈现给观众,同时制作出 3D 立体地图,配合服务器后端选手坐标字段,重现吃鸡战队全局路线,从而给予参赛选手及观赛观众区别于常规游戏的独特仪式感。

图 4-3   2021 年 PMGC 多战队虚拟浮空舱

图 4-4   2021 年 PMGC 3D 立体地图

3. 提升赛事影响力

提升赛事影响力是电子竞技创意策划的终极目标,也是电子竞技舞美设计与效果策划的主要目标。任何一个品牌的电子竞技赛事需要长久地发展下去,都离不开商业变现,而赛事的商业价值与赛事影响力息息相关,电子竞技舞美设计与效果策划能够作为商业和赛事 IP 的一大载体去展现和深化赛事的影响力。

不同于各类传统体育赛事,电子竞技赛事有明显的 IP 属性,其受众有明显的受 IP 影响的趋势,但随着电子竞技的发展与传播,也有一些赛事出现了"赛事受众增幅大于游戏本身 IP 受众增幅"的现象,这与电子竞技赛事的影响力息息相关。

除了赛事本身的精彩程度以及过程的跌宕起伏外,在打造一场电子竞技赛事舞美时,也可以通过打造视听记忆点、观众好感度进而提升赛事的影响力,扩大赛事的商业价值。

以 2021 年王者荣耀职业联赛 KPL 为例,赛事方以"蝶生双翼,镜像两端"为主题,将宣传片直接嵌入舞台之中，为赛事观众们展示了一个完整的故事。影像以一只蝴蝶作为引入线索，串联起总决赛首发的十位选手。蝴蝶是虚拟世界进入现实世界的纽带，也是选手完成与英雄共生的视觉表达手段。虚拟与现实的转换层，通过舞台的镜面、反射、对称、蝶化、映射与多重曝光呈现，展现了选手与英雄之间共生的幻想奇妙与如梦初醒。整支影片从团队视觉聚焦于个人视角，十位选手各自精彩，表达出了如梦如幻的虚拟感官世界，给观众、选手留下了深刻的印象，以极具艺术感的创造，实现了电竞赛事记忆点的打造，如图 4-5 所示。

图 4-5　2021 年 KPL 总决赛开幕式画面

而一些赛事舞美也会通过现场氛围的塑造从而引起观众和粉丝的共鸣，产生极高的自发性讨论度和影响力。

如图 4-6 所示，以 *CS: GO* 官方赛事为例，赛事现场通常更类似大型足球赛事，观众粉丝聚集在一起，手持应援棒、气球甚至鼓等应援物料，对支持的队伍进行视觉与听觉上的大型应援。

图 4-6　2021 年 PGL 安特卫普 Major 总决赛上现场氛围

总而言之，要打造一场好的电子竞技赛事舞台美术设计，离不开从视听设计到观众互动各方面影响力的提升，只有当赛事拥有了好的记忆点和体验感，才能带来巨大的流量，吸引更多的商业化投资、品牌方等的入场，并推动赛事品牌呈正向发展。

4.3 电子竞技舞美设计及效果策划的流程

电子竞技舞美设计及效果策划的流程主要分为以下几个阶段：确定赛事类型 IP 及规模预算；主题设计及风格概念稿绘制；区域规划与设计；舞台建模及渲染；流程及道具设计。

1. 确定赛事类型 IP 及规模预算

在进行电子竞技舞美设计和效果策划之前，首先需要明确赛事的类型、IP、规模和预算等具体要素。这些因素对于赛事舞美的设计和实施都具有重要的影响。

赛事类型是指电子竞技比赛的种类，如 MOBA 游戏、射击游戏、策略游戏等。不同类型的赛事在舞美设计上会有不同的需求和特点。例如，MOBA 游戏可能需要一个战斗场景舞台，而射击游戏可能需要一个模拟战场的环境。因此，了解赛事类型可以帮助确定舞美设计的整体方向和元素选择。

赛事的 IP 是指与赛事相关的游戏、角色、故事背景等独特的品牌形象。IP 在舞美设计中扮演着重要的角色，因为它可以为舞台创造一个独特而具有辨识度的世界。通过将赛事 IP 的元素融入舞美设计中，可以增强观众的沉浸感和参与度。

IP 风格方面，如图 4-7 和图 4-8 所示，以球球大作战赛事与 *CS: GO* 赛事为例，前者为多队同时竞赛，且 IP 风格以可爱为主；后者一般是双队竞赛，且 IP 风格以战争为主。因此，在两者的舞台设计上会呈现巨大的差异。球球大作战赛事多会采取高饱和度、明亮、鲜艳的配色和圆润、可爱的钝感线条；而 *CS: GO* 则通常会采取暗色的主题配以科技感的光芒点缀色，且其线条多为笔直、有冲击力和力量感的设计。

图 4-7　2022 年球球精英争霸赛舞台设计

除了风格及 IP 本身，赛事的规模和预算也会对舞台的设计产生巨大的影响。

赛事的规模涉及参赛队伍数量、观众规模、比赛场地的大小等因素。规模的大小会直接影响舞美设计的布局和呈现方式。大规模的赛事可能需要更大的舞台空间、更复杂的灯光和音效效果以及更多的观众互动元素。因此，对赛事规模的准确评估可以为舞美设计和预算提供准确指导。

预算是设计和实施赛事舞美的重要考虑因素。不同的预算限制将直接影响舞美设计的可行性和可选项。较大的预算可以支持更复杂、创新的舞美方案，而较小的预算则需要更加节约和实用的设计选择。因此，在确定舞美设计方向时，需要根据预算进行合理的规划和取舍。

一些中小型赛事由于预算的重心方向不同，将布置重点放在总决赛，其常规赛阶段甚至可能采用纯线上赛的模式进行；而一些大型电子竞技联赛在常规赛和总决赛的预算划分通常也不同，一场几十万的赛事可能只会用到一块大屏，而上百万至上千万预算的大赛，除了屏幕的大小、质量、数量上与前者的差距甚大外，还会增加昂贵的特效道具、特种机位等，如图4-9所示。

图4-8　2022年 *CS: GO* **Major** 赛舞台设计

图4-9　特种机位：飞猫系统

2. 主题设计及风格概念稿绘制

在确定了电子竞技赛事的 IP、赛事类型和预算之后，下一步就是开始进行相应的主题设计和风格概念稿的绘制工作。

如图4-10所示，在之前提到的2021年王者荣耀职业联赛 KPL 秋季赛总决赛中，以"蝶生双翼，镜像两端"作为主题，整体的色彩风格采用了梦幻蓝色。舞台设计以"镜子"和"水"等元素作为主要构成，通过绘制风格概念稿来展示整体效果。这样做可以让赛事主办方对赛事舞台的最终效果有一个大致的概念和认识，从而进行讨论和修改。最终，这些概念稿将成为建模和搭建的基础。

在主题设计和风格概念稿的绘制过程中，设计师需要将赛事的主题和品牌形象融入舞台的视觉呈现中。他们将运用色彩、材质、灯光、舞美道具等元素来创造独特的氛围和视觉效果。绘制风格概念稿有助于将设计想法可视化，让相关人员能够更好地理解和评估设计方案。同时，这也为设计团队提供了一个参考框架，确保最终的舞台设计与赛事的整体风格和主题相一致。

绘制主题设计和风格概念稿是一个创意和技术相结合的过程。设计师需要充分理解赛事的特点和目标受众，将其转化为创意的表达方式，并运用各种设计工具和技术手段进行绘制。这样的绘制工作不仅需要专业的设计能力，还需要与赛事主办方进行密切的沟通和合作，以确保设计方案符合赛事主办方的期望和需求。

3. 区域规划与设计

在确认赛事的主题风格和基础概念稿后，舞美设计和效果策划团队需要对确定的场馆进行区域规划和设计，以确保赛事的顺利进行和观众的良好体验。

首先，需要划分场内区域、后台区域和外场区域。场内区域是指实际进行比赛和表演的区域，包括舞台、比赛场地和观众席等。后台区域是供选手、工作人员和媒体使用的区域，包括更衣室、休息区、媒体中心等。外场区域是指赛事场馆外的区域，包括观众进场区域、观众休息区、商业展示区等。

在区域规划和设计中，需要考虑房间、台面和座位的数量，以满足参赛选手和工作人员的需求，并提供舒适的工作和休息环境。动线规划也是关键，需确保各个区域之间的流畅连接，减少混乱和拥堵。

此外，外场区域和观众进场区域也需要进行规划和符合主题的设计。外场区域是观众在赛事期间的停留区域，可以设置观赛大屏幕、互动娱乐设施、美食摊位等，以增加观众的参与感和娱乐体验。观众进场区域是观众进入赛事场馆的通道和接待区域，应注重安全和便利性，并与赛事的主题风格相一致，营造出独特的氛围。

4. 舞台建模及渲染

确定了风格设计稿和场地的具体尺寸信息后，可以开始对主舞台、解说席等主要区域进行建模设计，以实现风格设计稿的效果，如图 4-11 所示。

图 4-10　2021 年 KPL 总决赛开幕式手稿　　　　图 4-11　某赛事建模设计图

在这个阶段，可以利用丰富多样的建模软件工具进行设计。常见的建模软件包括 3D Max、Maya、ZBrush、Cinema 4D 等。这些软件具有不同的特点和功能，用于基础建模、材质赋予、贴图使用、灯光创建和模型优化等工作。对于大型赛事而言，模型的初稿通常需要一周以上的时间来完成。

一旦建模初稿完成，可以通过图片直观地观察舞台的最终 3D 效果图。这样可以了解各个区域所使用的建筑材料和尺寸，并在此基础上展开详细的讨论和修改意见。

通过舞台建模和渲染，能够更好地预览和理解赛事舞台的整体效果，为后续的制作和搭建提供指导和参考。这个阶段的设计工作是确保舞台设计的准确性和可行性，同时也为后续的视觉呈现和观众体验奠定了坚实的基础。

5. 流程及道具设计

流程及道具设计是电子竞技舞美设计及效果策划的最后关键步骤。当完成了主要功能展示区的设计，接下来需要对电子竞技赛事的具体流程进行细致设计，包括开幕式表演流程、选手出场仪式、中场秀表演流程、赛后举杯环节等。

在流程设计中，需要考虑到赛事的整体节奏和氛围，以及与赛事主题和 IP 的契合度。每个环节的顺序、时长、音效、灯光和特效等都需要精心安排，以营造出令人印象深刻的赛事体验。

同时，道具设计也是不可忽视的一部分。道具是赛事流程中的重要元素，可以通过视觉效果和互动性增强观众的参与感和观赏体验。道具设计需要考虑到其与主题风格的协调性，以及与舞台布置和演出节目的整体一致性。

如图 4-12 所示，这样的流程设计可以丰富一场赛事的内容，避免长时间赛事带来的视觉疲劳，也可以打造赛事记忆点，提升赛事仪式感，增加赛事影响力。

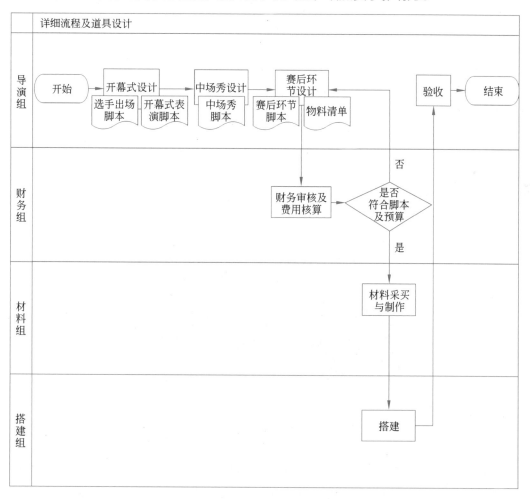

图 4-12 详细流程及道具设计流程图

道具设计则是用于增强赛事氛围的物料道具及特效道具，包括观众应援物料、现场互动模型、"金色的雨"装置等。

4.4　电子竞技舞美设计及效果策划的意义

电子竞技舞美设计与效果策划主要强调以下两大核心价值：对舞台呈现效果进行精准把控；增添赛事的独特亮点。

1. 把控舞台效果

把控舞台效果是电子竞技舞美设计与效果策划中的至关重要的环节，可以说，所有舞美的呈现都始于舞美设计团队所绘制的蓝图。在这个关键的阶段，需要通过设计来强化电子竞技赛事与 IP、选手以及观众之间的紧密联系，确保选手、主持人和道具等在舞台上的动作和位置能够流畅展现，并与赛事的整体节奏和流程相协调。

比如，通过巧妙的舞台布景、道具设计和视觉元素的整合，可以在现场打造出游戏世界的氛围；通过动线的规划、道具的合理摆放和使用，确保选手能够自如地进行比赛、主持人能够顺畅地进行解说和互动；通过对所有品牌权益进行整体把控，在舞台上巧妙地展示合作伙伴的品牌标识和信息、在赛事现场营造出品牌形象与赛事主题融合的氛围，实现品牌宣传和营销的目标。

以 2023 年王者荣耀职业联赛 KPL 春季赛为例，赛事策划团队采取了一系列精心的舞美设计和效果策划措施，在满足赞助商的权益的同时确保了观众的良好体验，这一赛事的成功案例表明，电子竞技舞美设计在提升赛事质量和把控舞台效果方面起到了关键作用。为了让观众与赞助商展台有良好的互动体验，赛事方通过精心的设计和排布，将赞助商展位以一定的顺序布置在外场，以确保观众可以顺畅地参观和互动，而不至于感到混乱或厌烦。另外，赛事方还采用了创新的方式来展示赞助商的形象。如图 4-13 所示，在内场中，赛事方以人偶的形式呈现了"美团"的形象，并以"惊喜福利官"的身份在中场出现。观众们能够与这个特殊的形象互动，获得惊喜和福利，为整个赛事增添了不少趣味。

图 4-13　2023 年王者荣耀职业联赛 KPL 赞助商"美团"以玩偶形象在观众席亮相

2. 增加赛事亮点

增加赛事亮点是电子竞技舞美设计与效果策划的重要任务。除了对整体舞台效果的把控，舞美设计团队还可以通过创造性的设计和策划为赛事增添独特的亮点和吸引力。

电子竞技作为一个跨领域的综合性产业，囊括了游戏开发、赛事组织、直播平台、品牌商业化及品牌宣发等众多方面。在舞美设计方面，通过合理的设计理念和策划，可以为电子竞技赛事吸引更多的合作伙伴和赞助商。这些合作伙伴和赞助商可以在赛事的舞台、场馆以及其他赛事元素中展示他们的品牌标识、产品和服务，与赛事紧密结合，达到品牌曝光和推广的目的。此外，合作伙伴还可以通过舞美设计与赛事主题相呼应，提供特定的体验区域或互动环节，与观众进行更深层次的互动，增强品牌与消费者之间的联系，从而实现双赢。

另一方面，舞美设计可以与文化旅游有益地结合，为当地居民和参与者提供独特的体验和记忆点。通过融入地方文化元素、地标建筑或历史故事等，可以打造具有浓厚地域特色的赛事舞台。这样的创意设计不仅能够吸引更多的游客和观众，还可以促进当地旅游业的发展，提升当地形象和知名度。观众也会因为与众不同的参与感和留念价值而留下深刻的印象，为赛事增色不少。

以文旅结合为例，如图4-14所示，2020年，QQ飞车与贵州文旅厅达成重要战略合作，宣布将共同打造文创全新模式，以电竞之火点燃传统文旅，将QQ飞车IP深度融入地方特色。QQ飞车全国车队公开赛S2也在贵州举办，其舞台设计以贵州苗家经典头饰为设计元素，进行了展开与延伸，创造出了不失IP风格又极具当地特色的舞台。

图4-14　2020年QQ飞车手游全国车队公开赛S2全国总角色舞台

2021年，第二届"电竞·中国"年度颁奖盛典"凝聚电竞力量·弘扬中国精神"在武汉举行，贵州省文化和旅游厅与腾讯公司天美J1工作室QQ飞车手游共同开发的贵州首条游戏电竞IP主题旅游路线荣获年度脱贫攻坚优秀案例奖，如图4-15所示。

图4-15　第二届"电竞·中国"年度颁奖盛典"凝聚电竞力量·弘扬中国精神"颁奖现场

综合而言，电子竞技舞美设计与效果策划不仅构成了电子竞技舞美设计实现过程的初始步骤，而且它是整个舞台效果呈现的基石、赛事视听体验的蓝图、创意亮点的首要展现，以及赛事执行与制作的核心组成。

舞美特效

5.1 舞美特效的定义

在电子竞技舞美中，特效是视觉元素的一种呈现方式，在原有的舞台基础上，利用一定的数字媒体道具对舞台进行无限性、广泛性和创造性的艺术实现，以丰富观众的视听感知。

舞台特效在舞台设计中是科学技术和艺术结合的产物，在电子竞技不断发展的过程中，主办方和观众对于舞台艺术形式的追求都愈发强烈。如何将游戏 IP 与舞台进行突破场景限制的视觉融合，给予选手强烈的仪式感，给予观众崭新的艺术体验，仅通过过往常规的舞台设计通常不能满足。电子竞技舞美特效的出现，能够使电子竞技舞台的空间形式发生变化、有所突破，在实体视觉的基础上进行虚拟、抽象的技术演绎及延伸，再进行具象展示，与实体空间结合为一体，以满足舞台的艺术需求。

随着科学技术的不断进步，舞美特效的发展也日新月异。在早期的舞美特效中，使用烟雾机、气泡机等道具属于比较常规的设置，1947 年，英国匈牙利裔物理学家丹尼斯·盖伯发明了全息投影术，他因此项工作获得了 1971 年的诺贝尔物理学奖；如图 5-1 所示，

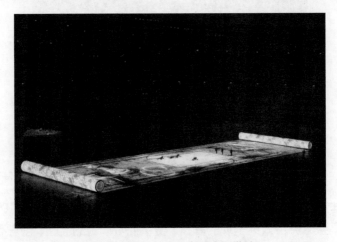

图 5-1　2008 年北京奥运会开幕式

在 2008 年北京奥运会开幕式上，设计师用 3D 数字投影技术对中国四大发明、古乐国画等特色元素进行了展示；如图 5-2 所示，在 2018 年球球大作战 BGF 决战之夜中，赛事制作厂商也利用了全息投影技术，展现出了游戏中波拉哩的奇妙世界，让现场观众沉浸其中。

图 5-2 2018 年球球大作战 BGF 决战之夜

除了全息技术，AR 和 XR 等新兴技术也被广泛应用于电子竞技舞美设计，为观众带来更加震撼和生动的体验，将舞美带入了一个全新的、科技化的时代。

5.2 舞美特效的目标

电子竞技舞美特效的目标主要有三方面：丰富 IP 场景艺术表现；增强舞台互动性；打造可复用的环保空间。

1. 丰富 IP 场景艺术表现

电子竞技舞台艺术与电竞 IP 紧密相连。舞台设计和搭建过程以 IP 为核心媒介，将选手、表演嘉宾与空间融为一个故事场景，通过舞台音乐、色彩、光影等元素的合理运用，将所有的视听语言呈现在特定空间中，为观众带来强烈的视觉冲击，激发情感共鸣。

传统的舞美技术受到实体材料和物理空间的影响，具有一定的局限性，而特效的加入则能够利用科技技术对天马行空的舞美设计意图进行有效的分析，丰富舞台艺术的表现形式，将实体搭建过于复杂或不具备物理条件的设计样例变得合理并得以实现。

目前市面上的大型电子竞技舞台艺术特效主要以虚拟技术为主，涉及全息投影、AR技术、XR 技术等，主要是通过模拟三维的虚拟空间，给观众一种近乎真实的视听感受。2018 年 7 月，在 2018 年 KPL 春季赛总决赛现场，开场秀灯光倒计时后，一条用 AR 制作的鲲随着现场音乐家演绎的钢琴乐曲环游全场，美轮美奂，栩栩如生，带给观众身临峡谷的感受，如图 5-3 所示。

图 5-3   2018 年 KPL 春季赛总决赛舞台上的 AR 鲲

基于此，电子竞技舞美和特效的一个主要目标就是将数字化虚拟技术和独特的光效、音效有机地融合舞台艺术表演中，以立体影像、灯光、音乐等多元元素为媒介，创造出与知名游戏 IP 紧密相关的艺术境界。通过将虚拟世界和现实世界相互交织，电子竞技舞台及特效可以构建一个多维度的奇妙领域，为电子竞技赛事和知识产权的进一步发展提供可能性和空间。

2. 增强舞台互动性

增强舞台互动性是电子竞技舞美设计的重要考虑因素。音乐、灯光和数字技术等元素本身就具有较强的互动性，其表现方式也依赖于与观众的交互。

在电子竞技舞美设计的过程中，强调舞台的互动性是至关重要的。通过将特效应用于舞台设计中，可以极大程度地优化电竞赛事舞台的传播模式，并打造令人难忘的视觉效果，营造出独特的舞台氛围，吸引观众的注意力，将观赛人员完全融入赛事的发展和环境中。

一种常见的互动方式是通过灯光效果的变化与观众产生互动。通过灯光的色彩、亮度、闪烁等变化，可以营造出不同的情绪和氛围，使观众更加投入赛事的氛围之中。此外，还可以结合舞台投影映射技术，将观众的互动反馈以图像的形式展示在舞台上，增强观众与舞台之间的互动感。

如图 5-4 所示，2019 年 1 月 6 日，QQ 飞车手游 S 联赛秋季赛总决赛于上海证大喜

图 5-4   QQ 飞车手游 S 联赛秋季赛总决赛上的虚拟解说员小橘子

玛拉雅中心正式落幕。首位虚拟电竞解说员小橘子以特效的方式现身解说席，带去精彩绝伦的赛事点评，作为 QQ 飞车手游的标志性元素，与观众、解说一同进行了强互动。

电子竞技舞美及特效的另一个目标是增强舞台互动性，通过对舞台元素的提取、对虚拟场景的具象化强化电竞赛事的情感输出，营造出强烈的表现感、氛围感，拉近观众与赛事的距离，激发观众的情怀，让舞台表现效果更加深入人心。

3. 打造可复用的环保空间

为了打造可复用的环保空间，电子竞技舞美设计需要超越传统舞台依赖于一次性搭建材料的局限性。目前，大多数适用于大型电竞赛事的舞美搭建都是一次性的设计和定制，无法实现灵活变更，且性价比相对较低。

为了区别于传统体育赛事的单一表现形式和固定效果，电子竞技舞美设计需要展现丰富且先进的舞台语言，而特效的加入在其中至关重要。

通过将特效融入舞台艺术创作和视觉效果中，可以利用数字技术对舞美设计和舞台艺术效果进行线上的编辑和灵活调整。通过改变组合形式，就能够完成对舞台艺术特效部分的设计和构成。

2020 年 3 月，CF 双端秋季赛总决赛从舞台场景、解说评论场景的构建到主持人出场方式等，都应用了大量虚拟技术，可以在直播画面中实现让主持人、解说员或选手全程置身于完整的演播厅合成的特定场景中。同时，在赛后评论形式上也进行了大胆尝试，从线下改为线上"云评论"，呈现出一场前所未有的赛事效果，为观赛用户带去别开生面的视觉观感，如图 5-5 所示。

图 5-5　2020 年 CF 双端秋季赛总决赛虚拟舞台

这样的设计不仅能够省去实景搭建的大量一次性成本，其中用到的实时虚拟成像系统等架构也可以复用到其他赛事中，依托这套架构，可以编辑、生成更多独一无二的舞台特效。基于计算机图形、显示等数字技术的广泛应用，舞台荧幕、背景以及道具等元素逐渐呈现虚拟化发展的趋势，有效创新了舞台艺术的造型语言，丰富了舞台艺术的表达方式，以可复用的底层逻辑及架构迎合现代化的审美趋向，并便于开展舞台艺术设计的迁移与转换，为电子竞技舞台艺术提供发展空间。

5.3 舞美特效的搭建

在科技高速发展时期，特效合成作为电子竞技舞美设计与实现中的一个重要组成部分，需要有专业的特效设备作为依托。与传统的戏曲舞台设备搭建相比，电子竞技特效相关硬件设备的搭建所涉及的技术及细节深度也相对较高，由于电子竞技舞美特效技术众多，本节以现阶段较为常见的增强现实技术为例，对其搭建所涵盖的要点进行解析。

1. 摄像头

摄像头是增强现实技术最重要的硬件设备，大量的相机跟踪和标定技术都是以简单摄像头为基本配置。与电影拍摄及其他影视对增强现实技术的应用不同，传统的电子竞技舞台美术原本就对现场拍摄有大量的设备和视角需求，因此，在摄像头的搭建部分，常规电子竞技舞台美术的搭建能够极大程度上满足电子竞技舞美特效模块的摄像头搭建需求。

图 5-6 为某场大型赛事的机位图。值得注意的是，在电子竞技舞美设计与实现中，增强现实的特效技术扮演着重要的角色。这项技术的关键在于实现真实、精致的效果，并对已搭建的场景有着较高的精细度要求。因此，在搭建机位时需要考虑全景拍摄的需求，以确保全方位的图像信息（尤其是一些标志物信息）能够被捕捉到，并在视觉角度和交互性方面具有优势。增强现实技术通过将虚拟元素与真实世界相结合，为观众创造出身临其境的体验。在电子竞技赛事中，这种技术可以用于展现游戏中的角色、道具或特殊效果，使其在现实场景中呈现出来。为了实现这一目标，机位的搭建至关重要。全景拍摄是一种技

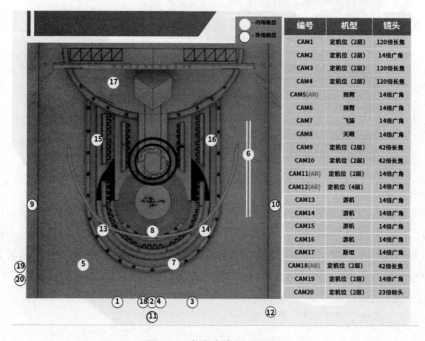

图 5-6　电竞赛事机位图例

术手段，通过使用多个摄像头或全景相机，可以在水平和垂直方向上捕捉到更广阔的场景。这种拍摄方式可以提供更多的视觉信息，使观众能够全面地观察和体验赛事现场。在电子竞技舞美设计中，全景拍摄可以用于捕捉舞台上的舞美元素、选手动作以及与游戏 IP 相关的标志性物体，以展现出更加真实和逼真的效果。

特效的呈现往往随着镜头的视角转换而变化，因此在舞美的搭建过程中，不仅需要考虑定机位的空间，还需要考虑移动机位所涉及的空间。

以图 5-7 所示的飞猫索道摄像系统为例，该系统需要搭载摄像机在索道上高速滑行，以获取特殊的镜头效果。在搭建过程中，需要考虑索道的高度和范围，确保摄像机的运动不会遮挡观众的视线，同时确保安全性。这需要对场地进行细致的规划和布置，确保舞台的结构能够支持索道系统的安装和运行。此外，为了实现移动机位的顺利运作，还需要考虑与索道系统相关的设备和技术，如控制系统、安全保护装置和摄影设备的稳定性。

图 5-7 飞猫索道摄像系统

2. 位置与角度传感器

增强现实系统的关键技术包括虚实结合的跟踪注册技术、虚拟对象的生成技术以及实时交互技术。其中，位置和角度传感器在增强现实的应用中起到了重要的辅助作用。通过位置和角度传感器的准确捕捉和测量，相机可以实现对场景的准确跟踪，从而为特效与真实场景的有效结合打下基础。

在增强现实舞美设计中，要实现虚拟信息与真实环境的无缝叠加，需要使用跟踪注册技术来实现虚拟信息和真实环境在三维空间位置上的精确配准。这涉及舞台场景的空间定位跟踪以及虚拟特效在真实空间中的定位。通过位置与角度传感器的搭建和使用，可以获取准确的位置和角度信息，从而实现舞台场景的定位和虚拟特效在真实空间中的定位。

位置传感器可以提供关于物体或相机在空间中位置的数据，角度传感器则可以测量物体或相机的旋转角度。这些传感器的准确性和灵敏度对于增强现实的实现至关重要。

增强现实技术的传感器又分为：机械式传感器、全球定位系统（Global Positioning System，GPS）、惯性传感器、电磁式传感器等几大类型。这其中基于 GPS 全球定位系统和基于惯性传感器的技术主要应用于军事和民用导航系统等领域。GPS 通过接收卫星信号来确定设备的地理位置，而惯性传感器则利用加速度计和陀螺仪等设备来测量物体的线性加速度和角速度，从而确定物体的位置和方向。

在电子竞技舞美设计中，机械式传感器是比较常见的类型。这类传感器通过机械装置中各个节点之间的长度、直线距离和角度来确定它们的相对位置和姿态。这种传感器常用于舞台搭建过程中定位和调整舞台元素的位置。例如，可以使用机械式传感器来确保舞台上的特效装置、灯光设备或摄像机的准确定位，以便与增强现实技术的应用相匹配。

由于机械式传感器的弹性变形不可太大（会影响到测量精度），因此传感器在搭建过程中需要尽量选择不可移动或匀速移动的场景节点，以更好地完成虚拟特效和现实舞台的适配。

3. 增强现实设备

增强现实设备中使用的显示方式主要有三种：头戴式、手持式和空间系统显示。

头戴式显示设备是一种被佩戴在头部或安装在头盔上的设备，能够将真实世界和虚拟环境的图像投射到用户的三维视野中。这种设备能够提供沉浸式的体验，使用户能够在现实世界中观看并与虚拟元素互动。

举个例子，在 2022 年世界杯期间，一些厂商推出了具备增强现实功能的智能眼镜。这些眼镜利用光学模组技术，能够在用户的视野中创建空间感知，呈现高清的巨幕观影体验，如图 5-8 所示。

图 5-8　AR 智能眼镜商家广告图

手持式增强现实设备是指智能手机、平板等手持设备，用户可以将其握在手中，并通过屏幕观看真实世界与虚拟元素的结合。这种设备利用视频透视技术将虚拟图形叠加到用户所看到的真实环境上，同时利用设备内置的传感器实现对用户动作的感知和跟踪，包括六个自由度的跟踪，以及基于标记系统和计算机视觉算法的实时处理。

在一些知名手游中，比如《精灵宝可梦 Go》和《阴阳师》，手持式增强现实设备已经被广泛地应用，并取得了较高的传播度和用户反馈。如图 5-9 所示，通过这些设备，玩家可以在真实的环境中捕捉、训练和战斗虚拟的精灵宝可梦，或者体验与虚拟式神进行交互的奇妙世界。这种互动体验打破了传统游戏的界限，使玩家可以在现实世界中探索和冒险，同时享受虚拟元素带来的乐趣。

图 5-9 手持式 AR 游戏精灵宝可梦示意图

在电子竞技舞美特效的设计与实现中，更多地使用了空间增强现实系统显示。空间增强现实系统（Spatial Augmented Reality，SAR）是一种能被应用在舞台表演上的增强现实系统，其核心点是为观众创造一种身临其境的真实感，使他们能够更加沉浸在电子竞技舞台的表演中。空间增强现实系统的载体通常不会占据太大的空间，在搭建时需要考虑其位置，以确保观众能够从前方的位置观看到舞台的全景，并方便技术人员对场景的实时覆盖进行核准。

现阶段的大多数数字媒体特效道具的搭建原则都与本文所提及的内容相似，因此不作过多的展开，除了基于数字媒体的特效，电子竞技舞台中也涉及一些场景特效道具，以图 5-10 为例，如烟雾机、火焰机等。这类型道具在搭建过程中遵从两个原则：安全性；功能性。

图 5-10 舞台烟雾机示意图

（1）安全性。

搭建安全原则主要根据中华人民共和国文化和旅游部 2007 年颁布的文化行业标准《舞台机械 台上设备安全》进行承重、电源、布线、湿度、互联等方面的基本安全技术配备。

（2）功能性。

搭建功能性原则主要依据该设备所承载的功能，将其放置在能够实现该功能且不影响表演和比赛的空间中。

5.4　舞美特效的道具控制

电子竞技舞美特效道具主要分为场景特效道具和数字特效道具两大类。场景特效道具主要包含：花瓣机、彩虹机、气柱机、烟花机、火焰机、烟雾机、泡泡机、雪花机、干冰机等；数字特效道具则为前面所提及的增强现实、扩展现实、全息投影等设备。

在《电子竞技赛事制作与转播》一书中，对场景特效道具进行了阐述，本书将选取较为常用的几种道具进行详细的控制说明。

1.　花瓣机

花瓣机是用于营造气氛的特效设备，可以将彩纸或者无纺布材质的仿真花瓣自动抛洒在舞台上。图 5-11 为某款自动抛洒花瓣机的照片。一般来说，花瓣机在电子竞技赛事中的使用场景大多是为冠军举行的颁奖仪式，当获得冠军的选手上台领取奖杯时，金色的彩纸从花瓣机中缓缓飘落全场，营造出激动热烈的氛围。

如图 5-12 所示，花瓣机一般会配备的装置有：花瓣机主机、电源线、信号线、说明书及遥控器。

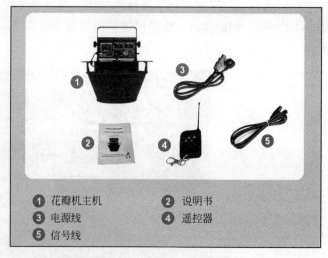

① 花瓣机主机　　② 说明书
③ 电源线　　　　④ 遥控器
⑤ 信号线

图 5-11　某款自动抛洒花瓣机　　　　图 5-12　花瓣机包装清单

花瓣机的使用和操作步骤如下：

（1）将机器用灯钩固定好、吊挂好，机器吊挂得越高覆盖面积就越大。

（2）机器吊挂好后，将保险绳从吊环穿过装好，配套电源线信号线插好，线控不需接信号线。

（3）将机器网盖打开，放入彩纸，用手转动扇叶，将金色纸片转到扇叶底下。

（4）DMX 控制或遥控控制。将开关打到 DMX 档，DMX 控制要将机器与控台用信号线连接，地址码与控台配接。遥控控制不需接信号线，直接用遥控控制即可。

（5）线控。将开关打到 ON 档，通电后即可工作。

2. 气柱机

气柱机也是一种渲染舞台气氛的设备，其主机由储气罐构成，其内储有液态二氧化碳。在舞台演出中，由手控或遥控开关控制罐口的电磁阀开启阀门，罐内二氧化碳由喷管以雾状气体高速喷出，可达到渲染舞台效果的目的，如图 5-13 所示。

图 5-13　气柱机

3. 气雾机

气雾机是一种能在舞台上制作人造云的舞台道具，让人产生置身仙境般的感觉，使用效果如图 5-14 所示。目前市面上的气雾机有干冰版和雾油版，干冰即固态的二氧化碳，二氧化碳升华时吸收大量热能，会使周围的空气温度迅速降低，然后把水蒸气冷凝为无数的小水点，在舞台上用喷洒干冰的方法，瞬间就会产生大量云雾。

图 5-14　干冰机

气雾机在使用的过程中，需注意辨别是否为加热版，加热版的干冰机需要提前预热，

图 5-15　干冰机底部排水阀

并预留散热出口，保证机器正常运转；无须加热版则需使用专用雾油，打开出油盖，倒入专用雾油进行准备。

需要特别注意的是，干冰机在使用前需要检查航空箱底部的排水阀（如图 5-15 所示）是否为关闭状态，如需排水，需要阀门打开。

雾油机在操作前需要打开圆形盖子，将风机接线并调节好相对应的角度。

除了以上场景特效道具，其余场景特效道具不作具体的阐述。下面讲述数字特效道具的控制和操作。

现阶段的数字特效几乎都是基于现实与数字的结合，这样的技术依赖于人机交互，带给用户强烈的真实感和临场感的体验，要求精细的三维模型和复杂的渲染计算。

仍以增强现实系统的控制与操作为例，一个完整的增强现实系统工作框架应包括如图 5-16 所示的子模块。

图 5-16　增强现实系统操作和控制流程

在通过前置搭建的设备进行场景采集、目标识别与跟踪、目标注册模块之后，需要进行基于建模引擎的虚拟场景 / 物体建模，再与实景场景进行绑定。

在电视包装领域，增强现实技术被称为虚拟植入。虚拟植入融合了创意设计、图形制作和跟踪调试等多个工艺环节，是技术与艺术紧密结合的典型应用。在经过我们前面所提及的搭建过程后，技术人员在控制环节会将虚拟的建模与采集的场景进行绑定和渲染。

在早期，一些物理渲染引擎出现之前，无论是影视制作还是游戏开发领域，三维渲染的算法普遍基于人工设计的经验公式。在这个体系之下，想要得到高质量的渲染结果往往需要烦琐地调整参数，而这种调整也基于三维从业者的制作经验。

而在电子竞技舞美特效日趋成熟的年代，技术人员通常会使用一些优秀的物理渲染引擎进行特效的制作。目前市面上会较常用到 UE4（全称 Unreal Engine4）等操作引擎。UE4 是一款游戏引擎软件，由 Epic Game 公司研发，是全球三大游戏引擎之一。UE4 优秀的光照系统和强大的物理引擎能够搭建出媲美真实世界的环境，丰富的编辑器可以实现各种所需要的功能。UE4 也是目前全球最开放、最先进的实时 3D 创作平台，已经广泛应用在游戏、建筑、广播、影视等领域。在建筑可视化领域，UE4 拥有多个优势。第一，UE4 实时渲染的功能可以极大节省渲染时间，方便快捷修改方案，转换视角后不需要重新渲染，所见即所得；第二，除了支持 C++ 编程外，UE4 还自带蓝图编程系统，编译时间极短，有利于快速实现逻辑功能；第三，UE4 对多种建模软件都具有兼容性，并且自带了材质编辑器，在行业内的普及程度高。

由于舞台特效建模属于另一个专业领域，在此处不过多赘述。物理引擎控制环节的流程如下：

（1）元素制作。

元素制作是指虚拟场景中各个元素的基础框架，主要包含三维建模、创建材质和绘制贴图。

（2）场景美术。

场景美术是生成虚拟场景的关键步骤，主要工作内容是搭建场景及调试。

（3）逻辑编程。

逻辑编程贯穿于整体流程中，其主要内容是材质优化、指令控制等。

事实上，不论是全息投影、增强现实还是新兴的扩展现实技术，目前电子竞技舞美领域所用到的数字特效技术几乎都会应用到物理引擎进行线上美术、建模和渲染生成。在现场的操作过程中，也离不开制作团队和技术团队的高效协同，经过大量的调试、彩排，才能呈现出美轮美奂的赛事舞台。

5.5 舞美特效的意义

舞台艺术是大众生活中不可或缺的一部分，它能够开拓观众和参赛者的精神世界，提供丰富多样的艺术体验。当舞美特效与赛事舞台相结合时，它能够弥补传统舞台场景形式的一些缺陷，并带给公众前所未有的视觉感受。

赛事舞台作为电子竞技赛事向观众展示的主要平台，舞台的设计质量直接影响着选手的参赛体验和观众的视听体验。将特效技术应用于电竞赛事舞美是提升舞台艺术表现力和技术水平的必然选择。

通过交互式舞美特效的运用，赛事舞台可以实现与虚拟 IP 的有机结合，为观众呈现出全新的视听体验。这种交互式的舞美特效能够将虚拟 IP 的内容直接映射到观众的感官中，使得整个赛事舞台更加生动、激动人心，同时也增强了 IP 内容的传播力，观众可以与虚拟 IP 进行实时互动，参与到比赛的故事情节中。例如，在电竞赛事中，特效技术可以通过触摸屏幕、手势识别等交互方式，让观众与游戏角色进行互动，感受到与虚拟世界的真实连接；交互式舞美特效的运用还可以增强舞台表演的戏剧性和情感共鸣，通过虚拟 IP 角色的投影、舞台的互动元素等手段，观众可以更加身临其境地感受到比赛的紧张与激情，与选手们一同经历战斗的瞬间，提升观众的情感共鸣。

另一方面，多方数据已经证实，重大电竞赛事的舞美具有巨大的流量潜力，因此，在推动数字媒体技术的发展方面，电子竞技舞美特效也起到了相辅相成的作用。重大电竞赛事的舞美特效在赛事现场呈现出的视觉冲击力和创新性吸引了大量的观众和粉丝，产生了巨大的关注度和讨论度。这些观众和粉丝通过观赛、评论、分享等方式参与进来，进一步推动了数字媒体平台的发展和传播。数字媒体技术的不断创新和进步为电子竞技舞美特效的呈现提供了更多的可能性和技术支持，通过实时直播、多摄像机拍摄、虚拟现实技术等手段，观众可以在数字媒体平台上获得更加身临其境的观赛体验，深度参与到电子竞技的世界中。重大电竞赛事的舞美特效在数字媒体平台上的广泛传播和讨论为品牌推广和广告投放也提供了良好的机会，通过与电子竞技赛事合作，品牌可以借助舞台特效的独特魅力和观众的关注度提升品牌知名度和形象认可度，同时创造更多商业机会。

需求推动生产力的提升，随着电竞观众的审美不断提高、游戏厂商对于自身 IP 传播度的需求不断上升，数字媒体技术会随着舞美特效的应用得到越来越多新的技术开发思路。

而特效作为电子竞技舞美设计与实现的实际呈现部分，也是电子竞技舞美设计与实现的核心，也将作为电子竞技舞美发展的有效出口，对外展示电子竞技的光彩。

第**6**章

视听及灯光AVL

6.1　视听及灯光AVL的定义

视听及灯光 AVL 是指舞台音响系统、大屏幕系统和灯光系统。AVL 是英文 Audio Visual Lighting 的缩写，在行业中，通常把这套体系并称为视听及灯光 AVL。

在电子竞技舞美设计与实现中，灯光、音响与大屏幕系统扮演着重要的角色，以其独特的美学展示效果来完成一场电子竞技赛事的美学表现。

近年来，随着观众对于舞台艺术需求及审美的提升，舞台的技术设施相较传统舞台有了很大的变化，而整套视听及灯光 AVL 系统也常用于大型演唱会和文艺晚会中。

而就电子竞技舞美而言，视听及灯光 AVL 系统在赛前及中场表演环节的作用与大型文艺晚会和演唱会相差不大，都是服务于表演。比较特别的是，在比赛开始后，电子竞技舞美的视听及灯光 AVL 会起到与传统文艺晚会和演唱会完全不同的功能。其灯光、音响及大屏的变动会随着竞赛的流程及战况发生变化，从而调动起观众的观赛情绪，让观众与场上的氛围产生共鸣。

举例来说，在一场 MOBA 赛事 BP 环节，音响通常会播放较为跳跃的音乐，用以渲染紧张的氛围；而当赛场上产生首杀时，舞台上的灯光系统通常会释放短频又高速的灯光，来吸引观众的注意。

6.2　视听及灯光AVL的目标

在电子竞技中，灯光及视听 AVL 通常有几个目标：增强舞台艺术效果；烘托竞赛氛围；赋予参赛选手仪式感。

1.　增强舞台艺术效果

电子竞技赛事经过近些年的发展，在其传播过程中，与文化娱乐等流行元素的结合成为了一种经过众多项目验证的有效方式。基于此，现阶段市面上的各类电子竞技赛事舞美通常都会有与传统的舞台艺术相结合的部分，例如有故事感的选手登场亮相环节、赛前演出、赛中演出等，并发展成为了将艺术与视听互相融合的表达和传播方式。

一场优秀的电子竞技舞美，往往会包含除赛事本身以外大量的赛外信息，这些信息与游戏 IP 息息相关，表现形式包括但不限于与游戏相关的歌曲、舞蹈等，让电子竞技不仅限于体育竞技的独立表达，而成为了一种集合视觉、听觉和艺术的整合体。这样的整合有利于赛事传播和其商业化良性发展，降低电子竞技的观赏门槛，让电子竞技受众和文化娱乐受众在基于视听及灯光 AVL 系统的艺术表达中实现相互破圈，达到相互促进的作用。

此外，通过视听及灯光 AVL 的艺术性表达，也能够为电子竞技这样的新型体育赛事增加文化厚度，这也是电子竞技的原生 IP 载体近年来发展和争取的方向。

2. 烘托竞赛氛围

赛事气氛是将电竞赛事区别于普通游戏对战来说非常重要的一个因素，电竞赛事的舞台气氛也是舞台导演在进行创作时不可忽视的重要方面。

同样的，相较于传统体育赛事，电子竞技的理解门槛相对较高。然而，通过现代化舞台的视听及灯光 AVL 系统，可以为观众提供独特的视听冲击，使赛事更易于理解。操作人员可以针对不同的比赛环节和赛况，通过控制台调整视听及灯光效果，从而引导观众的情绪，把比赛氛围推向高潮。

视听及灯光 AVL 对竞赛氛围的烘托也能够赋予赛事更加生动的场景，增加赛事与观众的共鸣和互联。

3. 赋予参赛选手仪式感

在前面我们已经提到过，一场电竞赛事的舞美不仅要服务于观众，也要服务于参赛选手。对参赛选手而言，不仅是排名、奖金与奖杯，整个舞台的布置和环境，都将带给其独特的荣誉和见证。"站上总决赛舞台"也成为了许多电子竞技选手的奋斗目标。

因此，与电子竞技舞美特效类似，视听及灯光 AVL 在设计和操控的过程中，也需要注重参赛选手的体验，通过打造不同环节的视听变换，带给选手满满的仪式感。

优秀的视听及灯光 AVL 在通过创造仪式感而赋予选手及其粉丝记忆点方面起着相当重要的作用。在现代电子竞技选手发展生态中，粉丝们通常会将当年的赛事歌曲作为夺冠队伍的一种独特纪念进行传唱，如图 6-1 所示。

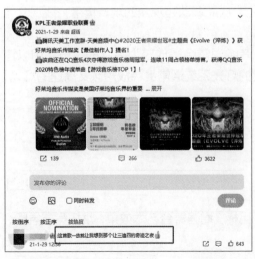

图 6-1　2020 年王者荣耀世界冠军杯主题曲 KCC 同样也成为了观众心中赛事的记忆点

6.3 视听及灯光AVL的搭建

6.3.1 音响系统的搭建

音响系统主要由话筒和调音台组成。

图6-2是调音台示意图。在话筒的搭建过程中，需要注意抗干扰、多备份及控制距离。

（1）抗干扰是指在现场使用的话筒可能遇到的频率干扰、对讲机的干扰、安检设备的干扰等情况。在搭建彩排的过程中，需要对无线设备进行开机测试，以了解它们的频率特性，并根据实际情况调整设备之间的距离，以应对可能出现的干扰情况。对于重要的活动，还可以使用扫频仪等设备进行现场无线电频率的监测和分析，以确保无线设备的正常运行和信号质量。

图 6-2　调音台示意图

为了有效抵御干扰，首先需要确保所使用的无线设备具有良好的抗干扰性能。选用质量可靠的设备，并在使用前进行充分的测试和调试，以确保其在现场环境中的稳定运行。同时，在搭建彩排时要注意设备之间的距离，避免不必要的干扰源靠近无线设备。如果发现有其他设备可能引起干扰，可以采取相应的隔离措施，如调整设备位置、使用屏蔽材料等。此外，还可使用扫频仪等专业设备对现场无线电频率进行监测和分析，通过扫描周围的无线信号，可以及时发现可能存在的干扰源，并针对性地调整无线设备的频率或采取其他干扰消除措施。

（2）多备份是指为了应对直播过程中可能出现的设备故障，特别是话筒设备，通常需要设置备份设备。

在直播环境中，设备故障是不可避免的风险之一。为了确保音频信号的稳定性和连续性，以及避免因设备故障而导致的直播中断，设置备份设备是一种常见的应对措施。

备份设备的设置可以采用多种方式。首先，可以准备备用话筒设备，并在需要的情况下进行快速切换，一旦主话筒发生故障或出现其他问题，备用话筒可以立即接替，确保音频信号的持续传输。此外，还可以考虑设置备用音频混音台或其他关键设备，以应对相应的故障情况。

在设置备份设备时，还需注意设备之间的连接和配置。备用设备应与主设备保持同样的音频参数和信号链路，以便在切换时能够无缝衔接，避免产生额外的音频问题。

备份设备的稳定性和可靠性也需要得到重视。备份设备应经过充分的测试和调试，确保其正常工作和与主设备的兼容性。通过设置备份设备，可以降低设备故障对直播过程的影响，提高音频传输的可靠性和稳定性。这样，即使出现意外情况，也能够及时切换到备份设备，保证直播的顺利进行，确保观众能够获得高质量的音频体验。

（3）控制距离则是指为了确保无线话筒信号的正常接收，需要控制接收天线与话筒之间的距离。这一距离既不能太远，也不能有遮挡，以确保良好的信号传输质量。

首先，接收天线与话筒之间的距离不能太远。信号传输的有效距离是有限的，如果距离过远，信号会衰减或失真，导致接收质量下降。因此，在搭建舞台或彩排时，需要合理安排接收天线的位置，使其能够与话筒保持适当的距离。可以通过预先了解无线话筒的信号传输范围和性能来确定合适的距离。

其次，接收天线与话筒之间不能有遮挡物。遮挡物（如障碍物、墙壁等）会对信号传输产生阻碍、降低信号强度或引起信号中断。因此，在选择接收天线和设置话筒位置时，需要尽量避免遮挡物的存在，确保信号的畅通传输。若存在遮挡物无法避免的情况，可以考虑调整天线和话筒的相对位置，以减少遮挡对信号的影响。

此外，需要注意控制距离时不能过于靠近。如果接收天线与话筒过于靠近，可能会引起啸叫（即声音的回环或反馈），产生刺耳的噪声，影响音频质量和用户体验。因此，在安排话筒和接收天线的位置时，需要找到一个合适的平衡点，既不能过于靠近以引发啸叫问题，又要确保良好的信号接收。

在调音台的搭建过程中，需注意备份、响应时间、扩音功率计算及信号的分配。

（1）调音台的备份是指对音源进行备份的措施。除了备份播放清单外，现场选手的语音也应进行备份。这样的备份措施不仅可以用于防止作弊，还可以应用于一些赛事中的"语音回放"娱乐环节。

在电子竞技赛事中，选手的语音通信是非常重要的，它既可以传达战术指令和团队协作，也可以展现选手的情绪和表达个性。为了确保选手的语音在比赛中的真实性和公平性，调音台需要进行备份，将选手的语音录制并保存下来。

备份选手语音的主要目的是确保比赛的公正性和真实性，通过对比比赛中的实际语音与备份语音的一致性，可以排除作弊行为的可能性。

此外，备份选手语音还可以应用于赛事中的"语音回放"娱乐环节。在某些比赛或节目中，组织者可能会根据比赛进程或有趣的瞬间，将选手的语音回放给观众，增加赛事的娱乐性和观赏性。备份的选手语音可以为这些回放环节提供丰富的素材，让观众更好地了解选手的思考过程和情感体验，增加赛事的趣味性。

（2）响应时间是指数字调音台的启动过程中所需要的时间。为了确保安全性和在断电后能够快速响应，调音台通常会使用不间断电源（United Parcel Service，UPS）来为其供电。

数字调音台是电子竞技舞台音频管理的核心设备之一，它具有丰富的功能和灵活的操作性，可以实现对音频信号的精确控制和调节。然而，由于数字调音台具有较复杂的系统结构和软件操作，其启动过程可能需要一定的时间。

为了保证赛事的顺利进行和音频管理的稳定性，电子竞技赛事对于数字调音台的响应时间要求较高。这意味着调音台需要能够在最短的时间内启动并正常运行，以满足比赛的需求。

此外，考虑到电源供应的连续性和稳定性，采用不间断电源为数字调音台供电是一种常见的解决方案。UPS可以在断电时提供临时的电力支持，以确保调音台的运行不受干扰，并使其能够在断电后迅速响应和恢复正常工作状态。通过使用UPS作为电源备份，数字调音台可以在断电情况下保持稳定的运行状态，避免因电源中断而导致的音频中断或数据丢失。

（3）扩声功率是指在搭建彩排过程中进行的声音测试和计算，以确保音量的适宜和响度的充足。在必要的情况下，还可以设置临时直播间进行同步测试，以确保在正式直播时音量能够达到要求。

在电子竞技舞台中，扩声系统是非常重要的一部分，它能够将音频信号扩大并传播到整个场馆，确保选手的声音和音效能够被观众清晰听到。而扩声功率的设置则是为了保证音量的充足和听众良好的听觉体验。

在搭建彩排过程中，声唱测试和计算是必不可少的环节。通过反复测试和调整，可以确定合适的音量水平，使选手的声音在舞台上能够清晰传达，而不会过于喧闹或过于微弱。此外，根据场馆的大小和特点，还需要进行相应的声场计算，以确定扩声系统的功率需求，确保音量能够覆盖整个场馆并保持均衡。

为了进一步确保音效的质量和准确性，在一些情况下可能需要设置临时直播间进行同步测试。这样可以模拟正式直播的环境，并在实际场景中验证音量的适宜性。通过这样的测试，可以发现并解决可能存在的问题，以确保正式直播时音量能够满足要求，并为观众带来良好的听觉体验。

（4）信号的分配传送则是指在对外输入输出信号时采取相应的措施，以确保信号传输的质量和稳定性。其中一个重要的措施是使用隔离器，尤其是在地电位差较大的情况下。

电子竞技舞台的搭建过程中涉及大量的音频和视频信号的传输。这些信号需要从各个设备和源端传送到不同的目的地，如扩声系统、录播设备等。在这个过程中，如果信号传输中存在地电位差较大的情况，可能会引发干扰、噪声或信号失真的问题，影响音频和视频的质量。

为了避免这种情况，可以采用隔离器来隔离信号，使不同设备之间的地电位保持一致或减小差异。隔离器可以有效地阻隔电流的流动，防止地电位差对信号传输的干扰。通过使用隔离器，可以降低信号传输中的噪声和干扰，保证信号的清晰度和准确性。

此外，信号的分配传送还可以避免不同队伍在比赛过程中的语音串音问题。在电子竞技比赛中，不同的队伍可能使用不同的通信设备进行内部沟通，如果信号混杂或串音，可能会导致比赛不公平的现象。通过合理的信号分配和传送，可以确保各队伍的语音信号独立传输，避免互相干扰，从而保证比赛的公正性和竞技性。

6.3.2　大屏幕系统的搭建

现阶段的电子竞技舞美大屏幕系统仍旧以LED大屏为主，大多数大型演出都会有一块或多块不同用途的LED大屏幕主要用以赛事流程图像的展示。此外，也会有一些大大小小、形状功能各异的彩幕用以效果的展示，如图6-3所示。

在大屏幕系统的搭建过程中，需要注意承重、材质选择、结构设计、定期检查和维护、备份、走线及位置等。

图 6-3　2022 年王者荣耀职业联赛 KPL 夏季赛舞台由多块大屏幕组成

（1）承重：无论是吊挂屏幕还是搭建立式屏幕，舞台的承重能力都是一个重要考虑因素。如果舞台的结构承重和设备荷载不匹配，可能会导致严重的舞台事故。例如，在2022年7月28日晚上，香港红磡体育馆举行的男团MIRROR演唱会发生了一起严重意外。在演唱会中，一个约4米×4米×0.2米的屏幕意外松脱并掉落，导致两名舞蹈员被击中，他们受伤并需要送医治疗，演唱会也随即停止。为了确保演出人员和参赛选手的安全，在搭建屏幕之前，应仔细计算场馆的承重能力，确保其在安全范围内。

（2）材质选择：在选择舞台屏幕的材质时，需要考虑其重量、强度和稳定性。合适的材质能够保证屏幕的稳固性和可靠性，并且能够承受相应的荷载。同时，还需要考虑舞台的环境因素，如风力等，以确保屏幕在各种情况下都能够安全使用。

（3）结构设计：在搭建屏幕时，结构设计也是至关重要的。合理的结构设计可以提供足够的支撑和稳定性，防止屏幕松动或倾斜。使用可靠的连接件和支撑系统，并进行充分的测试和验证，以确保屏幕能够承受相应的重力和外力作用。

（4）定期检查和维护：屏幕的安全性需要定期的检查和维护。检查包括对连接件的紧固度、材质的状况以及支撑系统的稳定性进行评估。任何发现的问题都应及时修复或更换，以确保屏幕的安全使用。

（5）备份：在大屏幕系统中，由于成本较高，备份通常指的是信号备份。为了确保大屏幕的正常运行，信号的传输需要做到一主一备。如果可能的话，可以使用主备双解码的LED大屏幕系统。这样，在主信号出现故障或中断时，备用信号可以自动接替，确保屏幕继续显示内容，并避免观众和参与者的体验受到影响。同时，在设置备份信号时，还需要考虑信号传输的稳定性和可靠性。合适的信号传输设备和技术如冗余传输线路、信号放大器等，可以增强备份信号的传输能力，提高整个系统的可靠性。

（6）走线：在大型赛事现场，观众通常众多，因此在设置大屏幕的走线时需要特别注意，以防由于观众的踩踏而引起的信号传输中断问题。走线应尽量避开人流密集的区域，以减少观众踩踏的可能性。走线通道应设置在观众无法直接接触到的位置，或者采取隔离措施，如设置护栏或挡板来限制观众接近走线区域。在设置走线时，可以采用护套、护管等保护措施来保护信号线缆免受观众的踩踏或外部环境的损害。合理规划走线路径，避免走线交叉或混乱，有助于维持整个系统的有序性和可管理性。如果需要跨越观众区域或长距离传输信号，可以考虑采用无线传输技术或使用信号延长器来减少走线长度。

（7）位置：在设置舞台大屏系统时，需要注意选择合适的位置，避免摄像机拍摄造成的"重影"问题，并确保大屏幕不会干扰选手的视线，以防可能引发的比赛作弊行为。首先，要确保大屏幕的位置与摄像机的角度相对合适。摄像机角度应经过精心规划，避免其拍摄到大屏幕上的内容，造成画面中出现模糊或重影的情况。这需要在摄像机布置和大屏幕放置时进行细致的协调和调整，以达到最佳的视觉效果。其次，大屏幕的位置应避免涉及选手的视野。在电子竞技赛事中，选手需要专注于游戏画面和操作，因此大屏幕的位置应远离选手区域，确保他们的视线不会被大屏幕所干扰。这有助于提高比赛的公平性和竞技性，防止窥屏等可能导致作弊的行为发生。此外，还要考虑大屏幕与观众的位置关系。大屏幕应设置在观众容易观看到的位置，以提供良好的观赏体验。观众的视野应不受阻挡，大屏幕的尺寸和高度应根据观众席位的布局和距离进行合理调整，以确保观众能够清晰、舒适地观看到大屏幕上的内容。

6.3.3　灯光系统的搭建

为了减少自然光线对于比赛设备屏幕的干扰，大部分的电子竞技赛事都于夜晚或封闭的场所内举行。因此，以图 6-4 为例，在灯光系统的搭建过程中，也应注意其供电安全、三相平衡、备份、位置等方面的安全性问题。

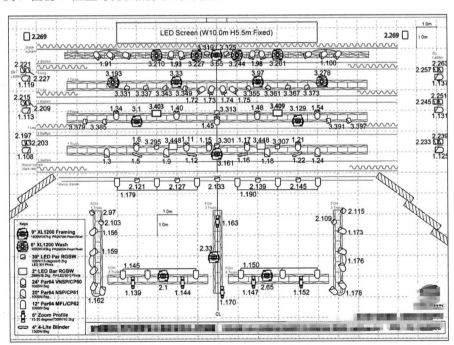

图 6-4　某小型赛事的灯位示意图

（1）供电安全：供电安全是舞台大屏系统设计中至关重要的一环。在考虑供电方面时，需要进行电力容量计算，并预留足够的余量，同时要充分考虑舞台特效设备的用电功率。

为确保供电安全，需要选择符合欧标或国标的灯光设备专用插头和电缆接头。这些插头和接头经过专业认证，具有良好的电气性能和耐久性，能够有效减少电线接触不良、插拔不稳等问题，确保供电的可靠性和稳定性。此外，为避免安全隐患，电线在安装过程中不能裸露，必须进行良好的绝缘和保护措施。电缆应正确铺设，并采用防火、防水、耐磨等特殊材料进行保护，以防损坏或触电事故的发生。

安全接地也是供电安全的重要一环。所有设备、电缆和金属构件都应正确接地，以消除潜在的电压差和静电，防止触电和设备损坏。安全接地可以通过使用专用的接地装置和符合标准的接地导线来实现，确保电流能够有效地通过闭合回路，减少安全风险。

在供电安全方面，必须综合考虑电力容量、用电设备功率、插头和接头的规范选择、电线绝缘保护以及安全接地等因素。只有确保供电安全可靠，才能保障舞台大屏系统的正常运行，提供稳定的电力支持，并确保观众和工作人员的安全。

（2）三相平衡：在舞台灯光设计中，三相平衡是一个重要的考虑因素。在设计灯位图时，需要进行仔细的计算，以实现三相负荷的平衡。通过平衡三相负荷，可以减少中线电流的流动，从而有效降低谐波的产生。

谐波是非线性负载所引起的电力系统问题之一，它会导致电网的功率质量下降，并造成设备故障，缩短设备寿命。而不平衡的三相负荷会增加中线电流的流动，进一步加剧谐波的产生。因此，通过计算和调整灯位图，使得舞台灯光的三相负荷尽量平衡，可以有效降低谐波水平，提高电力系统的稳定性和可靠性。

在进行三相平衡设计时，需要考虑灯光设备的功率分布、位置布置和电路连接。通过合理安排灯光设备的位置和用电负荷的分配，可以尽量保持各个相之间的负荷均衡。此外，还可以采取相应的措施，如使用三相平衡器、调整电路连接方式等，进一步优化三相负荷的平衡效果。

（3）备份：在直播环境中，为确保直播的安全性，备份控制台是一项重要的措施。备份控制台的设置旨在应对控制台故障、意外停机或其他技术问题，确保直播能够继续进行并保持良好的质量。备份控制台可以采用不同的配置方式。一种常见的备份方式是热备份，即在直播现场同时准备两个控制台，其中一个处于活动状态，而另一个处于备用状态。在这种设置下，主控制台出现故障时，可以立即切换到备份控制台，以保持直播的连续性和稳定性。

备份控制台的设置不仅可以处理控制台硬件故障，还可以应对软件问题。例如，当主控制台的软件出现错误或崩溃时，备份控制台可以接替其功能，确保直播过程的平稳进行。备份控制台通常会与主控制台进行数据同步，保持相同的设置和配置，以便无缝切换。

此外，备份控制台还应具备相应的测试和验证机制，以确保其可靠性和稳定性。在直播之前，需要对备份控制台进行充分的测试和演练，以确保它可以正常工作并与其他设备和系统进行良好的兼容。

（4）位置：在设计舞台灯光布置时，位置选择是至关重要的考虑因素之一。除了满足整体舞台的照明需求和营造适当的氛围外，还必须特别注意光线对选手视线的干扰问题。

在电子竞技赛事中，选手的视线是他们参与比赛的重要工具，光线直射选手眼睛可能会干扰到他们的注意力和反应速度，影响比赛的进行。因此，在设置舞台灯光时，需要避免将强烈的光线直接照射选手眼睛。

一种常见的方法是通过灯具的角度和位置来调整光线的投射方向，避免直射选手眼睛。可以选择将灯光设置在舞台的侧面或后方，以便光线以更平缓的角度照射到舞台上，减少对选手视线的干扰。

此外，还可以使用灯罩来控制光线的散射和分布，避免过强的光线直接照射选手眼睛。调整灯光的亮度和色温也是一种有效的方法，可以确保光线的柔和和适宜性。

6.4　视听及灯光AVL的控制

6.4.1　音响系统的控制

在音响系统的控制环节，控制的内容主要包括：话筒、调音台、功放、音响四个单元。其中话筒、功放和音响控制与操作都并不复杂，根据其功能进行开关和大小的调节即可。本书在该部分将主要阐述一下调音台的控制。

如图6-5所示，调音台是专业音响系统中最重要的设备，一套专业音响系统往往是以调音台为核心的。常用的调音台能同时接收8~24路不同的信号，并分别对这些信号在音色和幅度上进行调整加工处理。一般来说，调音台有音量控制、信号频率调整、信号合并及分配这四个主要功能。

图6-5　YAMAHA 调音台系列

（1）音量控制。

音量控制，顾名思义即为对输入的声音信号大小的控制，当各种不同节目源的信号进入调音台后，其不同的信号所需的放大量也不尽相同，所以调音台必须能分别处理不同的信号。

这个阶段主要通过调音台上的"增益钮（Trim）"和音量推子进行控制。增益钮是用来调整信号输入量的，即当信号太强时对其削减，太弱时则对其提升（有时，增益旋钮会被一个衰减按钮"Pad"代替，当该按钮按下或抬起时，输入信号即被做一定幅度的衰减）。增益旋钮是作为声音输入调音台的第一个关口，调整适当，即可保证调音台下一级的处理电路能接收到充分且干净的信号。

当增益旋钮设置好以后，就可以使用通道的音量推子（或者音量旋钮，通常位于调音

图 6-6　音量推子

台面板的最下端，如图 6-6 所示）来确定该通道信号发送给总线的音量大小。音量推子实际上是一个衰减器，用于对该通道的输出信号进行衰减。当推子位于最下端（或音量旋钮位于最左端）时，信号被无穷衰减，这时，该通道没有信号输出。

要查看是否有信号输入或输出，可以观察调音台上的音量显示屏。

（2）信号频率调整。

信号频率调整，即调音。不同的信号，由于其频谱分布、谐波成分等方面不同的原因，形成不同的音色，而建筑物对声音的影响使音色产生很大的变化。音响师要根据不同的扩音环境，对进入调音台的不同声音信号分别进行加工，使其声音尽可能接近原声。调音台的每个声道都具有相同的处理手段，如 3 段均衡、增益控制器、高通滤波器等。

绝大多数调音台都提供了一定的通道均衡功能，反映到调音台上即为标有"Treble"和"Bass"的两个旋钮，当调整这两个旋钮高于和低于厂家预定频点的信号时，即被提升或衰减。以上也通常被称为两段均衡，而三段均衡则多了一个对中频段（Mid）进行提升或衰减的旋钮。另外，一些调音台还增加了一个选择中频点的旋钮，称之为半参数中频均衡，而全参数中频均衡不但能选定中央频点，而且还能选择一段频率范围来实施提升或衰减。

（3）信号合并。

前面已经提到过，在电子竞技赛事中，输入到调音台的音频信号非常多，包含现场、选手、解说、主持、音乐等，在调音台上，每一条通道都有一种或几种规格的信号输入口，用于连接系统中的录音机、音源、采样器或合成器等的音频输出口，或者插上动圈、电容、话筒等。音控师在进行操作时，需要通过调音台将各路信号调整后，将各种信号合并成标准的左右声道（立体声）形式输出，作为下一级设备的输入信号使用。

（4）分配。

调音台除了立体声的主输出信号外，还能提供两路以上的辅助输出信号，这类信号有两种用途，一是音响室监听或舞台返听；二是做效果器的激励信号。

一般调音台每个通道都设计了 2~6 个辅助发送钮。这些旋钮可以控制该通道信号发送给各辅助输出口（Aux SEND）的信号量，几个通道的信号可以通过辅助旋钮同时输出到一个辅助口。当辅助输出口连接了效果器后，由辅助口输出的信号通过效果器处理后，由效果器的输出口返回至调音台的辅助返回输入口（Aux RETURN），然后同总线信号进行混合。

在电子竞技舞台的导播间，除了常见的调音台外，还会看到一台或一台以上的监听音响，用于实时观测场上的音频信号动态并实时校准。

6.4.2　大屏幕系统的控制

舞台屏幕控制系统由计算机、专业显示驱动设备、播放软件、切换器等组成。

随着现代科技技术的进步，中型及大型电子竞技舞美通常会使用到多块屏幕进行结合展示，如图 6-7 所示。大规模使用高清 LED 屏幕的舞台，将增加单个区域 LED 屏幕播控系统的输出压力，为保证多媒体影像的顺利播放，其播出服务器的数量也随之增多。

图 6-7　2017 年守望先锋单挑王现场的由多块 LED 屏幕组成的大屏幕系统

在对舞台大屏幕系统的控制进行了解前，我们需要先了解舞台大屏幕系统的基本工作原理。

LED 即发光二极管，其内部主要为一个 P-N 结。当 P-N 结内的电子与空穴复合时，电子由高能级跃迁到低能级，电子将多余的能量以光子的形式释放出来，产生电致发光现象。发光颜色与构成其基底的材质元素有关——GaAs（砷化镓）红光，GaP（磷化镓）绿光，GaN（氮化镓）蓝色。像素是 LED 屏幕的最小成像单元，俗称"点"或"像素点"。每个像素点由不同数量的红绿蓝芯片以不同的方式封装而成。若干个显示像素组成 LED 屏幕的最小单元——显示模块，而由电路及安装结构确定的显示模块组成的独立显示单元称为显示模组，出厂的半成品通常是以显示模组的形式提供的。将多个显示模块与显示驱动集成，室内屏俗称"单元板"，室外屏俗称"模组"，再将若干个模组加上机箱、风扇、电源等构成"箱体"，最后由若干个箱体按照需求拼接成各种尺寸的 LED 屏幕。综上所述，LED 屏幕以 LED 为基本发光元素（像素点），通过控制电路及驱动电路来控制每个像素点的亮与灭或其明暗程度，由具有若干像素点的屏幕显示出人们要求的各种信息。由于 LED 屏幕由多个箱体拼接而成，可以通过各种技术将拼接缝隙控制得很小，屏幕显示的一致性也非常高，因此从视觉效果上看完全没有接缝存在，其他拼接屏幕则具有很大的拼接缝隙。

舞美大屏的控制过程，实际可以看作舞台视觉信号的传递过程，各种视频信号接入视频拼接处理器，把分辨率超过 1920×1080 的 LED 大屏幕拼接成一个整体，即可在屏幕上显示一个完整的画面，也可显示多路不同视频格式、不同分辨率的信号。通过拼接处理器处理后的信号再经信号分配器分配到各 LED 控制器，控制器能将标准视频信号转换为 LED 所识别的视频信号，同时具有 LED 显示的控制功能，如位置、亮度、调校、GAMMAR、色温等。最后再通过各类信号线（国内一般为网线）与 LED 单元连接，各单元之间串联级联，而屏体一般是由标准单元拼接而成的。广电级产品一般要求屏体支持双电源、双信号备份。整个系统的控制调整软件是安装在一台专业播出工作站上的，而各设备通过网线接入交换机来实现控制和调整。

控制大屏的技术工作人员通常会位于一个正对舞台的前方、可以观测到现场所有屏幕的位置，并对大屏幕播控系统进行信号输出工作。大屏幕需要输出的信号又分为预制作的图像及字幕，以及现场画面两大类型。预制作的图像及字幕会提前设置详细的播出流程（Rundown），大屏幕技术工作人员需提前将信号进行记录与匹配，并在对应的环节进行播出。

值得一提的是，随着科技的进步，现阶段已出现了一些多功能性的大屏幕系统，一些电子竞技舞美的大屏幕系统甚至会附带追踪感应系统，并配合数字特效道具呈现精彩的动效。此外，一种名为"冰屏"的新型的透明 LED 显示技术也开始出现在电子竞技舞美中，冰屏具有透明显示、广视角、侧发光等特点，屏幕透光率高达 85%，是目前清晰度最高、透视效果最好的显示设备之一，能有效提高舞台的立体感、真实感、沉浸感，视觉呈现上也更具震撼力。该技术曾在张艺谋指导的平昌冬奥会闭幕式《北京八分钟》中惊艳亮相，2019 年 KPL 秋季总决赛上冰屏的出现也为观众带来了一场震撼人心的巅峰竞技盛宴，如图 6-8 所示。

图 6-8　2019 年 KPL 秋季总决赛上的冰屏系统

6.4.3　灯光系统的控制

舞台灯光是系统的工程，是集光学、电子学、计算机技术于一身的综合体。

不同于 20 世纪 90 年代前国内外舞台灯光系统多以模拟量为控制量来控制灯光设备的情况，现代电子竞技舞台灯光系统主要使用电脑灯及电脑灯控制器。早在 2000 年悉尼奥运会开幕式上，舞台电脑灯已经得到应用，而到 2004 年雅典奥运会开幕式，其使用量已增至 648 台。与此同时，电子竞技舞美的发展也日益壮大，如图 6-9 所示，在 2021 年的 KPL 秋季赛决赛中，仅灯具就超过 3000 盏，为观众呈现了一场视觉盛宴。

舞台灯光系统大量使用电脑灯充分体现了舞台灯光设备智能化的特点。现阶段，电脑灯是由舞台灯光控制台发送控制信号来进行控制。以图 6-10 为例，灯光控制台具备所有操作灯光设备的部件：操纵杆、旋钮、开关和显示器。

图 6-9　2021 年 KPL 王者荣耀职业联赛秋季赛总决赛舞台

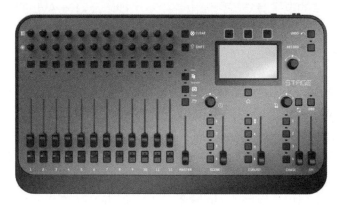

图 6-10　舞台灯光控制台

前面板分为三个主要部分：灯具控制装置、触摸屏及主音量控制器和按钮。

（1）灯具控制装置：每个装置都有一个闪光按钮和音量控制器，用于设置颜色（色调和饱和度）的按钮控制盘，以及用于分组频道的选择按钮。这些控件还可以用于录制和播放场与特效。

（2）触摸屏：带有主屏幕按钮、三个快捷按钮和一个用于进行调整的按钮拨号盘。

（3）主音量控制器和按钮：用于控制录制的场、Q 列表和特效。

电脑灯的控制不同于一般灯光的 Q 编排，常采用景（或场）、序列、环境（或特效）等几个层次。

（1）景（或场）：景是指全部通道的设定，通道的设定就是对光束的定位、颜色、图案、亮度、频闪速度等参数的设定。一个控台可以控制几百至上千个通道。通过按触摸屏控制按钮，即可输入灯具相应通道的详细信息，包括强度、颜色（红色、蓝色、绿色、琥珀色、白色、冷白色、暖白色、青色、品红、黄色）、色温、频闪、变焦等。

（2）序列：序列是景的有序组合。在对同类型的灯具进行通道的设定和复制后，可以对其进行组合。此外，不同类型的灯具在进行了通道设置后，也可以通过序列组合，预先设置产生各种颜色灯光的组合。

（3）环境（或特效）：环境包含一个或多个序列。在灯光控台中，可通过控制盘来调整特效速率（BPM 设置），进行淡入、淡出和录制，来控制一段时间内的灯光演绎特效（如前面提到的首杀短频快闪灯效）。

6.5　视听及灯光AVL的意义

作为电子竞技舞美设计与实现的重要呈现部分，视听及灯光 AVL 是营造电子竞技舞台仪式感和互动感的必要工具。随着科学技术的飞速发展，视听及灯光的技术和演绎模式得以不断丰富，微电子技术、计算机应用技术、数字化技术、机电一体化技术等也广泛应用于舞台技术领域，使得电子竞技舞台区别于传统体育竞技，开辟出了独特的、富有文化输出和科技体现的一种艺术形式。

现阶段几乎所有的电子竞技舞台演出都少不了视听及灯光 AVL 的支撑。它们对舞台效果、舞台气氛、环节流程等方面都起到了不可磨灭的作用，并实现了观众、选手及 IP、舞台的完整的链接互动。

另一方面，视听及灯光 AVL 在竞技舞台中的出现，也是一种形式上的创新，让受众不再局限于高门槛的竞技赛事，而变得具有更容易、更广泛的传播性。从商业化的角度来说，视听及灯光 AVL 带给电子竞技的赋能是显而易见的。

而从科技推动的角度来看，随着电子竞技受众及核心用户数量的逐年上升、游戏技术及观众审美的逐年提升，对于视听及灯光 AVL 相关技术的需求也在不断上涨，这是一个相辅相成的过程。

未来，随着电子竞技舞台影响力的不断提升，视听及灯光 AVL 相关设备技术无疑将会受到驱动。而其设备技术的创新和发展，也必将推动电子竞技艺术表现形式的更新和闪耀。

第**7**章

外场及功能区

7.1 外场及功能区的定义

在本书前面的章节，我们提到过，本书对电子竞技外场区域定义是：电子竞技赛事场内表演及观区、场内其他区域之外，与该电子竞技赛事相关联且起到辅助电子竞技赛事功能的临近区域。在电子竞技舞美中，为保证电竞赛事的正常进行，除主要表演区域外，存在一些其他区域及空间的功能性布局和划分，它们能够在保证功能合理、简洁不交叉以及符合电子竞技赛事需求的同时，适当考虑场馆定位需求、赛事类型体系和后期运营管理方式这三个客观条件，本书将图 7-1 所示的区域定义为功能区。

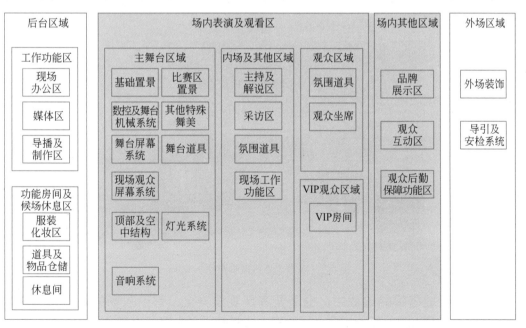

图 7-1　电子竞技舞美功能区划分

功能区主要包含以下两部分。

（1）工作功能区：现场办公区、媒体区、导播及制作区。

（2）功能房间及后场休息区：服装化妆区、道具及物品仓储、休息间。

7.2 外场及功能区的搭建目标

在外场及功能区搭建的过程中，我们需要满足以下目标：引导人员入场秩序；体现赛事标志；保障赛事后台工作。

1. 引导人员入场秩序

电子竞技赛事外场是观众在进入比赛场馆之前的首个接触区域。这个区域通常是观众在进入比赛场馆之前的必经之地，因此，它起着引导人员入场秩序的重要作用。

由于电子竞技赛事吸引了大量的观众，外场空间往往会面临高密度人流的挑战。为了确保观众的安全和秩序，需要在外场区域设置合理的导向标识和指示牌，引导观众沿着指定的行人流线有序移动。这有助于减少人员拥堵和混乱，降低踩踏事故发生的风险。

另外，外场空间也是进行安全检查和票务检查的关键区域。观众需要接受安全检查，例如身份验证、包裹检查等，以确保场内的安全。同时，票务检查也是为了核对观众的入场凭证，防止非法入场和确保观众的座位分配。

如图 7-2 所示，通过有效的引导和管理，外场空间可以成为观众进入比赛场馆的平稳过渡区域。良好的入场秩序不仅提升了观众的体验，也保障了他们能安全和顺利地参与赛事。

图 7-2　赛事观众排队有序进入场馆

在外场区域搭建的过程中，也需要满足观众安全、有序入场的基本环境需要。2005 年 9 月 9 日北京市第十二届人民代表大会常务委员会第二十二次会议通过《北京市大型群众性活动安全管理条例》，这是国内第一部地方性大型群众性活动安全管理法规，触发这个管理法规出台的原因是北京市密云县 2004 年 2 月元宵灯会发生人员拥挤、踩踏，造成 37 人死亡、15 人受伤的重大责任事故。为了减小以后举办大型活动和群众性活动安全风险而专门制定。2007 年 8 月 29 日国务院第 190 次常务会议通过了《大型群众性活动安全管理条例》，这一法规的出台为大型活动安全管理提供了法律制度上的保障。外场区域不仅需要符合规定的安保数量，也需要足够的入场空间，确保短时间内的人员密度符合安全标准。

2. 体现赛事标志

作为观众接触到的首个赛事相关舞美场景，电子竞技外场的设计需要与赛事主题紧密相连，以展示赛事的标志和特色。赛事 IP 是电竞赛事的核心，也是赛事延续和发展的关键因素。

为了营造独特的文化内涵和鲜明的主题特色，电子竞技外场常常运用赛事 IP 的视觉元素例如标志图案、主题色彩和相关形象，来打造具有辨识度的舞美效果。这种设计手法能够为观众带来直观且深刻的观赛体验，使整个赛事成为一个富有文化特色和亮点的文娱活动。

有些赛事甚至会将主题标语和赛事标志放大展示，以加强与观众在精神和兴趣层面的互动。通过这种互动，赛事能够与观众产生强烈的联结和共鸣，进一步巩固自身的核心受众群体。

通过在电子竞技外场展现赛事的标志和主题，赛事组织者能够塑造独特的品牌形象，吸引观众的注意力并营造出与众不同的观赛氛围。如图 7-3 所示，这样的舞美设计不仅能够提升观众的参与感和忠诚度，还能够在赛事市场中建立起独特的地位和竞争优势。

图 7-3　2022 年 PUBG 全球总决赛外场的赛事 LOGO

3. 保障赛事后台工作

人类建筑的发展史告诉我们：建筑的形式是由功能需求决定的。除了电竞赛事的外场搭建，我们在之前的章节中已经提到，电竞赛事的正常进行需要大量的后台工作支持。这些工作在幕前是不可见的，需要大量的人员和空间来进行。为了确保后台工作人员的顺利运作，必须在舞美设计中充分考虑到后台工作区的搭建。

后台工作区的搭建需要满足办公需求，并确保工作人员能够正常进行工作。在规划功能区的过程中，需要注意面积的配比、动线的规划以及安全标准等需求。

7.3　外场及功能区的搭建流程

电竞赛事用到的场馆通常都配备大量的功能房间，因此，本书中所提到的搭建主要涉及外场的搭建以及功能房间的设备、设施搭建，而非建筑搭建。

外场的搭建是根据电竞赛事外场所处的地形、天气、环境和赛事内容等多方面因素进行的。在正式开始搭建之前，需要有经验丰富的人员进行外场区域的勘察。他们会对观众的入场和撤离动线、可使用的区域面积和高度、灯光、用电以及其他设施进行拍摄和记录。

勘察人员会细致地记录外场的情况，包括鸟瞰图、平面图等，以便在搭建过程中准确地安置设备和道具，并指导运输车辆进入指定位置。

通过勘察，可以了解场地的实际情况和特点，从而更好地规划和布置外场的搭建。例如，根据观众入场和撤离的路径，确定出入口的位置和数量，以确保观众能够便捷地进入和离开赛事场地。同时，对可使用区域的面积和高度的了解可以确保舞台和设备的摆放符合安全要求，并提供良好的观赛视野。

此外，勘察还包括对灯光、用电和其他设施的评估。灯光的设置对于营造舞台氛围和烘托比赛气氛至关重要。用电需求的评估可以确保电力供应足够稳定，并避免电力过载的风险。同时，勘察人员还会注意其他设施，如舞台设备、摄像设备、音响设备等，以确保它们能够满足赛事的需求。

在进行外场搭建时，按照预先设计好的外场展台和设施摆放图纸进行有序的拆装和摆放是非常重要的。这需要严格按照计划和步骤进行操作，以确保搭建的准确性和高效性。

首先，根据设计图纸，确定外场展台的布局和摆放位置。展台的大小、形状和摆放方式应与赛事的需求和舞美设计相符。在摆放过程中，需要注意确保展台的稳定性和安全性，特别是对于高度较高或需要承载重物的部分，如大型 LED 屏幕、舞台装置等。

对于涉及用电的外场展台，特别需要注意走线和放置走线板。合理的走线安排可以确保电源和信号线路的顺畅连接，避免混乱和安全隐患发生。走线板的摆放位置应考虑到使用的便捷性和外观美观，同时要保证与其他设施和展台元素的协调。

在拆装过程中，需要按照安全规范和操作指南进行，确保工作人员和设备的安全。使用适当的工具和设备，进行正确的拆卸和组装，防止损坏和意外发生。同时，与外场搭建相关的工作人员需要具备专业知识和经验，熟悉搭建流程和操作技巧，以确保搭建过程的高效和准确。团队合作和沟通也是关键，各个岗位的人员需要密切配合，协调工作，确保整个搭建过程的顺利进行。

外场搭建的过程受到天气情况的影响较大，因此在赛事进行时需要密切关注外场的实际状况。通常情况下，外场的设计和布置会参考当地连续 3 年的平均天气情况，以确定最佳方案。然而，我们也必须考虑到意外天气变化可能带来的影响，并制订相应的应急预案。

天气是一个不可预测的因素，突发的降雨、强风或极端气温等都可能对外场搭建和赛事进行造成不利影响。为了应对这些意外情况，赛事组织者需要制订灵活的应急预案，确保外场能够在各种天气条件下正常进行。

在预案中，可以考虑设置临时遮阳篷或雨棚来保护观众和设备免受恶劣天气的影响。如果遇到强风或台风等气象条件，必要时可能需要撤离观众或采取临时加固措施，确保外场的安全性。此外，还可以准备应急设备和器材，如防水涂料、防滑地板、防风绳索等，以应对各种突发情况。

同时，赛事组织者应与当地气象部门保持密切联系，获取及时的天气预报信息。这将帮助他们做出准确的决策，以便提前采取必要的措施来应对不利天气条件。

一场成功的电子竞技赛事的呈现离不开大量且烦琐的后台工作。为了有效支持后台工作的进行，各个功能区的准备至关重要。我们需要将多个功能空间整合协作，将原本单一、线性的功能空间转变为相互交织的网络，以完善各个功能区域的功能道具和设施，形成一个协调有序的平面网状生态系统。

后台工作的准备涉及多个方面，如场地设置、设备调试、设施配备、媒体接入等。每个功能区域都有其独特的任务和职责，例如赛事指挥中心、媒体中心、技术支持区、设备维护区等。这些功能区域需要密切合作，相互衔接，确保各项工作能够顺利进行。

在平面网状生态系统中，各个功能区域像是一个个节点，相互连接形成一个完整的体系。通过有效的布局和规划，可以实现各个功能区域的高效协作和优化资源利用。例如，赛事指挥中心与各个功能区域之间的通信联系、媒体中心与观众区之间的信息传递、技术支持区与设备维护区之间的协同作业等。

为了确保后台工作的顺利进行，每个功能区域都需要进行细致的规划和完善。这包括确定功能道具和设施的位置、配置必要的办公设备和工具、建立良好的通信和数据传输系统等。通过将各个功能区域的任务明确分工、合理资源配置，我们可以打造一个高效且协调的后台工作环境，为电子竞技赛事的成功呈现提供有力支持。针对功能区的搭建，本书给出如表7-1所示的建议。

表7-1　功能区的搭建建议

区　域	房 间 名 称	基 本 要 求
后台区域	现场办公区	① 电视大屏幕 ② 办公桌椅 ③ 办公网络 ④ 打印机 ⑤ 饮用水 ⑥ 办公用品 ⑦ 医疗用品
	媒体区	① 电视大屏幕 ② 休息椅 ③ 网络 ④ 饮用水 ⑤ 医疗用品
	导播及后台制作区	① 现场导播设备 ② 注意室内不可放置饮用水、食品 ③ 医疗用品

续表

区　域	房间名称	基本要求
功能房间及候场休息区	服装化妆区	① 化妆桌椅 ② 网络 ③ 衣帽存放柜 ④ 洗手间 ⑤ 挂烫机 ⑥ 衣架 ⑦ 穿衣镜 ⑧ 医疗用品
	道具及物品仓储	① 良好的通风 ② 登记人员桌椅
	休息间	① 休息沙发 ② 茶几 ③ 电视大屏幕 ④ 网络 ⑤ 冷热饮 ⑥ 水果及零食 ⑦ 白板及白板笔 ⑧ 洗手间 ⑨ 赛事地图用品 ⑩ 医疗用品

需要额外注意的是，导播及后台制作区域在电子竞技赛事中扮演着重要的角色，涉及大量昂贵且关键的直播设备。为了确保导播间的正常运作和设备的安全，有一些规范需要被遵守，其中包括不允许在导播间内进食和饮水。

导播间是赛事直播的核心区域，是实时转播比赛画面和制作节目的重要场所。在这个空间里，各种专业设备和技术人员紧密协作，以确保精彩的比赛画面能够准确传递给观众。因此，为了维护设备的安全和保持工作的高效性，导播间通常会设立特殊的规范和标准。

其中，不允许在导播间进食和饮水是一项重要的规定。这是因为食物和液体可能引起意外事故，如溅水、弄脏设备或导致不可逆转的损坏。此外，食物的气味和残渣可能会干扰工作人员的专注度，甚至影响直播节目的质量。

7.4　外场及功能区的搭建意义

不论是大型赛事还是中小型赛事，外场及功能区的搭建都是至关重要的。于观众而言，对于一场赛事的体验从其脚步踏入外场时就已经开始了，在外场区域的布置，不仅可以提供打卡拍照的条件，也能够赋予观众相当的区域内身份认同和行为归属感，外场区域除了赛事IP周边的展览以外，还可用于赞助商、参赛队伍过往、场馆当地特色物品等各类型产品的展示，也可用于观众等待互动等，如图7-4所示。

图 7-4　2022 年 PGC 观众在外场进行玩耍及互动

　　和传统体育不同，电竞赛事需要大型体育馆能够走向综合化、运营化和商业化的道路，且电竞赛事中参与者的需求也更加复杂，电竞观众对于一些周边活动以及精神层面的需求非常看重，电竞运营厂商也期望能够更多地与观众产生互动，在提供更好的比赛服务的同时，获取最大的商业利益。外场和功能区的搭建，一方面为赛事的商业化提供助力，另一方面也为赛事的幕后工作提供了合适的支持。

　　电竞赛事作为一种全新的赛事活动，其舞美的布置和功能用房相对于传统体育赛事来说要复杂许多，对于商业、娱乐以及互动的部分要求则更加复杂。外场和功能区的合理搭建，为参与赛事的工作人员、选手、赞助商、观众等一系列人员都提供了舒适且安全的保障。

第**8**章

解说席及评论席

8.1 解说席及评论席的定义

在解释电子竞技解说席和评论席之前，我们先对解说员和评论员进行一定的介绍。

在传统体育中，解说员是指以电视为媒介，依靠画面语言和有声语言对体育活动进行叙述、介绍、讲解、评论和烘托的应用语言艺术；评论员则是指对体育赛事进行深度解读，提供除比赛环节外更多、更加专业的解说或者评论，以满足观众的求知欲的人员，通常由运动员、体育记者或主持人、播音员组成。

在电子竞技中，解说员及评论员的工作职责与传统体育类似，本书对电子竞技解说员的定义为：利用 OB 画面和游戏音效，以应用语言艺术的方式，对电竞赛事进行生动叙述、准确预测和情感烘托的人员。本书对电子竞技评论员的定义为：在电子竞技比赛前后，对电竞赛事进行深度的背景介绍与解读，提供除比赛环节外更多的理解与评论，以完善赛事内容的人员。

电子竞技解说员要善于运用生动的词汇和流利的表达，将比赛场面的紧张刺激和选手的高超操作传递给观众，其声音和语调也扮演着至关重要的角色，能够通过声音的变化和情绪的传递，增强观众的代入感和参与感。电子竞技评论员则会分析选手的个人实力、战队的整体实力以及比赛中可能出现的策略和战术，通过对比赛中各种决策和局势的解读，评论员能够帮助观众更深入地理解比赛的内涵和技术含量。电子竞技解说员与评论员通常由退役或在役选手、有较高游戏理解的明星或主播、播音专业毕业且有较高游戏理解的专业人士组成。

随电子竞技的兴起，解说员及评论员成为了不可或缺的角色。因此，解说席及评论席也是电子竞技舞美设计与实现的重要组成部分。结合上述定义，我们对电子竞技解说席及评论席定义如下。

电子竞技解说席：电子竞技比赛现场或直播分场设置的一个特殊区域，通常位于赛场的非中心区域或单独的空间内，提供给解说员对 OB 画面和游戏音效进行生动叙述、准确预测和情感烘托的位置，通常会配备麦克风和耳机，以确保解说员的声音能够传达到整个现场或传达给直播观众，此外，电子竞技还通常配备有显示屏或电脑，用于观看游戏画面、统计数据或与赛事相关的信息。

电子竞技评论席：电子竞技比赛现场或直播分场设置的另一个特殊区域。用于容纳电竞评论员就电竞比赛进行深度的背景介绍和解读，提供除比赛环节外更多的理解与评论，评论席通常会有显示屏、电脑以及其他辅助设备，用于展示比赛数据、分析图表和回放关键时刻。

8.2　解说席及评论席的设计与搭建目标

电子竞技解说席和评论席在搭建的过程中，需要满足以下目标：提供专业的工作环境；促进比赛理解；体现游戏特色；提供良好的观赛体验；赞助商露出。

1. 提供专业的工作环境

通过前面的内容，我们不难理解，解说席和评论席的核心在于解说员与评论员，因此，在搭建解说席和评论席的过程中，最关键的目标是为他们提供专业的工作环境和舒适的条件，以确保其能够充分发挥自己的才能和专业知识。

首先来看解说席。与大多数体育赛事的解说席类似，电子竞技解说席的桌面高度需要超过解说员的半身，仅露出上半身，以助于解说员在解说过程中保持舒适的坐姿，同时也便于观众在现场或线上清晰地看到他们的表情和手势。

由于一场比赛通常会持续数小时，解说员需要长时间端坐，因此，解说席的椅背也应能够提供良好的腰部和背部支撑，以减轻解说员的疲劳感，保持良好的体姿。

此外，解说席通常还需要足够的灯光、数量且距离合适的机位，以良好的照明条件及准确的角度确保解说员的上镜需求，并保证其在解说过程中能清晰地看到文字和图表，从而更加流畅地进行叙述和解读。

除了舒适的设计，解说席还需要配备专业的设备设施，包括但不限于麦克风、耳机、显示屏、电脑等。麦克风和耳机是解说员进行实时解说的必备工具，传输效率高的耳机能够确保解说员清晰地听见游戏音效并做出及时反馈，而传输能力高的麦克风则是为了让声音清晰地传达给现场观众和线上观众。显示屏和电脑则是解说员获取比赛数据、战术图表和回放关键时刻的必要设备，以便于他们进行深度解读和分析。

接下来我们探讨评论席。与解说席相似，评论席的搭建也需要提供专业的工作环境，尽管评论员在比赛过程中并不需要进行实时的解说，他们更多是负责基于流量、露出以及赛事的增补解读。因此，评论席通常会以更加舒适、温馨的风格来打造，以让评论员在这样的环境下更好地进行交流、深度的分析和评论。

为了让评论员能够对比赛进行专业的理解和深入解读，评论席同样需要配备必要的设备和设施，耳机、麦克风、显示屏、灯光以及机位的对应设置在评论席中也是必不可少的。

2. 促进比赛理解

这一点其实是针对解说席和评论席第一点目标的补充。

除了保障专业的基础设备，解说席和评论席通常还会设置一些特殊的道具或软件，以帮助解说员和评论员更好地对比赛进行理解和分析，以提高他们的工作效率和表现，为观众带来更加深入的赛事解读。

举例来说，评论席通常会配备特殊的屏幕，其中一些屏幕可能具有回放及勾画功能。这样的设置能够让评论员在比赛过程中记录和回放关键的游戏节点，进行更深入的讨论和分析。

在解说席和评论席的后台区域，通常会设置白板、记号笔等道具。这些道具的设计能够方便导演与解说员、嘉宾进行实时的反馈与提醒，以帮助他们调整节奏、注意要点。

3. 体现游戏特色

为了进一步增强观众与游戏 IP 的连接，提高比赛的观赏体验，以及打造赛事的独特特色，解说席和评论席在设计与搭建中应当更加注重体现游戏的特色和氛围，让整个赛事环境与游戏主题相融合。

以视觉设计为例，解说席和评论席通常会与赛事的主视觉设计保持一致，以确保整场比赛的一致性和统一性，其舞美设计中的色彩、线条风格以及元素布局都会采取与主视觉相类似的设计风格，解说席和评论席的外观与整个舞台形成和谐的视觉统一，使其看起来像是整个赛事场地的一部分，为观众创造出更加和谐的观赛体验。

评论席的布置则可能更进一步，采用还原游戏内的故事场景的方式，以增强娱乐感和观赏体验。例如，如果比赛的游戏是一个奇幻世界，评论席的设计可以还原游戏中的精灵森林或魔法城堡场景。这样的设计能够让观众仿佛置身于游戏世界之中，增加观赏的趣味性和代入感，如图 8-1 所示。

图 8-1　2022 年王者荣耀挑战者杯评论席

在解说席和评论席的桌面上，通常会摆放许多游戏内的角色和道具元素，这些道具可以是游戏角色的手办摆件、道具模型、玩偶或者其他与游戏 IP 相关的装饰物品。例如，在英雄联盟的比赛中，解说席的桌面上可能会摆放一些英雄角色的精美手办，以增加舞台的视觉趣味性，吸引观众的目光，进一步加强观众与游戏 IP 的链接，提高比赛的观赏体验，如图 8-2 所示。

图 8-2 英雄联盟手游亚洲联赛 WRL A1 季后赛解说席

4. 提供良好的观赛体验

正如我们在前面所提到的，解说席和评论席的核心是解说员和评论员，但它们的用户范围远不止于此，其服务受众还包括现场观众和线上观众。因此，提供良好的观赛体验也是解说席和评论席的一个重要目标。

在解说席和评论席的设计和搭建过程中，需要特别注意现场收音的问题。解说员和评论员的声音是直接传达给观众的，因此解说席和评论席的位置与现场音响的距离要合理安排，以防止出现串音和啸叫等不良影响观赛体验的情况，确保声音传递的清晰和稳定。

另外，在解说席和评论席的视觉呈现上，不能过于核心与华丽，以免超过主舞台的露出。虽然解说席和评论席在赛事中扮演着重要角色，但它们的存在应该是为了补充和提升赛事体验，而不是过多抢夺主舞台的焦点。这样的设计可以保持整场比赛的整体平衡，让现场观众和线上观众都能有一个全面的观赛体验。

考虑到现场观众的观赛体验和比赛的公平性，在总决赛舞台，解说席和评论席通常会位于比赛现场，而这样的情况下，解说席和评论席应与对战席保持一定的距离，可以避免解说席和评论席的设置对选手视线和比赛环境造成干扰，确保选手在公平的环境下进行竞赛，同时让现场观众能够更好地欣赏比赛。

5. 赞助商露出

与对战席不同，对战席作为比赛内容的核心部分，其主要关注点在于保证选手的正常比赛，并将比赛内容的核心放置在选手和对战本身，在对战席部分，通常不会过多地放置赞助商标识，以保持选手的焦点和比赛的纯粹性，同时也有利于选手形象的塑造。

相比之下，解说席和评论席就成为了放置和展示赞助商标识的主要平台与空间。在正规的解说和评论流程中，解说员和评论员通常会涉及大量的赞助商口播，他们会在比赛过程中介绍和展示赞助商的产品或品牌，作为补充和视觉露出，解说席和评论席的桌面上和空间内通常会摆放亚克力或 PVC 立牌形式的赞助商标识，以给予观众更直观的视觉感受和品牌记忆，如图 8-3 所示。

图 8-3　2023 年 KPL 王者荣耀职业联赛春季赛解说席桌面

赞助商的标识和宣传在解说席和评论席的放置是非常重要的，因为这些位置常常是观众视线的焦点，尤其是在线上直播中，观众更容易关注解说员和评论员所在的位置，也正因如此，通过在解说席和评论席上巧妙地展示赞助商标识，可以有效地增强品牌曝光度，提高品牌的知名度和认知度。

不过，需要补充一点，尽管赞助商露出是解说席和评论席的重要职责，但也需要注意平衡和谨慎处理。过度的商业广告可能会影响比赛的观赏体验，因此需要在保证赞助商露出的同时，不破坏比赛节奏和观众的观赏感受，解说席和评论席成功展示赞助商标识的同时，还应保持专业和流畅的解说与评论内容，让观众在比赛中既能感受到品牌的推广，又能享受到优质的观赏体验。

8.3　解说席及评论席的搭建流程

与大型传统体育相比，电子竞技赛事的解说席及评论席的搭建较为有针对性，其注意点主要涵盖搭建位置、组成成分、结构与尺寸、独立系统、虚拟解说席等。

1. 搭建位置

在前面的章节我们已经提到过，评论席与解说席的搭建位置取决于该赛事举办的级别与阶段。

在大型联赛的常规赛阶段，电子竞技赛事通常会选择固定的演播室作为比赛场地。在这些演播室内，解说席和评论席会专门设置为固定、可复用的形式，以确保赛事的持续进行和顺利的直播转播。这样的搭建往往在较为封闭的空间中完成，通常位于 100~400 平方米的区域内，并且解说席与评论席之间的距离相对较近，以便于解说员和评论员之间的交流合作，以及转场的节奏把控。

而在中小型赛事中，一般不会对解说席与评论席做过多的区分（这种规模的赛事通常只有解说席，不设置评论席），它们往往位于主舞台的一侧，与主舞台保持一定的距离，以免干扰观众观赛时的视线，确保观众对比赛本身的观赏体验。

值得注意的是，一旦赛事进入大型联赛的总决赛阶段，由于这样的电竞赛事通常会在大型体育场馆或专业场馆举办，以容纳更多的观众和提供更高水平的赛事体验，其解说席与评论席的搭建位置则往往会与传统体育赛事类似，通常位于主摄像机平台所在的看台一侧，如图 8-4 所示。这样的布置不仅便于观众观赛，同时也使得赛事直播的画面更加完整和专业。

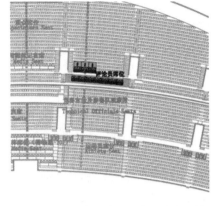

图 8-4　大型电子竞技联赛总决赛中的评论席／解说席位置示意

2. 组成成分

（1）解说席。

从功能出发，解说席需要完成解说员的露出、赛事标识的露出、赞助商标识的露出、解说员声音的传递这四大主要功能，因此解说席的构成主要涵盖：解说台、座椅、背屏、摄像头机位、返送大屏、声音采集设备、耳机、灯光等技术元件和素材。

解说台是解说席的核心组成成分。其涵盖了解说员的露出、赛事标识展示和赞助商标识展示的功能。解说员作为赛事的重要组成部分，其角色不仅是解说比赛过程，还包括解读选手的操作策略、分析赛况以及与观众进行互动，解说台则负责提供给解说员视觉聚集空间，以确保解说员能够在比赛中清晰地展示自己，吸引观众的目光；而赛事标识是电竞赛事的重要标志，对于提高赛事的专业性和宣传效果至关重要通常涵盖了赛事的名称、LOGO 等信息，需要在解说台设计与搭建的过程中进行核心地展示；解说台面也会预留一些空间，给予赞助商进行标识的展示，如图 8-5 所示。

图 8-5　简单的解说席组成示意图

座椅的设置不难理解，由于一场赛事可能长达数小时，为了提供给解说员较为舒适的工作空间，在解说台背对摄像头的一侧，往往会设置对应数量的舒适的座椅。

背屏则主要是为赛事信息展示进行服务，其视觉效果主要与主视觉保持一致，以丰富解说席的视效，让解说席看起来具有科技感与沉浸感，有时，背屏设计也会以当前赛季的主 KV 作为主要元素，以此来与当前赛事版本保持一致。

摄像头机位则是为了传递解说员的视觉信号，至少一个机位，也可根据赛事的预算与规模设置备用及多视角的机位，该机位通常位于解说台的正对方向 2~4 米处。

返送大屏是为了让解说员能够清晰地观看赛事细节和实时比赛画面。这个大屏通常位于摄像头机位附近，以确保解说员可以方便地观看比赛画面，了解选手的操作和赛事进程。在解说席的布置中，返送大屏通常会安置在摄像头机位附近，以保证解说员在观看比赛画面时不会影响到摄像头的拍摄角度，同时也确保解说员的视线与露出的视角之间过渡自然，使得解说席整体布局更加美观和专业。

耳机主要用于解说员收听赛事细节和与导播进行沟通。通过耳机，解说员可以实时收听选手的操作音效、赛事指示以及导播的指令，以确保他们能够准确地解说比赛过程，并在关键时刻进行及时的互动和应对。

而声音采集设备也很好理解，它是确保解说席顺利运作的核心元件，专门负责采集解说员的语音，将其作为解说席的核心数据输出，以供直播和观众线上观赏使用。在解说席的构成中，声音采集设备扮演着关键的角色，需要具备高度精确、低延迟和降噪等功能，以确保语音信号的传输和表现的质量。

灯光设备则是为了确保解说员能在适宜的照明条件下进行工作，不仅用于照亮解说台和座椅，还能创造出舒适的工作氛围，增强解说席的专业感和视觉效果。有趣的是，在早期的解说席中，灯光系统较为初级，通常为白炽灯，白炽灯是一种传统的电灯泡，它是通过通电使灯丝加热，产生可见光和热能的发光装置。这种灯泡由于其简单、易制造、低成本以及一定的热效应，曾长期被广泛用于各种照明场景，包括解说席的灯光照明。然而，由于白炽灯的发热量较大，会导致解说席的温度升高，对解说员的舒适性和工作环境造成不利影响。随着技术的发展，现代解说席灯光系统往往采用更先进的 LED 灯等低热效应灯光设备，以提供更高效、节能、低发热量的照明效果，并改善解说员的工作体验。

除了以上的构成，在一些解说席的搭建过程中，还会涉及一些品牌物料（如玩偶，用于品牌的露出展示）、媒体设备（如平板、触摸屏幕等，用于解说员查询比赛数据、赛况和选手资料）、纸、笔、饮用水、垃圾桶等。

（2）评论席。

在专业的电子竞技赛事中，评论是必不可少的一部分，能够实时为观众提供赛事解读服务，但需要注意的是，并不是所有的电子竞技赛事都有评论员的配置。在前面我们已经提到过，评论员主要是在赛前、赛后对赛事进行分析、解读、预测与总结，为赛事增加亮点的一些电竞赛事相关人员。在一些中小型赛事中，受限于赛事制作预算、受众人数、以及该 IP 的 KOL 数量及流量等原因，并不一定会设置评论席，而是仅设置解说席，并由解说员来承担一部分赛前赛后对赛事做出评论的工作。

在有评论席设置的赛事中，评论席的组成成分通常包括：座椅、背屏、桌子、其他物料道具等，如图 8-6 所示。

与解说席有所区别，一些大型赛事的评论席嘉宾通常为当季热门选手、知名 KOL 甚至于一些明星，因此，评论席在座椅的布置上，通常会选择多把舒适的高档座椅，其数量取决于评论席上的嘉宾人数。座椅的设计则会更多地考虑到长时间坐着的舒适性和支持性以及嘉宾露出的观赏性，并与赛事主视觉保持一致。

图 8-6　2023 年 PEL 和平精英职业联赛夏季赛常规赛评论席

在评论席后方，通常会设置背板来展示相关赛事和赞助商的标志和信息，这样的背板通常为中大型 LED 屏幕，不仅起到装饰作用，还是赛事品牌展示的一部分，其规模和数量可能因赛事规模和赞助商要求而异。

在座椅前方，有时也会提供餐饮桌，与解说席严肃、专业的设置不同，评论席的讨论更多是嘉宾们个人观点的输出，其氛围通常更加轻松、日常，因此这样的设置可以放置一些赞助商饮品、小吃、水果或能量棒等，供嘉宾们在比赛过程中进行补给。

为了对比赛进行造势，并满足观众们的新鲜感，增加赛事流量，电子竞技赛事评论席有时会邀请一些当下热门的 KOL 或明星，而这样的嘉宾有时可能是第一次参与到评论席的录制中，对于不熟悉的场景和工作方式可能会感到局促和紧张，考虑到评论席成员的舒适度和形象展示，解说席通常还会为其提供一些例如抱枕或坐垫的周边设施，以确保他们在长时间坐在评论席上时能够保持舒适和专业。这些周边物件通常由 IP 物料、签约直播平台的物料组成，如图 8-7 所示。

图 8-7　2022 年 KPL 夏季赛总决赛评论席：明星嘉宾手里抱着玩偶

除了以上主要硬件组成，在专业性的打造上，评论席还需要提供麦克风、耳机 / 头戴式耳麦、显示器以及合适的机位。

与解说席类似，在评论席，嘉宾们每人通常都会配备一把高品质的麦克风，用于将他们的声音清晰地传达给观众，以提供更好的观赛体验。

此外，评论席上的每个成员也都会戴着耳机或头戴式耳麦，这也与解说席类似，用于听到游戏的音效、选手之间的通信以及其他评论席成员的讲话，以及及时反馈导播和场控的指令。

在评论席，通常也会有多个显示器，其数量取决于嘉宾们需要同时观看的内容，比如游戏画面、实时比赛数据、选手信息、游戏地图等，有助于提高嘉宾们对比赛的观察和分析能力，并对比赛过程进行更全面的理解。

值得注意的是，机位在评论席的布局中也非常关键。有时，为了更好地捕捉嘉宾的互动和表情，评论席的机位可能比解说席还要多。正确的机位布局可以进一步增强直播内容的情感元素，更好地传递评论员的专业和热情。

综上所述，评论席的设计和配置直接影响到电子竞技赛事的传播效果。因此，需要细致考虑每一个组成部分，确保其能够达到最佳的传播效果。

3. 结构与尺寸

此处的结构与尺寸主要是指解说席与评论席在搭建的过程中一些重要的组成成分所需要的标准结构、标准尺寸以及特殊规格等。在这其中最值得注意的核心部件为解说席解说桌。

传统体育大型赛事的解说桌/评论桌比较类似，标准尺寸通常为2m宽、2个看台深，深度一般为60~70cm，两个评论桌之间通常用透明的有机玻璃板或者普通隔板隔开，如图8-8所示。

图8-8　足球世界杯解说席

电竞解说席解说桌是配合解说员工作设置的特殊功能桌，一般包含以下设备及物品：电竞直播监看电视机（及线缆）、评论员基站（及线缆）、插线板、耳麦（及线缆）、赛事资料及道具、饮用水等。

与普通的家具桌不同，电竞解说席的解说桌需特别注意直转播设备的适合存储空间，以满足直转播设备（特别是评论员麦克风基站、插接件、插线板等）的存放需求；"桌下屏"结构即在桌子上面设置内槽，放置电视屏幕，并覆盖玻璃，以便解说员工作；饮用水放置区，因解说员情况特殊，需要在解说席常备饮用水，耳麦摆放区，减少解说员的耳麦线缠绕风险，避免影响电竞直转播工作效率。

以英雄体育 VSPO 的部分解说桌为例，从外观上来看，大多采用异形屏结构，如图 8-9 所示。

图 8-9　PEL 和平精英职业联赛总决赛解说席效果示意

而其内部结构可能非常复杂，包含各种功能区间，如图 8-10 所示，a 为桌下屏的玻璃区域，嵌在桌面，透明；c 为桌下屏的放置区，存放电竞直播监看电视机，电视画面通过 a 玻璃呈现给解说员，内槽正面配有可外翻的玻璃外罩；b 为左侧置物区、b' 为右侧置物区，放置电竞解说员工作所需的资料道具等；d 为电竞直转播设备放置区，存放解说席设备，如评论员基站、插线板等，内槽正面配有可外翻的玻璃外罩；e、e' 为左右两侧的耳麦悬挂区，共可放置 4 个耳麦；f、f' 为左右两侧饮用水放置区，可悬空放置饮用水。

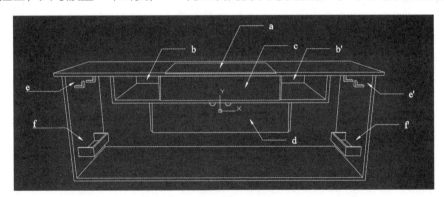

图 8-10　解说桌内部结构示意图

4. 独立系统

在解说席和评论席，有两个核心数据信号的采集需求：画面信号和声音信号，其中，在大部分的赛事游戏画面环节，声音信号为重中之重。因此，在解说席和评论席，通常会设置独立的声音信号采集与传输系统，用于对语音及视频信号进行采集、监听和传输。

这样的系统通常包括：解说席 / 评论席控制小盒（Control Unit，CU）、专用耳机话筒、解说席 / 评论席控制机箱单元（Camera Control Unit，CCU）、模数转换和数字信号传输

设备 (BCMX)。

声音信号系统的具体信息可以通过解说席 / 评论席的具体信号传输流程进行详细的解释。

（1）声音信号采集：在解说席和评论席，解说员使用专用耳机话筒来进行声音信号的采集，其通常带有高度的敏感度和降噪功能，以确保解说员的声音清晰可辨，并减少周围环境的干扰声。

（2）解说席 / 评论席控制小盒：解说席 / 评论席控制小盒是解说席声音系统的重要组成部分。它允许解说员实时监听其他解说员的声音，同时可以调整自己的音量和音调，以便在团队合作中保持协调与平衡。

（3）解说席 / 评论席控制机箱单元：解说席 / 评论席控制机箱单元是声音系统的核心设备，负责集中控制和管理整个解说席的声音信号。通过 CCU，技术人员可以对耳机话筒进行集中控制，例如调整音量、静音或者切换。

同样地，视频信号系统的具体工作流程和原件解释也可以以同样的方式来让大家进行理解。

（1）视频信号采集：视频独立系统使用多个摄像机来收集现场比赛或演出的多角度画面。每个摄像机都与解说席 / 评论席控制机箱单元相连接，将视频信号传输到控制中心。

（2）模数转换和数字信号传输设备：模数转换和数字信号传输设备用于将模拟信号转换为数字信号，并进行信号的传输和转发。这些设备是视频独立系统中重要的组成部分，确保视频信号的高质量传输。

（3）控制中心：控制中心是视频独立系统的核心，由技术人员操作。他们可以实时监视各个摄像机的画面，并根据需要进行切换和调整，以确保捕捉到关键的画面瞬间。

（4）视频混合：在控制中心，技术人员将多个摄像机的画面进行混合，形成最终的直播画面。他们可以根据需要创建多种画面布局，包括分屏、画中画等效果，以满足观众的观赏需求。

由于这样的系统有着非常精细的分工，在搭建过程中，也需要格外注意搭建的流程与细节。

（1）安装设备：根据布局规划，在解说席和评论席上安装专用耳机话筒和解说席 / 评论席控制小盒。同时，将解说席 / 评论席控制机箱单元和模数转换与数字信号传输设备放置在控制中心位置。

（2）连接声音设备：将专用耳机话筒与解说席 / 评论席控制小盒相连接。确保每个解说席和评论席都与控制中心的解说席 / 评论席控制机箱单元相连，以便进行声音信号的集中控制。

（3）连接视频设备：将摄像机与解说席 / 评论席控制机箱单元相连接，以便将视频信号传输到控制中心。

（4）测试和调试：在设备搭建完成后，进行测试和调试确保各个设备的正常运行。测试声音信号的采集和传输以及视频信号的传输和混合，确保系统稳定且符合要求。

5. 虚拟解说席

需要特别注意的是，在当今的赛事和节目制作中，除了传统的实体解说席和评论席，虚拟解说席和评论席也越来越普遍，如图 8-11 和图 8-12 所示。这种创新性的搭建方式在电子竞技、体育赛事、娱乐节目等领域得到广泛应用，为舞台空间带来了更多的创意和可能性。

图 8-11　虚拟解说席的真实视角

图 8-12　虚拟解说席渲染效果图（示意）

虚拟解说席和评论席的出现，一方面是为了节省一次性的舞美建筑成本。传统的中小型赛事实体解说席和评论席需要在现场进行搭建，虽然在成本预算上可能和虚拟解说席差别不大，但可能会造成一定的建筑材料浪费。而虚拟解说席和评论席可以通过数字技术在后期制作阶段进行建模和渲染，极大地减少了实际搭建的成本和工作量，同时为主办方带来了更多的灵活性和节约空间。另一方面，虚拟解说席和评论席的应用也是为了打造更富有想象力和视觉冲击力的舞台空间。通过绿幕和特效建模的方式，解说席和评论席可以在虚拟的环境中呈现，不再局限于传统的现实场景。这为创作者提供了更广阔的创作空间，可以在虚拟世界中打造各种奇幻的背景和特效，创造出独具风格和视觉冲击力的赛事舞台。

虚拟解说席和评论席的搭建流程通常包括以下环节。

绿幕空间搭建：在拍摄现场或工作室内设置绿幕背景，以便进行后期合成。

取景：精心选择拍摄的场地和角度，确保虚拟解说席和评论席与实际比赛画面完美融合。

引擎内建模与渲染：利用计算机软件进行虚拟解说席和评论席的建模和渲染，使其看起来逼真细致。

视频软件中适配与调色：后期制作中对虚拟解说席和评论席进行尺寸和位置的调整，以及颜色、对比度和饱和度等方面的调整，使其与实际画面达到统一的视觉效果。

总体而言，虚拟解说席和评论席的出现为赛事舞台带来了更多的创意和想象力，同时也为主办方减少了材料浪费的可能性。这种创新的搭建方式不仅为观众带来更丰富多彩的观赛体验，也为电子竞技、体育赛事等领域的舞台设计开启了崭新的篇章。

尽管现在虚拟解说席和评论席受限于渲染技术，在大型赛事中并不常见，但随着数字技术的不断进步和创新，可以预见的是，虚拟解说席和评论席的应用前景将更加广阔。

8.4　解说席及评论席的意义

赛中解说与赛前赛后评论是丰富赛事信息与乐趣的重要内容组成，他们不仅可以提升观众的观赛体验，增加观众的参与感和娱乐性，为观众提供专业知识和分析，同时也可以促进电竞文化的传承和发展。赛中解说和赛前赛后评论的存在能为电竞赛事带来更加丰富和深入的内容，让观众在电竞世界中获得更多的乐趣和满足，也正因如此，解说席与评论席在电子竞技舞美设计与实现中也存在着重要的意义。

在电子竞技赛事中，如果只是简单的游戏画面呈现，毫无疑问会非常单调，电竞项目的观看门槛较高，而解说员与评论员的出现则大大地削减了这样的尴尬情况，他们具备深入了解游戏、选手和战术的知识，通过专业的解说和评论，让观众更深入地了解比赛的进程、策略和技巧，并使得观众能够更好地理解比赛的精彩之处，增强了观众对电竞赛事的参与感。观众通过解说员的解说了解到游戏的细节和战术，使得比赛更加生动和有趣。专业解说员的激情和幽默、评论员的深度分析，使得比赛更具戏剧性和吸引力。观众通过他们的解说和评论，与选手一同经历比赛的紧张和激情，产生情感共鸣，评论员的分析和点评，可以让观众更深刻地了解选手的表现和决策过程，增强观赏比赛的愉悦感。而解说席和评论席存在的意义之一则是为这样的内容提供合适的空间。

图 8-13　电竞选手重庆狼队 .Hurt 由于其幽默风趣的解说方式和独到的游戏理解，在解说席备受观众欢迎

另一方面，解说席与评论席的存在不仅仅可以解说和评论比赛，也是为了推广游戏和选手。通过专业解说员和评论员的宣传，游戏的特点和优势能够更好地传达给观众，增加游戏的知名度和用户数量，而一些选手在解说席与评论席的表现也会得到更多观众的关注和喜爱，增强其商业价值，如图 8-13 所示。

在 IP 文化层面，解说席与评论席也是电竞文化中的重要组成部分，优秀的解说员和评论员可以成为电竞文化的代表性人物，他们的标志性口头禅和风格深受观众喜爱，例如具有"毒奶之力"的星际争霸解说员黄旭东、喜欢"整活"的英雄联盟解说员骆歆等，可以说，解说席与评论席的存在丰富了电竞文化，为电竞产业增添了新的元素。

在游戏理解层面，解说席与评论席不仅是为了娱乐观众，也为观赛观众提供技巧上的解读，事实上，有相当大比例的电竞观众观看电竞赛事，是为了通过赛事学习选手的出装思路、走位和游戏意识，而专业的解说员和评论员的分析和点评，可以帮助玩家更好地了解自己的不足和提升空间，从而推动电子竞技水平的不断提高。

就舞美本身而言，赛事也可以通过打造专业的解说席与评论席，建立自己独特的品牌形象，优秀的解说员和评论员会为赛事增色不少，独特的评论席、解说席风格也会使得赛事在观众心目中留下深刻的印象。

总而言之，解说席与评论席在电子竞技赛事中具有极其重要的意义。它们为观众提供了专业的解说和评论服务，提升了观众的观赛体验和参与感。同时，解说席与评论席的存在也为推广游戏、推动电竞文化传承、增加赛事收视率和关注度等方面均有积极影响。它们不仅是电竞赛事的重要组成部分，更是电竞产业发展的关键支撑。通过不断改进和完善解说席与评论席，电子竞技赛事将能够持续吸引更多观众，推动电竞产业的蓬勃发展。

第 **9** 章

电子竞技服化道

9.1　电子竞技服化道的定义

电子竞技服化道是指电子竞技赛事舞台上所用到的服装、化妆、道具的简称。服化道通常被广泛应用于舞台艺术、影视艺术中，对于塑造舞台人物的外在形象起着至关重要的作用。

1. 舞台服装

舞台服装作为演出的重要组成部分，扮演着塑造角色形象和展示表演风格的关键角色。它不仅仅是从现实生活中衍生而来，更是在舞台表演中与日常服饰有所区别的一种特殊表现形式。舞台服装和化妆一样，是演出中最早出现的造型因素之一。舞台服装的设计需要考虑到演出的剧情、角色的性格特征以及舞台效果的要求。通过服装的选择、颜色的运用、剪裁的设计以及材质的选取，舞台服装能够准确地表达角色的身份、时代背景和情感状态。它能够为观众呈现出立体、生动的角色形象，增强观众的沉浸感和情感共鸣。

与日常服饰相比，舞台服装往往更加夸张、富有艺术感和视觉冲击力。它可以通过颜色的鲜艳和对比、服饰的独特设计和装饰以及配饰的运用来突出角色的特点和表达剧目的风格。舞台服装的设计师需要综合考虑演出需求、舞台效果、观众的审美需求和角色的表演要求，以创造出与舞台表演相协调的服装形象。

在电子竞技舞美中，表演者的服装在舞台上扮演着重要的角色，并与游戏 IP 密切相关，以营造独特的舞台氛围。这些服装的设计灵感往往来自于游戏中的角色形象、游戏世界的设定以及游戏风格的特点。

以 2022 年穿越火线双端职业联赛总决赛暨火线盛典为例，在中场表演环节，多名 Coser 以角色扮演的形式，身着游戏中角色服饰，为观众带来舞蹈《战火纷飞》，这样的舞台仅适用于该 IP（穿越火线）所关联的赛事，关联性、独特性都非常地强，如图 9-1 所示。

除了舞台服装，电子竞技赛事中还有一个独特的方面需要注意：参与对战的选手在舞台上需要统一着装，如图 9-2 所示。这一点与传统的多人体育竞技有相似之处，即同一队伍的选手需要穿着统一的战队或俱乐部服饰。这种统一的着装要求不仅是为了美观和形象

图 9-1　2022 年穿越火线双端职业联赛总决赛暨火线盛典中场 Coser 舞蹈《战火纷飞》

的统一，更重要的是为了凸显团队的凝聚力和合作精神。

图 9-2　参赛战队统一服装

一致的着装可以让观众迅速识别出同一战队的选手，同时也为战队打造了独特的形象和身份认同。战队服饰通常会采用队徽、队名、队色等元素来展现战队的个性和风格，并与游戏 IP 或品牌形象保持一致。这样的着装规定不仅加强了队伍之间的辨识度，也为观众带来更好的观赛体验，增加了比赛的可视化和可感知性。

同时，统一着装也有助于增强团队合作和团结意识。选手们穿着相同的服装，代表着他们是一个整体，他们共同为团队的胜利而努力。这种视觉上的统一不仅表现在外部，更重要的是在内部激发了团队协作和默契的力量。选手们在统一着装下能够更好地配合和沟通，提高战队的整体竞技水平和战斗力。

对一些小型电竞赛事而言，通常需要主办方提供统一服饰。

2. 舞台化妆

舞台化妆是一种通过修饰演员的须发、头饰、面型以及身体裸露部分来塑造人物形象的艺术手段。在演艺领域，舞台化妆扮演着至关重要的角色。它不仅能够改变演员的外貌，还能传达角色的特征、情感和故事背景。

舞台化妆的目的是为了使演员在舞台上更加鲜明和突出。通过运用化妆技巧，可以改变演员的面部特征，让其更好地扮演特定角色。例如，使用不同的妆容、面部修饰和特殊效果，可以使一个年轻演员看起来年龄更大，或者将一个女演员妆扮成男性角色。化妆还可以突出角色的特征，如强调眼部轮廓、唇部颜色和皮肤质地，从而让观众更加清晰地认识和理解角色的性格、背景和情感状态。

除了面部化妆，舞台化妆还包括对演员的须发、头饰和身体裸露部分的修饰。通过使用假发、头饰和身体装饰等道具，可以为角色增添更多的细节和特色，使其形象更加完整和鲜活。例如，在历史剧中，通过使用古代风格的发型和头饰，可以更好地再现特定时代的风貌和文化背景。

在电子竞技舞台表演中，化妆造型与传统舞台表演有许多相似之处。然而，与常规表演相比，电子竞技赛事中的化妆要求更加注重参赛选手在镜头前的呈现。除了对角色形象进行还原和美化外，参赛选手通常也需要进行一些淡妆修饰，以确保他们在摄像机前能够呈现出最佳的形象。

在电子竞技赛事中，参赛选手经常会出现在大屏幕上，他们的形象将被数以万计的观众通过直播平台观看。因此，化妆在这种情况下具有重要的作用。淡妆修饰可以提亮选手的肤色，修饰面部特征，突出轮廓，并在镜头前凸显个人魅力。

然而，在电子竞技舞台表演中，化妆也需要考虑到比赛的特殊要求。选手需要在持久的比赛中保持良好的妆容状态，因此，选择适合比赛的化妆产品和技巧非常重要。耐汗、防水和持久性是选手化妆品的关键要素，以确保妆容在激烈的比赛过程中不易脱落或褪色。此外，化妆师还需要根据选手的个人特点和形象需求，量身定制适合他们的化妆方案，以凸显其独特的风格和形象。

3. 舞美道具

舞美道具是舞台美术的造型手段之一。舞美道具常作为创造舞台人物形象、塑造舞台氛围的辅助工具。此处的道具不同于前面我们提到的特效道具，而是一些偏向于起到美化作用的陈设，此处的道具可分为生活用具、抽象道具、舞蹈道具、演员身上道具、演员身外道具、置景道具等。

在电子竞技赛事舞美中，用到比较多的为置景道具。以 2019 年 WCG 为例，空中的道旗就是一种电子竞技舞美的道具，如图 9-3 所示。

图 9-3　2019 年 WCG 现场，空中挂着许多道旗

以 2020 年 KCC 为例，空中飞舞的金凤凰风筝作为舞美道具，也为观众带来了奇特的视觉感受，如图 9-4 所示。

图 9-4　2020 年 KCC 王者荣耀世界冠军杯现场金凤凰风筝

9.2　电子竞技服化道的应用

"服化道"在电子竞技舞美中随处可见，也是电子竞技舞美中不可或缺的一部分。无论是大型联赛还是小型赛事，服化道都是塑造一场比赛比较关键的信息输出。

服化道不仅仅是选手、舞台表演者的外貌装扮，也是一种艺术，通过精心设计的服装、妆造和道具传达赛事舞台的背景、对战队伍归属、赛事主题等信息。服化道不仅使选手、游戏 IP 在比赛中更具辨识度，还可以增加比赛的娱乐性和戏剧性。观众通过服化道可以轻松地感受现场氛围，还可以更深入地了解比赛的背景故事和竞争关系。

以 2019 年皇室战争全球总决赛为例，如图 9-5 和图 9-6 所示，现场道具还原了游戏内的建筑塔，在这一比赛中，选手们不仅在游戏中进行着卡牌塔防对战，同时也身临其境地置身于两座巨大的塔防道具之间，这样的服化道布置为选手和观众带来了一种沉浸式的感觉，仿佛将他们置身于游戏的幻境之中，不仅增加了比赛的娱乐性，还深化了观众与游戏之间的情感联系。

图 9-5　2019 年 CRL 皇室战争全球总决赛比赛画面及游戏画面

图 9-6　2019 年 CRL 皇室战争全球总决赛现场舞美

在 2022 年王者荣耀挑战者杯的开幕式上，服化道的布置也同样生动又有趣。如图 9-7 所示，现场的服化道以当赛季的新英雄故事背景为主题，设计了非常多具有生命力的植物元素，这些元素象征着挑战者们不怕困难、怀抱着"希望之念"，将以纯真的热情在挑战者杯的舞台上展开激烈的较量。

解说席上的千窟石壁仿佛是一幅古老的壁画，代表着历史的积淀和智慧的传承，这个布景不仅为比赛增添了独特的文化氛围，似乎也传达了挑战者们需要超越自己、继承前人的智慧，才能够在竞技中取得胜利。

对战区的石林迷阵象征着挑战者面对未知的挑战，就像探索未知领域一样。

大屏上的萤火祖树则代表着希望和生命的力量，它点亮了挑战者们前行的路。这个元素鼓励挑战者们在比赛中展现出坚韧和毅力，就像祖树一样生生不息，继续成长。

此外，表演人员以新角色"桑启"的形象亮相，不仅为赛事增添了一份新鲜感，也强调了游戏 IP 的不断发展和壮大。

图 9-7　2022 年王者荣耀挑战者杯表演人员服装及妆造

9.3 电子竞技服化道的建议

美学家蒋孔阳说过："美和形象始终结合在一道，离开了形象，就没有美。艺术家之所以能够创造美，就因为他创造了形象。"舞台艺术的呈现也是和形象的塑造息息相关的，服装、化妆及道具作为塑造舞台和人物形象的手段，在电子竞技舞美的运用方面，本书给出以下建议：

1. 以还原游戏体验为特色

电子竞技舞台美术在设计中注重还原游戏体验，这是其特色之一。作为赛事的一部分，电子竞技舞美紧密依托于赛事所涉及的游戏 IP，其最初的受众来源也主要是游戏玩家。因此，在打造一场电子竞技赛事的舞美时，舞台上的演员服化道、舞台陈设等方面可以充分运用游戏本身的元素，以还原游戏中的场景和角色，给予游戏玩家和电竞观众足够的尊重。

通过运用游戏 IP 的图案、色彩、道具和特效等元素，舞台呈现出与游戏相一致或相似的视觉效果，使观众仿佛置身于游戏世界之中。例如，可以使用游戏中的标志性角色造型或服装设计来呈现演员的造型，或者使用游戏中的地图场景作为舞台背景。这样的设计不仅能够让游戏玩家感受到熟悉和亲切，也能够吸引更多的电竞观众，增加赛事的趣味性和独特性。

通过以游戏体验为特色的舞台美术设计，电子竞技赛事能够打造出独一无二的舞台氛围和视觉效果。这样的舞台不仅给予游戏玩家以熟悉感和认同感，也让电竞观众们感受到与游戏世界的紧密连接。更重要的是，这样的设计可以创造独特且不可复制的赛事记忆点，使电子竞技舞台在观众心中留下深刻的印象。

2. 不影响竞技的同时造星

除商业赞助外，目前电子竞技变现的主要模式也依托于"造星"。这和经典传统体育变现的模式类似，体育明星首先以其出色的技术吸引观众的目光，奥林匹克的格言是"更高更快更强"，这也是人们对体育本质的基本理解，而大多数体育明星通过其在所在领域拥有更强的实力和更出色的成绩，如足球界的 C 罗、梅西，篮球界的科比、詹姆斯，田径赛场的博尔特、刘翔，网球赛场的费德勒、小威等，他们符合人们对竞技的期待，也因此聚集了可观的商业价值；此外，赛事明星能够满足不同基础的人对于观赛的需求，达到扩圈的效果，就比如许多人也许不会打篮球，但是一定听说过乔丹和科比，即使一个人不玩英雄联盟，他也可能听说过 Faker、Uzi 等明星选手。而一个良好的形象能够帮助电子竞技选手更加符合观众的审美，因此，在保障竞赛能够舒适进行的前提下，选手也可以适当化一些遮瑕和修容的淡妆，在镜头前展现更好的形象。

3. 塑造积极阳光的电竞精神

电子竞技自 2003 年成为中国第 99 项体育项目以来，以惊人的速度在中国和世界发展，拥有了能够与传统体育相抗衡的受众数量，而其主体就是这一代伴随网络一起长大的青少年。然而另一方面，围绕着电子竞技运动的争论始终都没有停止过，在科技发达的今天，仍有部分人认为电子竞技是"网络毒品"，对青少年的身心造成了毒害。

在网络监管愈发成熟的当今，笔者建议电子竞技舞美也应尽量去塑造积极阳光的电竞精神和电竞形象，在传统体育中，优秀的选手除了在本专业领域成绩斐然之外，往往同时拥有健康阳光的形象、得体的举止、充满活力的状态、积极向上的态度，他们往往充满正能量，给人以正面的鼓励，在社会树立良好的榜样，这符合人们追求美好事物的心理，更能引发人们的认同感，得到人们的青睐和支持。在电子竞技中，不论是选手形象的塑造还是舞台形象的塑造，也应遵循这样的原则，以积极向上、富有公平竞争的精神去发挥，带给观众更多正面的印象。

4. 在保障效果的基础上控制成本

服化道作为电子竞技赛事舞美设计的辅助元素，确实能够为比赛增色不少，为观众和选手带来更加丰富的体验。然而，随着电子竞技行业的不断发展，我们也应该关注到一个问题，那就是大量一次性道具的浪费现象正在逐渐减小，这是一个值得欣慰的趋势。

与此同时，环保问题已经成为社会的热点话题之一，因此，如何使电子竞技赛事变得更加环保和绿色也成为了我们需要思考的事情。诚然，电子竞技的服化道可以在营造氛围和凸显主题方面发挥重要作用，但笔者认为，未来的电子竞技赛事必然会与其他力求节能减排、科学健康可持续发展的行业一样，注重在保证效果的基础上，优化成本和材质的选择，以减少一次性服化道的浪费。

在这个过程中，从业者更应该扮演领头羊的角色，积极探索清洁能源和环保材料在电子竞技舞美设计与实现中的应用。这不仅有助于降低对环境的不利影响，还有助于提高电子竞技行业的可持续性，让我们的赛事更加环保、可持续。在追求精彩的赛事体验的同时，我们也应该保护和关爱我们共同的地球家园。

第 **10** 章

各类电竞赛事舞美设计与实现的方法

经过近年来的发展,电子竞技已经从简单的小型室内赛事逐渐发展成为围绕游戏 IP 且富有独特品类特色的综合性产业,在高科技技术日新月异地高速更迭中,电子竞技舞美也随之出现了更多、更丰富的想象空间和落地实物,新的模式、新的场景以及新的需求也随着电子竞技影响力的不断提升而滋生。现阶段,将电子竞技舞美设计与实现的方法进行笼统地概括,显然已经不足以满足其实际现状,因此,在本章中,我们将对电子竞技赛事进行分类,从不同品类出发,通过一些案例,详细地介绍目前市面上各类型电子竞技赛事的舞美设计与实现方法。

在本书中,我们将赛事氛围综合性赛事和单品类赛事两个大类分开来进行讨论,主要是因为综合性赛事的舞美与单品类赛事的舞美在多个方面存在着较大的差距,这种差距涉及舞台规模、设计复杂度、技术应用、观赏体验等方面。

综合性赛事通常包括多个游戏的竞技内容,对于这类赛事的舞美设计来说,需要更加灵活和多变。这是因为综合性赛事的舞台必须适应各种不同游戏的内容和场景需求,以确保每个游戏都能在视觉上得到最佳的呈现,同时保持适合该游戏氛围的布置。

另一方面,综合性赛事涉及的选手和团队也呈现出更多样化的特点。每个游戏都可能有不同的选手和团队,因此,舞台上的舞美布局需要更为复杂,以突出不同选手和团队的特色。这可以通过独特的舞台装置、服装和道具来实现,并确保每个参与的团队都能在比赛中有自己的独特风格和标识性元素。

此外,综合性赛事的直播和转播需求也更加复杂。因为涉及多个游戏和团队,舞美设计必须能够在不同镜头和视角下呈现出最佳效果,以满足观众在不同游戏类目下的观赏需求。这可能需要使用多个摄像机角度、灯光效果和舞台变换等手段,让观众可以全面而生动地体验整个赛事。可以说,综合性赛事的舞美设计是一个充满挑战性和创造性的领域,需要综合考虑多个游戏、团队和观众的需求。只有通过灵活性、多样性和复杂性的设计,才能真正实现综合性赛事的视觉和娱乐价值。

相比之下,单品类赛事更专注于特定的游戏,这使得其舞美设计更为集中和一致。在单品类赛事中,舞美更容易根据游戏的独特特点进行精准的定制,从而能够完美地呈现游戏的世界观和氛围,这种专注性使得单品类赛事的舞美设计更加聚焦于游戏本身,为其观众提供深度沉浸式的体验。

另一方面，单品类赛事的选手和团队通常更加专注和熟悉他们所参与的游戏，这个原因也使得其舞美设计可以更加集中地展现选手的技能和竞技表现。观众也更容易在单一游戏环境下投入地感受比赛的紧张和刺激，因为他们能够更深入地理解游戏的规则和策略。

总地来说，单品类赛事的舞美设计由于其专注性和一致性，更容易在游戏世界观、选手技能和观众体验等方面实现精准的呈现。

综合性赛事和单品类赛事的差距在未来可能会进一步扩大。随着电子竞技行业的快速发展和专业化，综合性赛事和单品类赛事都将面临更高的要求和挑战。因此，本章将深入研究和探讨不同类型赛事的舞美设计，以便于读者能够深入理解其特征。

10.1 综合性赛事

在《体育大辞典》一书中，大型综合性运动会解释为包含多个不同运动类别或项目的规模较大的运动会。

国家体育总局发布的《在华举办国际体育赛事审批事项改革方案》将国际体育赛事按照主办方、比赛性质和重要程度分为 A、B、C 三类。其中 A 类国际体育赛事包括：由国际体育组织主办的国际综合性运动会、世界锦标赛、世界杯赛、亚洲锦标赛、亚洲杯赛；涉及奥运会、亚运会资格、积分的比赛。

但在目前的体育学术界，并没有对于国际大型综合性体育赛事明确的、统一的名词解释或规定，本书将综合性电子竞技赛事定义为：包含三种及以上不同品类游戏的电子竞技赛事。

这样的赛事由于参赛国家、选手、竞赛项目众多，往往具有一定的国际影响力，其舞美设计与实现的周期和考虑因素也较为复杂。

在舞美设计与实现方面，综合性赛事的舞美特点体现在多样性、灵活性和复杂性上。综合性赛事通常涵盖多个游戏或游戏类型，要求舞美设计能够适应不同游戏的视觉表现和氛围切换。其舞台规模更大，需要更灵活多变的布局和设计，以满足不同游戏场景的需求。选手和团队的多样性也要求舞美设计能够凸显每个选手的个性，以吸引观众关注并产生共鸣。

另外值得注意的是，综合性赛事的直播和转播需求通常相对复杂。这些赛事需要在不同的镜头和视角下呈现出最佳效果，以满足观众在不同的在线平台上的观赏需求，这就要求舞美设计在比赛进行中能够适应不同的摄像机设置和拍摄角度，确保观众可以从各个角度获得最佳的观赏体验。

综合性赛事的舞美设计的特点在于其综合性质和高度专业化。通过细致的规划和设计，综合性赛事能够为观众创造出多样化且丰富的感官体验，并给予观众目不暇接的精彩体验，这包括了视觉、听觉和触觉等多个方面，使得观众能够更深度地感受电子竞技所带来的快乐，进一步提升赛事的观赏性和吸引力。

10.1.1　WCG

WGC，全称为 World Cyber Games，其兴起与 1997 年的亚洲金融危机息息相关，图 10-1 是 WCG 世界电子竞技大赛 LOGO。

图 10-1　WCG 世界电子竞技大赛 LOGO

1997 年，亚洲金融危机爆发；1998 年，韩国 GDP 下降了 5.8%，韩元大幅贬值 50%，股市暴跌 70% 以上。韩国人意识到国家经济产业结构过度依赖出口的不利局面，开始调整产业结构，政府扶持推动电影电视、游戏动漫等产业发展。在这样的背景下，1998 年，《星际争霸》发行了。

在经济危机的巨大压力下，电子游戏逐渐成为当下韩国民众放松与解压的低成本娱乐方式，《星际争霸》的相关节目随之出现，在玩家、拥趸的支持下，节目一路高奏凯歌，也因此拉开了韩国电竞的序幕。

在这样饱受民众支持和喜爱的大背景下，2000 年，由韩国国际电子营销公司 (Internation Cyber Marketing，ICM) 创办，并由三星和微软（自 2006 年起）提供赞助的 WCG 应运而生。

最初的三届 WCG 都在韩国举办，而且被誉为韩国"国戏"的《星际争霸》年年入选比赛项目。此外，赞助商也会借此机会力推自家的游戏，比如中国台湾的《帝国时代》。微软 Xbox 的《世界街头赛车 2》，以及 *EA*、*Atari*、*Sierra*、*Blizzard* 等豪门游戏也都是比赛项目。

大赛宣扬"beyond the game"，以推动电竞的全球发展为目标，旨在促进人们在网络时代的沟通、互动和交流，促进人类生活的和谐与愉快。

如图 10-2 所示，2004 年 10 月 6 日至 10 日，第四届 WCG 的举办地址开始国际化，首次来到了美国，在位于加利福尼亚州旧金山的比尔格雷厄姆市政礼堂举行。这次比赛共设有 8 个比赛项目，总奖金额达 40 万美元，参赛人数超过 700 人。除了 10 月 6 日举行的以现场音乐、舞蹈表演、烟花和举旗庆典庆祝许多国家代表的到来的开幕式外，还在场馆外向公众和参赛者提供了多项免费活动，包括攀岩、空中飞人和激光枪。

如图 10-3 所示，本次比赛的 8 个比赛项目分别是：《反恐精英：零点》、*FIFA 2004*、《星际争霸：母巢之战》、《极品飞车：地下狂飙》、《虚幻竞技场 2004》、《魔兽争霸 III：混乱之治》以及两款 Xbox 游戏《光环》和《世界街头赛车》。

这样的多类型游戏赛事，每种类型的赛事所需要的场地大小、席位数都有所区别，因此在整个电子竞技赛事舞美的设计上，要考虑的因素主要有以下几个方面：

图 10-2　2004 年 WCG

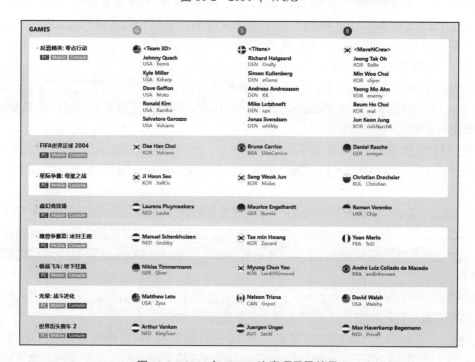

GAMES	G	S	B
反恐精英: 零点行动 `PC` `Mobile` `Console`	**\<Team 3D\>**	**\<Titans\>**	**\<MaveNCrew\>**
	Johnny Quach USA borns	**Richard Halgaard** DEN Drally	**Jeong Tak Oh** KOR BeBe
	Kyle Miller USA Ksharp	**Simon Kullenberg** DEN eGene	**Min Woo Choi** KOR cliper
	Dave Geffon USA Moto	**Andreas Andreassen** DEN KK	**Yeong Mo Ahn** KOR enemy
	Ronald Kim USA Rambo	**Mike Lutzhoeft** DEN spx	**Beum Ho Choi** KOR mal
	Salvatore Garozzo USA Volcano	**Jonas Svendsen** DEN whiMp	**Jun Keon Jung** KOR rishNarchK
FIFA世界足球 2004 `PC` `Mobile` `Console`	**Dae Han Choi** KOR Volcano	**Bruno Carrico** BRA EliteCarrico	**Daniel Rasche** GER smeyer
星际争霸: 母星之战 `PC` `Mobile` `Console`	**Ji Hoon Seo** KOR XellOs	**Sang Wook Jun** KOR Midas	**Christian Drechsler** BUL Christian
虚幻竞技场 `PC` `Mobile` `Console`	**Laurens Pluymaekers** NED Lauke	**Maurice Engelhardt** GER Burnie	**Roman Verenko** UKR Chip
魔兽争霸III: 冰封王座 `PC` `Mobile` `Console`	**Manuel Schenkhuizen** NED Grubby	**Tae min Hwang** KOR Zacard	**Yoan Merlo** FRA ToD
极品飞车: 地下狂飙 `PC` `Mobile` `Console`	**Niklas Timmermann** GER Sliver	**Myung Chun Yoo** KOR LordOfGround	**Andre Luiz Coliado de Macedo** BRA andinhovsen
光晕: 战斗进化 `PC` `Mobile` `Console`	**Matthew Leto** USA Zyos	**Nelson Triana** CAN Gspot	**David Walsh** USA Walshy
世界街头赛车 2 `PC` `Mobile` `Console`	**Arthur Vankan** NED KingTuur	**Juergen Unger** AUT Sackl	**Max Haverkamp Begemann** NED Prooff

图 10-3　2004 年 WCG 比赛项目及结果

（1）总场地大小；

（2）游戏类型及所需席位数；

（3）游戏 IP 传播度；

（4）表演区域；

（5）观赛区域；

（6）人员动线。

举办这届赛事的比尔格雷厄姆市政礼堂可以容纳 7000 人，从 1964 年到 1967 年，它是 NBA 球队金州勇士的主场。除电子竞技外，在这里也举办了不少音乐会。如图 10-4 所示，在举办 WCG 时，这里被按照游戏类型、功能等进行了详细的分区，传播度较广的游戏赛事位置会被放在核心区域。在场馆中央悬置了五块大屏，用于现场观众的观赛。

由于当时的网络技术不如现在的发达，因此，场地内提供了闭路无线广播，用于播放后收听解说对比赛的逐场分析。在会场外，来自世界各地的粉丝能够在 Winamp Shoutcast 以及 Radio iTG 收听这些音频，但当时还不能提供实时直播的视频流。

图 10-4　2004 年 WCG 内场布置

当然，为了达到建设引人注目的地标性质的效果，在外场布置方面，WCG 也同样摆放了能够展现赛事特色的陈设，并设立了部分观众席，用于赛前互动等，如图 10-5 和图 10-6 所示。

图 10-5　2004 年 WCG 外场陈设

本书以 2004 年 WCG 为例对其舞美进行展示和说明，事实上，除 2004 年第 4 届 WCG 以外，其他数届 WCG 的舞美设计与实现原则都是类似的，其依循的重点都为按不同类型进行分区。

图 10-6　2004 年 WCG 外场合影

不同的是，随着时代和市场的发展和显示器终端业务数据的下降，WCG 每年的舞美规模也有所变动。积极的一方面是，对于赛事公平的重要性进行了提升，在时间靠后的WCG 赛事中，会出现不同赛事之间的独立性增强、对选手的干扰性进行防范等舞美设计举措；硬件设施也得以升级，能够实现视听直播。

另一方面，从 2006 年起，WCG 开始在场馆中设置非电子竞技比赛的展示区，用以吸引更多电竞和广泛电竞爱好者来享受综合性电竞盛会，图 10-7 为 2008 年 WCG 比赛现场。

图 10-7　2008 年 WCG 比赛现场

而遗憾的一方面则在于，由于韩元汇率变动、三星管理层变动以及市场竞争等原因，三星投入 WCG 的资金不断缩减，其商业模式也出现了一定的问题，2014 年 WCG 组委会宣布"今年 WCG 组委会将不再组织赛事及活动，包括 WCG 全球总决赛"。

尽管在 2019 年，WCG 得以重启，其影响力相较当年及现阶段的其他大型赛事，也还是不可同日而语。

　　不过由于 2019 年的 WCG 所记录的相关资料较为全面，也更可考证，此处我们仍可就 2019 年 WCG 进行详细的分析。

　　如图 10-8 和图 10-9 所示，WCG2019 年开幕式于 7 月 18 日在西安曲江国际会展中心展开，这届 WCG 主要分为三个竞技舞台，分别是主舞台、次舞台和 VR 舞台。

图 10-8　2019 年 WCG 比赛现场

图 10-9　2019 年 WCG 舞台及解说现场

　　以下是每个竞技舞台举办的赛事。

　　（1）主舞台：举办《英雄联盟》《星际争霸 II》《魔兽争霸 III》《守望先锋》《炉石传说》等主流电子竞技比赛。

　　（2）次舞台：举办 FIFA Online 3、《战舰世界》《反恐精英：全球攻势》《街头篮球》等电子竞技比赛。

　　（3）特殊项目舞台：举办 VR 游戏比赛、AI 大师赛、SCRATCH 创意挑战赛、机器人大战。

　　此外，2019 年 WCG 也设置了展示区、体验区、Cosplay 区等，让观众可以更全面地了解电子竞技文化。

　　这些项目的展示吸引了很多当地观众的关注，也为 WCG 增添了更多的文化元素。

WCG 逐渐将非电子竞技项目的展示和推广作为一个重要的方向，不断扩大展示区的规模和内容，让更多的人了解和参与到电子竞技文化中来。

如图 10-10 所示，2019 年 WCG 在曲江国际会展中心 B3、B4 场馆举办，西安曲江国际会展中心 B3 和 B4 馆是同一座建筑，是相邻的两个展馆，总建筑面积为 5.6 万平方米，其中 B3 馆面积为 2.8 万平方米，B4 馆面积也为 2.8 万平方米。这两个展馆可以根据需要进行分割或合并，灵活适应不同规模的展览和活动需求。

图 10-10　2019 年 WCG 舞美分区图

主舞台落在了 B4 场馆，设置大屏区、对战区、舞台区、观众区等区域，如图 10-11 所示。

图 10-11　B4 场馆赛事主舞台视图

在开幕式上，承办方香蕉游戏传媒选用先进的全息技术为所有玩家带来了一场电竞盛宴。如图 10-12 所示，伴随着历届 WCG 的经典画面回顾，象征着希望的小朋友走到光亮处将魔方放置在空中，多种不同国家的舞蹈元素交错碰撞，最终汇集在古老的城墙下。

主舞台区域采用现代化的设计理念，除了赛事以外，还用作了举办 Cosplay 音乐节，这是 WCG 历史上第一次推出音乐公演，得益于主舞台的设计风格非常时尚、前卫，音乐会与 WCG 电子竞技比赛的氛围相得益彰，在 Cosplay 音乐节阶段，EDM（Electronic Dance Music，电子舞曲）与 WCG 碰撞出了奇幻而精彩的火花，来自中国台湾的

图 10-12　2019 年 WCG 开幕式舞美

Tsunano、中国的 Chace 朱一涵以及荷兰的 Jeffrey Sutorius 三位世界级大咖联袂为 WCG
Cosplay 音乐节带来精彩表演，而来自 8 个国家和地区 8 个团队的 15 名专业级角色扮演
者，把以往只能在游戏中观赏的二次元角色带到了音乐节现场。如图 10-13 和图 10-14 所示，
音乐节晚上，西安还以一场气势恢宏的《梦长安——大唐迎宾盛礼》迎接本届 WCG2019
年的电竞选手，向世界展示着西安这片土地的惊喜和震撼。

图 10-13　2019 年 WCG 文化表演现场

图 10-14　2019 年 WCG 文化表演现场

除了常规的赛事舞台布置，本届 WCG 还在"全新视野"板块中，做出了根据特殊项目而布置的舞台。由于四个全新项目：AI 大师赛 (5V5 足球比赛)、机器人角斗场、VR 锦标赛 (一款以二战为主题的即时战略类游戏 Final Assault，得益于 VR 的力量，玩家可以身临战场带领己方部队取得胜利) 以及 SCRATCH 创意挑战 (运用编程程序进行益智创作的比赛) 的加入，承办方在曲江国际会展中心 B3 场馆设置了单独的一个区域——四个分区，进行特殊项目的展示。这四个区域分别为 VR 区域、SCRATCH 创意挑战区、AI 大师赛区和机器人大战区。

2019 年 WCG 舞台中的 VR 区域除满足上述 VR 赛事对战外，还设有 VR 设备和游戏展示区，观众可以亲身体验虚拟现实游戏和应用，感受最新的 VR 技术；而 SCRATCH 创意挑战区则是一个专门为青少年创意编程而设立的区域，该区域内设有多个编程教育展示区和创意编程比赛区，观众可以观看青少年编程比赛和创意编程作品展示，了解最新的编程教育和创意编程技术；AI 大师赛区是一个专门为人工智能技术和应用而设立的区域，该区域内设有多个 AI 技术展示区和 AI 应用比赛区，观众可以观看 AI 应用比赛和最新的 AI 技术展示，了解最新的人工智能技术和应用；机器人大战区内同样设有多个机器人展示区和机器人比赛区，观众可以通过观看机器人比赛，了解最新的机器人技术，以及机器人的先进发展现状等。

事实上，在笔者看来，自 2006 年起，WCG 不仅是一场综合性的电子竞技赛事，更像是一场大型的国际电子竞技狂欢节。

在竞技方面，WCG 通常以广泛的电子竞技比拼为特色，包括热门游戏，如 *DOTA2*、英雄联盟、反恐精英、星际争霸等，吸引了来自世界各地的顶尖选手和团队，营造了一种高度竞争和国际化的氛围。

而在娱乐性方面，WCG 经常在电子竞技比赛之外加入其他元素，如文化表演、互动展览、角色扮演展示和其他娱乐活动。这些功能有助于营造节日般的氛围，增强参与者和观众的整体体验。

也正因如此，笔者将 WCG 的舞美设计与实现的特点总结如下。

（1）多类型游戏赛事需进行详细区分：WCG 以广泛的电子竞技比赛为特色，包括多种不同类型的游戏，如《星际争霸》《魔兽争霸》《守望先锋》《炉石传说》、*FIFA Online* 等。这种多样性需要考虑不同游戏类型所需的场地大小和席位数量。

（2）舞台也需不同分区：根据游戏类型和功能进行详细的分区。赛事区域通常被划分为不同的区域，以容纳不同游戏类型和功能，确保比赛的有序进行。传播度较广的游戏通常放在核心区域，以吸引更多观众。

（3）非电子竞技比赛进行展示：除了电子竞技比赛，WCG 还在场馆中设置了非电子竞技比赛的展示区，如 VR 游戏比赛、AI 大师赛、机器人大战、SCRATCH 创意挑战等。这些展示区丰富了活动内容，吸引了更多观众和参与者。

（4）融合音乐与文化表演：WCG 不仅关注电子竞技，还在其中融入音乐和文化元素。举办音乐会、音乐节和文化表演，为观众提供多元化的娱乐体验。音乐表演往往与电子竞技比赛氛围相得益彰，营造了节日般的氛围。

（5）现代化设计理念：WCG 的主舞台和其他区域采用现代化的设计理念，使整个活动看起来时尚和前卫。这有助于吸引观众，营造高质量的比赛氛围。

（6）先进技术应用：在开幕式上，WCG 使用了先进的全息技术，为观众呈现电竞盛宴。这种技术的应用使开幕式更加引人注目，增强了活动的视觉效果。

（7）活动的国际化：WCG 是一场国际性的电子竞技狂欢节，吸引了来自世界各地的顶尖选手和团队，为参与者和观众提供了国际化的体验。

笔者认为，尽管 WCG 的具体规模和形式可能每年都有所不同，但该赛事的目标始终是为电子竞技比赛提供一个全面而盛大的平台，展示全球电子竞技人群的才华和激情。

10.1.2　ESWC

电子竞技世界杯（Electronic Sports World Cup，ESWC），曾是全球三大电子竞技赛事之一，于 2003 年在法国由 Ligarena 公司创立，其前身是名为 LAN Arena 的小型局域网赛事。图 10-15 是 ESWC 电子竞技世界杯的 LOGO。

第一届电子竞技世界杯于 2003 年在法国普瓦捷附近的 Futuroscope 举行，共有来自 37 个国家的 358 名参赛者参赛，奖金高达 150 000 欧

图 10-15　ESWC 电子竞技世界杯 LOGO

元。到 2006 年，该活动已发展到拥有来自 53 个国家 / 地区的 547 名合格参与者的规模，奖金高达 400 000 美元。图 10-16 是首届 ESWC 比赛项目及结果。

2003	①	①	①	4th
Counter-Strike[14]	team9	zEx	SK Gaming*	GoodGame
Warcraft III: Reign of Chaos[15]	Alborz "HeMaN" Haidarian	Fredrik "MaDFroG" Johansson	Antoine "FaTC" Zadri	Yoan "ToD" Merlo
Unreal Tournament 2003[16]	Christian "GitzZz" Hoeck	Björn "zulg" Sunesson	Jonathan "Fatal1ty" Wendell	Marcel "$ol-Blade" Clanbase
Quake 3[15]	Anton "Cooller" Singov	John "ZeRo4" Hill	Alexey "LeXeR" Nesterov	Pelle "fazz" Söderman
Counter-Strike Female[citation needed]	SK Gaming	Femina Bellica	Denmark Girls	To Hell Angels

图 10-16　首届 ESWC 比赛项目及结果

2006 年的赛事在巴黎贝西综合运动宫举行。该场馆是巴黎大师赛 ATP 巡回赛网球锦标赛的主场馆，每年举办 LNB 全明星赛篮球赛事和大满贯巴黎柔道锦标赛。它也被用于许多其他体育赛事，如乒乓球、手球、篮球、拳击、体操、田径自行车和场地障碍赛。

与早年的 WCG 类似，ESWC 也同样因为参与比赛的项目类型众多，而需要按照类型去划分舞美配置，针对不同类型的游戏会有不同的特征标识，并使用悬空大屏以便于观众观赛，如图 10-17 和图 10-18 所示。

2006—2008 年，由于经济危机的影响，ESWC 多次拖欠选手奖金，最终于 2008 年宣布破产。2009 年，ESWC 被一家名为 Games-Solution 的法国公司收购，2012 年 Oxent 正式宣布从 GamesSolution 公司手中购得 ESWC 所有权，并将 ESWC 重新带回法国，2016 年 10 月 4 日，Webedia 收购了 Oxent。

图 10-17　2006 年 ESWC 现场

图 10-18　2006 年 ESWC 实况足球比赛现场

　　几经易主后的 ESWC 影响力也大不如前，2019 年 11 月 23 日、24 日，ESWC 在摩洛哥电话运营商 Inwi 的联合主办下，于卡萨布兰卡的 Carré d'Or 举行，主要项目有：英雄联盟、FIFA、堡垒之夜，其赛程安排如表 10-1 所示。

表 10-1　2019 年 ESWC 赛程安排表

11 月 23 日星期六		11 月 24 日星期日	
10:00	英雄联盟锦标赛半决赛	10:00	英雄联盟锦标赛 总决赛 + 颁奖
13:00	FIFA20 锦标赛半决赛	14:00	FIFA20 锦标赛 决赛 + 颁奖
15:30	堡垒之夜表演赛	15:30	FIFA20 表演赛
16:30	堡垒之夜锦标赛	16:30	堡垒之夜锦标赛 + 颁奖

　　这个阶段的 ESWC 按时间顺序将几个赛事进行了区分，在舞美设计与实现上，更加趋近于现阶段的单品类赛事，如图 10-19 所示。

从第一届 ESWC 启动开始,ESWC 的舞台设计一直都吸引着各地的观众。在 2005 年,ESWC 更是将决赛场地放到了法国著名的文化胜地卢浮宫,创造了电子竞技赛事舞美历史上的一个佳话。通过回顾一些早期的图片,我们也能看出 ESWC 舞台在电子竞技历史发展中的变化,如图 10-20~ 图 10-22 所示。

图 10-19　2019 年 ESWC 现场

图 10-20　2003 年 ESWC 舞美

图 10-21　2004 年 ESWC

图 10-22　2005 年 ESWC

2006 年,ESWC 组委会决定在法国的伯西体育馆（Bercy Arena）举办总决赛。笔者将以这一年的 ESWC 为案例,详细解析其舞美设计与实现。

这一年,ESWC 的舞台设置在了该体育场的网球场馆内,伯西体育馆是一个位于法国巴黎的多用途室内竞技场,该场馆有多套可移动设备设施,能够适应包括网球比赛在内的各种赛事,如图 10-23 所示。据网络官方信息显示,2006 年的法国伯西体育场网球场馆,与现存法国伯西体育场网球场馆相差不大,其中心球场可容纳约 15000 名至 17000 名网球观众,场馆尺寸符合国际网球联合会（简称 ITF）和 ATP/WTA 巡回赛制定的标准规范,如图 10-24 所示,也能够满足 ESWC 这样火爆的综合性电竞赛事落地需求,图 10-25 和图 10-26 即为 2006 年 ESWC 赛场的舞美效果图。

在这一年,ESWC 舞台的规模产生了较大的变动,以前的场地较小,只能容纳 1000 多人,而 2006 年的比赛场地有一个 250 平方米的大屏幕和全方位的中央吊屏,方便观众观看和享受比赛,如图 10-27 所示。

图 10-23　2006 年的法国的伯西体育馆外景

图 10-24　2006 年法国伯西体育场网球场馆
（赛事所用场馆）内景

图 10-25　2006 年 ESWC 赛场舞美效果图（全景）

图 10-26　2006 年 ESWC 舞美效果图（特写）

图 10-27　2006 年 ESWC 赛场中的空中四面屏

　　和我们上面详细分析的 2019 年 WCG 不同的是，2006 年 ESWC 的舞台并没有设置那么多用于展示的展台，而是比较专注于电竞比赛，这一年，ESWC 举办了《反恐精英 CS 1.6》《魔兽争霸 III：冰封王座》、Quake 4、FIFA Soccer、《极品飞车》等游戏的赛事。

　　从舞美效果图来看，本次赛事对各游戏做了分区处理，时下最火热、粉丝最多的游戏《反恐精英 CS 1.6》的比赛在主舞台进行。

　　在靠近主舞台的中央区域，则是同样火热，但粉丝热度略逊一筹的《魔兽争霸 III：冰封王座》的赛事。

　　这样的划分和观众的应援程度也有一定关系，即使是在十几年后的今天，"CS" 系列赛事的观众的热情和现场氛围，仍旧可以说是所有赛事中最具特色、最热闹的。

　　除了《反恐精英 CS 1.6》《魔兽争霸 III：冰封王座》，其他赛事则在周围的指定区域进行对战。

　　值得注意的是，除了赛场中的大屏、空中四面屏可以对赛事进行直播外，在每个小的指定对战区，也设置了较小的屏幕，进行针对性直播，以满足不同观众的观赛需求。

　　这一年，除了赛场外，现场也设置了专业解说区域。

　　即使参赛游戏和选手众多，在对游戏区域进行合理划分后，整体布局也呈现出了有序的排布。这一年，ESWC 的主要赞助商 NVDIA 也有了大量的现场露出。

　　总结而言，ESWC 的舞台美术有以下几个特色。

　　（1）主视觉呈现主要在大屏：ESWC 的舞台通常会有一个或多个大屏（材质多为 LED），用于播放比赛实况、赛事信息、赞助商广告等内容。该屏幕通常会占据整个舞台的背景，成为比赛的重要视觉元素。

　　（2）舞台设计与档期比赛主题和地址结合：ESWC 的舞台设计通常会与比赛主题和赛事场馆相匹配。例如，在 2019 年 ESWC 巴黎站的比赛中，舞台的设计灵感来自于巴黎的地标建筑埃菲尔铁塔，舞台上还有巨大的机械手臂和灯光效果，营造出未来科技感。

　　（3）观众席会有分区：ESWC 的舞台通常会有一个宽敞的观众席区域，观众可以在这里自由坐下观看比赛。有些 ESWC 比赛还会设置 VIP 观众席和媒体席，为特定的观众提供更好的观赛体验。

　　总而言之，ESWC 的舞台设计和布置以为选手和观众带来最佳的比赛体验为主要设计主旨，在专业的基础上，还会增加一些亮点内容。

10.1.3　DreamHack

　　DreamHack 也是一个在电子竞技发展史上拥有着浓重色彩的综合性赛事，曾被吉尼斯纪录和双星系公认为拥有最快网速的、世界上最大的网络派对及计算机盛会（the world's largest LAN party and computer festival with the world's fastest Internet connection）。

　　与本章提到的其他赛事相比，DreamHack 是一种非常独特的 LAN-PARTY 型综合性赛事，其最显著的特点是：选手需要自带电脑进行比赛。图 10-28 为 DreamHack 的 LOGO。

图 10-28　DreamHack 的 LOGO

这样的规则设定为 DreamHack 带来了一些独特的优势。

首先，选手自带电脑的规则允许每个选手使用他们熟悉和喜爱的设备进行比赛。这种自由度使得选手可以根据个人习惯和需求来调整电脑配置，从而最大程度地发挥自己的实力和技巧，展现个人风采。这种个性化的设定增加了比赛的多样性，每位选手都能够在自己最舒适的状态下参赛。

其次，选手需要自带电脑的要求也提高了参与 DreamHack 的门槛。相比其他赛事，这意味着参赛选手通常需要拥有稳定的游戏设备和配置，这进一步促使参赛选手通常是更专业和热爱电竞的玩家。这个较高的参与门槛确保了比赛的竞争性和质量，吸引了更多顶尖选手参与，提升了整个赛事的水平和观赏性。观众可以期待看到更高水平的比赛，同时也能更深入地了解选手以及其使用的先进设备，对优秀设备的推广和技术的推动也起到了一定的作用。

DreamHack 最初是 20 世纪 90 年代初在瑞典马隆一所小学地下室的同学和朋友的小型聚会。1994 年，它被搬到了学校食堂，成为当时较大的区域演示技术和游戏活动之一。这次活动也是第一个被称为 DreamHack 的活动。

1997 年，该活动在 Borlänge 的 Arena Kupolen 举行，成为当时瑞典最大的网络派对和斯堪的纳维亚半岛的第三大派对。此外，DreamHack 于 2001 年在延雪平的 Elmia 展览中心举行，并长居于此。2002 年起，DreamHack 每年举办两次活动。最初，六月的 DreamHack 夏季赛专注于电脑游戏，而 DreamHack 冬季赛更专注于计算机程序演示，并在十一月的最后一个周末举行，图 10-29 是 2004 年 DreamHack 冬季赛的场景。

2002 年，DreamHack 首次设立了 *CS: GO* 赛事，2008 年，DreamHack 在瑞典的谢莱夫特奥设立了分站巡回赛，自此 DreamHack 开始在全球设立巡回赛。但是每年的夏季和冬季赛仍然为一年最重要的两站比赛。

图 10-29　2004 年 DreamHack 冬季赛，选手及亮起的屏幕充满了整个比赛场地

2011 年的 DreamHack 冬季赛首次迎来了英雄联盟第一届世界赛。在 2012 年 DreamHack 巴伦西亚站上，*CS: GO* 第一次成为了正式的比赛项目，而当时积极转型的 NIP

战队战胜了 VG 获得了第一个 DreamHack 的 *CS: GO* 冠军，图 10-30 为当时的夺冠场景。

图 10-30　NIP 夺冠现场

2020 年 3 月 12 日，ESL 宣布与 DreamHack 合并，两家公司合并为一家，并更名为 ESL Gaming。与其他综合赛事类似，DreamHack 也有主舞台及赛事分区，如图 10-31 所示。

图 10-31　DreamHack 2019 年现场舞美

2021 年，ESL 公布了 2021 年剩余赛事及 2022 年的赛程规划，在除了 ESL 职业巡回赛的具体日程之外，最大的不同就是 DreamHack 品牌相关的赛事将彻底退出 ESL 对于未来比赛的规划。

接下来，我们将以 2007 年 DreamHack 冬季锦标赛作为案例，对 DreamHack 的舞美设计与实现进行详细的解析。

DreamHack 2007 年冬季锦标赛于 2007 年 11 月底至 12 月初在瑞典约恩科平（Jönköping）的 Elmia 会展中心举行，如图 10-32 所示。

在这一个赛季，DreamHack 主要进行了《反恐精英 CS 1.6》《魔兽争霸 III：混乱统治》、*Quake 4* 和 *FIFA* 的赛事，遗憾的是，由于时间久远，网络上没有留存现场舞美设计图，但根据一些文字和图片资料，我们仍可以知道：

图 10-32　2007 年，瑞典约恩科平（Jönköping）比赛场馆 Elmia 外观

首先，瑞典约恩科平的 Elmia 会展中心的总展览面积超过 40000 平方米，2007 年 DreamHack 冬季锦标赛运用了其中的展厅、会议室等来进行赛事的进行和保障。

有趣的是，由于 DreamHack 独特的规则设定，赛事主办方在舞美呈现方面可以实现大量硬件成本的节约。正如图 10-33 和图 10-34 所示，因为选手需要自带设备，赛事主办方无须提供大量的电脑和设备租赁，从而有效减少了相关设备的调试和维护工作量。这样的节约不仅有助于降低赛事的经济成本，还使得赛事的筹备过程更加高效和便捷。

这种节约不仅体现在硬件方面，还涵盖了赛事的组织和运营。因为选手负责自带电脑，主办方能够将更多资源投入到其他关键方面，例如赛事的安全、舞台设计、娱乐性活动等，进一步提升了整个赛事的质量和吸引力。

此外，这样的规则也有助于减少电子废料的产生，因为没有大量的临时设备租赁，赛事不会在每届比赛后因为游戏的更新换代产生大量的报废设备，这与现代社会对环保的关注也不谋而合，从另一个方面也体现了 DreamHack 在可持续发展方面的一种积极探索。

图 10-33　壮观有序的 2007 年 DreamHack 冬季锦标赛布置现场（一）

与 ESWC 不同的是，尽管 2007 年的 DreamHack 冬季锦标赛也包含了众多参赛项目，但它没有像 2006 年的 ESWC 那样明显地将赛事分成不同的区域。相反，整个赛事的布局

呈现出一种壮观而有序的场景，旨在满足每位选手都能拥有自己的空间。

在这个赛事中，主办方采用了木结构来搭建选手的座位。这种设计不仅为选手提供了一个稳固的比赛环境，还在视觉上呈现出一种独特的温馨感，如图 10-35 所示。

图 10-34　壮观有序的 2007 年 DreamHack 冬季锦标赛　　　图 10-35　木结构搭建的 DreamHack
　　　　　　布置现场（二）　　　　　　　　　　　　　　　　　对战区

与 2006 年 ESWC 选择的体育场不同，2007 年 DreamHack 冬季锦标赛选择在会场进行，这导致了一些不同的赛事布局和舞美特点。与 ESWC 不同，DreamHack 并没有采用空中四面屏进行赛事的实时直播，而是采用了临时搭建的大屏幕来进行现场直播。

这种临时搭建的方式受到了场地承重因素的限制，通常不能搭建过大或过多的屏幕。因此，观众的观看区域相对较为有限，这可能导致一些观众无法获得最佳视野。然而，这也使得 DreamHack 更注重网络和有序性，更贴近其定位标签 "LAN PARTY"，而不是过分强调美观上的演绎。

尽管如此，与 ESWC 类似，DreamHack 在简单的舞美布置中也保留了对赞助商的露出。除了现场的展示外，如图 10-36 所示，DreamHack 还展示并投入了当年的赞助商产品 JoltCola（焦特可乐）（一种声称能补充体能的软性饮料），为赞助商提供了在赛事中获得曝光的机会，并与参与者和观众进行互动，从而实现了双方的合作。

图 10-36　现场的多箱 JoltCola（焦特可乐）

总的来说，DreamHack 的舞美设计与实现上，有以下特点。

（1）沉浸式氛围：DreamHack 的活动以其充满活力和沉浸式氛围而闻名。比赛舞台通常设置在大型竞技场或大厅，挤满了精力充沛的观众、游戏爱好者和角色扮演者。舞台旨在营造一种电动氛围，增强参与者和观众的整体体验。

（2）专业的视听及灯光 AVL：DreamHack 舞台也配备了较为先进的舞美视听及灯光 AVL，包括高质量的音响系统、专业的照明和视觉震撼的 LED 屏幕，以提供引人入胜的视觉体验，提升比赛的激情。

（3）专业、分区的选手区域布置：DreamHack 舞台通常包括个人选手对战区或团队竞技区。根据不同类型游戏进行分区的选手对战区，都提供了可控、专业的环境，以便于选手可以专注于游戏，避免分心。对战区通常配备了专业的游戏设备和舒适的座位，以确保玩家的最佳表现。

（4）解说席及评论席：DreamHack 舞台设有专门的直播和评论区。解说员和嘉宾为比赛提供见解、分析和逐场解说。而广播的设置则使现场观众和远程观看的观众能够全面了解比赛。

需要注意的是，DreamHack 活动以其灵活性和适应性而闻名。比赛阶段的具体功能和设置可能因场地、比赛名称和赛事规模而异，但总体来说，作为具有代表性的大型电竞赛事，DreamHack 舞台美术可以作为其他 LAN-PARTY 的综合性电竞赛事的一个标准范本来进行参考。

事实上，在 2017 年，国内的战旗直播平台就在上海举办过 LanStory 战旗电竞总动员，以类似 DreamHack 的形式，聚集了上千的游戏玩家自带电脑到场馆中开黑。这也表明 DreamHack 的模式和经验对于其他电竞赛事的启发和借鉴具有积极意义。

据报道，在 2017 年的 LanStory 战旗电竞总动员中，玩家可分别通过参与大会组织《魔兽争霸 3》FFA、《反恐精英 1.5》人头结算、《红色警戒 2》FFA、《星际争霸 1》4v4、《魔兽世界》路跑大赛、《魔兽争霸 3》RPG-TD 等一系列经典游戏获得"King of LAN"的荣誉称号。

除此之外，LanStory 战旗电竞总动员还设置来了主舞台表演区、赛事对战区和 LyingMan 区作为展会的亮点活动，如图 10-37 所示。主舞台表演区有明星战队和主播的

图 10-37   LanStory 战旗电竞总动员舞美概念图

互动环节、大会开闭幕式表演、Cosplay 表演、现场 DJ 秀等。另外在赛事对战区上《绝地求生：大逃杀》也迎来了亚洲首次线下百人赛事。

而在桌游区则设置了 5 个 360° 全景玻璃房，同时进行 5 桌狼人杀游戏并可容纳上千名观众观看。其中四个玻璃房为大众桌，现场玩家实时报名参与其中，大众桌表现优异者可参与到明星桌斗智斗勇。休闲之余，还有现场 DJ 热场、游戏娱乐无缝衔接。

场地内还有超过 20 个游戏厂商、硬件品牌以及异业公司入驻现场为玩家提供优质的外设和周边，满足核心玩家的硬件需求，在装备上追求极致。

尽管在近年来，这样的赛事模式在国内相对较为罕见，但 LAN-PARTY 类型的综合赛事不可否认地为电竞社区创造了一处独特的风景。可以说，LanStory 战旗电竞总动员为广大电竞爱好者提供了一个广阔的社交平台。在这里，选手们不仅仅是竞技对手，更有机会与其他玩家进行交流与互动。

除了激烈的比赛之外，选手们有机会共同探讨电竞战术和技巧，分享彼此的经验和见解。这种社交互动拉近了玩家与玩家之间的距离，创造出一种亲切感，使得每一场比赛都像是与朋友一同娱乐的体验。

更重要的是，LAN-PARTY 模式的电子竞技赛事为电竞文化创造了独特的全民电竞记忆。这些活动将电竞带到了更广泛的观众面前，让更多人能够亲身体验到电竞的魅力，这种赛事模式不仅为电竞社区带来了新的机会，也丰富了国内电竞文化，为电竞未来的全民性发展提供了一种思考的可能性。

10.1.4 CPL

CPL（Cyberathlete Professional League）——世界职业电子竞技玩家联盟，1997 年由美国人 Angel-Munoz 建立，至其发展到 2013 年，成为了覆盖 5 个大陆的全球性的竞技联赛，同时在 30 个国家被批准为专业的游戏竞技联赛组织。图 10-38 为 CPL 赛事 LOGO 及部分参赛国家。

图 10-38 CPL 赛事 LOGO 及部分参赛国家

CPL 设立的 BYOC(Bring Your Own Computer）区可以为观众提供大型的网络非正式比赛的场所还有游戏开发者讨论亚界发展前景的论坛（例如 Razer CPL 邀请了 John Carmack 和 John Romero），并通过网络进行转播。

CPL 比赛的参与队伍并不受国籍限制，这显然强调了比赛的"以人为本"理念，而非国与国之间的竞争。这种文化取向可被视为 CPL 的核心价值观，它旨在鼓励每一位参与者为自己而战，而不仅仅是为国家荣誉而战。这种无国籍界限的竞赛模式确实为 CPL 带来了广泛的关注和极高的人气。此外，这种特定的组织策略可能与美国文化中的"个人主义"观念有所关联。通过充分发挥人的主观能动性，CPL 成功地吸引了众多的参与者和观众。从这个角度看，可以断言，"以人为本"的策略不仅是 CPL 的独特魅力所在，也确实反映了其深层的文化价值。

与 WCG 相反，CPL 的人本文化为其赢得了大量的关注和投资。CPL 与 WCG 就像一个棍子的两端，一个强调人气和经济效益，另一个则注重在其他重要领域产生的影响。

但是这样的商业行为并没能够长期地持续下去，为了迎合赞助商的需求，CPL 放弃了一些主流游戏项目——2015 年，CPL 为迎合赞助商，放弃了当时最流行的 *CS 1.6* 而选择 *CS: Source* 作为团队主打项目。但现实是，尽管 *CS: Source* 画面强过 *CS 1.6* 太多，*CS 1.6* 却凭借强大的群众基础顽固地抵抗住了 *CS: Source* 带来的更新换代挑战。同样是为了迎合赞助商的需求，CPL 将 *Painkiller* 作为世界巡回赛的单人主打项目，甚至将其定为冬季总决赛唯一比赛项目。虽然当时 *Painkiller* 已经发售一年多，积攒下不少人气，但和同期最流行的 *CS 1.6* 以及《雷神之锤》系列比起来，*Painkiller* 的人气和竞技性还是差得太多。

由于 CPL 诞生及停办的时间在整个电子竞技史上都相对较早，因此，其舞美的设计与实现都还停留在早期较为功能性的阶段。

如图 10-39~ 图 10-41 所示，以 2005 年的 CPL 现场为例，尽管同样涉及了 *CS*、*Quake 4*、*F.E.A.R*、*Painkiller* 等多个比赛，但由于当时的条件及关注度都还处于较为早期的阶段，现场并没有以美化视觉为目的的舞美陈设和分区，而是类似网吧赛的现场布置。

图 10-39　CPL Winter 2005 年比赛现场

图 10-40　CPL Winter 2005 年现场选手使用的 CRT 显示器

图 10-41　CPL Winter 2005 年现场及后台画面

　　这种早期的舞美设计主要着重于满足比赛的基本需求，如提供足够的电源插座、网络连接和舒适的座椅，以确保比赛能够顺利进行。当时的电子竞技社区还没有达到现今的规模和知名度，也没有对赛事现场进行炫目的装饰或娱乐性表演，因此很少有大规模的观众参与。

　　而这种早期的舞美设计也反映了电子竞技发展的初期阶段，当时人们更注重竞技性和技术性，而没有足够的精力去考虑视觉上的吸引力。

　　2008 年 3 月 14 日，CPL 正式宣布停止运营。同年 8 月，Angel Munoz 将 CPL 转让给阿联酋的投资公司。2011 年，CPL 回归，并在 2011—2013 年连续三年落户中国沈阳，比赛项目也由以 FPS 为主转为当时最流行的《星际争霸 2》《英雄联盟》和 DOTA。但是，纯挂名的新 CPL 吸引不到赞助商，于 2013 年停办，图 10-42 和图 10-43 就是 2013 年 CPL 最后的留影。

　　接下来，笔者将以 2004 年的 CPL 夏季赛为例，对其舞美设计与实现进行详细的解析。

　　2004 年，CPL 在世界范围内举办了多场赛事，包括但不限于：在中国上海、瑞典斯德哥尔摩、韩国首尔、新加坡举办的地区预选赛和锦标赛，以及于 2004 年 7 月 28 日—8 月 1 日在美国得克萨斯州葡萄藤（Grapevine）的盖洛德萨斯度假村和会议中心（Gaylord Texan Resort & Convention Center）进行的夏季赛总决赛。

图 10-42　2013 年 CPL 最后的留影（一）

图 10-43　2013 年 CPL 最后的留影（二）

　　盖洛德萨斯度假村和会议中心是一家位于达拉斯附近葡萄藤的大型酒店和会议综合体，CPL 主要使用其中的会议中心进行比赛，如图 10-44 和图 10-45 所示。

图 10-44　盖洛德萨斯度假村和会议中心内景（一）

图 10-45　盖洛德萨斯度假村和会议中心内景（二）

相较于 WCG、ESWC、DreamHack，2004 年的 CPL 则更像是这几者的结合。

即使是在酒店的会议中心进行，2004 年的 CPL 仍然包含了除比赛区域以外的展示和体验区。并且由于 2004 年的 CPL 拥有 Intel Pentium 4 processor with HT Technology Extreme Edition 及 Nvidia、Hitachi、CompUSA 这几大赞助商，这一年的 CPL 有超过 1600 名选手注册参赛，且有超过 30 家厂商在 CPL 中设置了展台进行展览。

根据官方数据显示，本次 CPL 也有 1 万名左右的观众进场参观。

如图 10-46 和图 10-47 所示，这一年的 CPL 赛事有《反恐精英 CS 1.6》《使命召唤》《战地 1942》《光晕 PC 版》的比赛，而和其他综合性赛事相较，2004 年的 CPL 赛事舞台设置除了项目赛事分区外，还有一个特别的分区——"自带电脑"（BYOC）区，共有近 2000 人注册获得了 CPL 的"自带电脑"区的席位。BYOC 区允许玩家自行携带电脑、显示器及其他外设。CPL 为这些玩家提供 10/100 Mb/s 的局域网，及多种游戏的对战服务器。

图 10-46　2004 年 CPL 现场（一）

而 INTEL 展区的主舞台则作为了所有竞赛项目决赛的比赛地，在这个区域，舞台设计商设立了大屏幕和等离子显示器供观众观赛，此外，借助硬件优势，在赛后，这个区域还举办了一个演唱会活动——Reflection Theory 乐队于 2004 年 7 月 28 日到场表演了其最新专辑的歌曲，图 10-48 为赛后颁奖的画面。

图 10-47　2004 年 CPL 现场（二）

图 10-48　现场颁奖时的大屏

2004 年的 CPL 是有史以来所有电子竞技赛事中面积最大的展区，参展单位包括 Intel、NVIDIA、Hitachi、CompUSA、Shuttle、PNY、MSI、NetFire、NCSoft、Novalogic、Mad Dog、Corsair、Antech 等超过 30 家公司，如图 10-49 和图 10-50 所示，大量的展区展示，也给观众带去了最新的电子竞技相关产业资讯和产品体验。

图 10-49　2004 年 CPL 展上的各大品牌展区

图 10-50　参展单位 NVIDIA 露出

　　除了基础的舞美硬件布置，2004 年的 CPL 在各个比赛区域还特别设置了观赛屏幕，为观众提供了更好的观赏体验；此外，CPL 还设立了专业的采访区和直播区域，为电子竞技赛事的报道和直播提供了更好的条件和设备，使得更多人能够了解比赛的内情和进程，如图 10-51 和图 10-52 所示。

图 10-51　2004 年 CPL 现场

图 10-52　2004 年 CPL 采访区域

在物料道具方面，2004 年的 CPL 总决赛现场的主舞台也增加了许多氛围物料，其中包括我们所熟知的"金色的雨"。这些物料增添了 CPL 舞台的视觉吸引力，也为观众和选手创造了更加独特的赛事氛围，使比赛更具戏剧性和视觉冲击力。

总而言之，这个时期的 CPL，从舞美呈现上，兼具了电子竞技赛事的竞技性和观赏性，同时也为许多电子竞技周边产业提供了一个展示的平台，从而做到丰富电竞赛事本身。

由于 CPL 的停办时间较早，可考据的舞美设计与实现资料较少，笔者根据现存资料，将 CPL 的舞美设计与实现特点做出以下总结。

（1）较为专业的舞台区域设置：为了增强赛事的竞技性和选手的竞技体验，CPL 舞台总体来说还是采用了较为专业的设置，配备高质量的灯光系统（早期的解说席可能会用到暖光源，现今电子竞技舞美设计与实现中已较少使用热量较高的暖光源）、LED 屏幕和专业级的音响设备。其目的是为选手和观众创造一个身临其境、视觉吸引力强的环境。

（2）安静、公平的对战区：CPL 活动通常使用单独的选手对战区，为选手提供了一个安全、公平且可控的环境，让他们可以专注于游戏而不分心。对战区配备了高性能游戏电脑、舒适的座椅和必要的电竞外设，以最大程度地优化选手的对战体验。

（3）专业的大屏幕和观众席设置：CPL 舞台同样也会设置观赛大屏，以供观众密切地关注比赛。大屏上主要展示现场游戏画面、选手数据、比赛统计数据及其他相关信息。现场也会提供充足的座位安排以容纳观众，在座位高度的设置上，会确保舞台和屏幕的清晰视野。

（4）解说区：与其他赛事类似，CPL 也设有专业的解说区域，并配有音响系统，便于观众理解赛事，但并没有设置评论区。

（5）互动展区：CPL 赛事偶尔会有互动展区或赞助区。这些区域提供给观众参与各种与游戏相关活动的机会，尝试新的游戏外设、新的技术和软件，参与挑战、赢取赠品等，这些展区并不是每一届 CPL 都有，但为赛事增添了娱乐的元素，增强了对游戏玩家和爱好者的吸引力。

10.1.5　IEM

英特尔极限大师赛（Intel Extreme Masters，IEM）由 Intel（全球最大的半导体芯片制造商）独家冠名赞助，是欧洲著名电子竞技组织 ESL（Electronic Sports League，电子竞技联盟）旗下的品牌赛事，是第一个全球规模的电竞精英锦标赛。图 10-53 是 IEM 的赛事 LOGO。

图 10-53　IEM 的赛事 LOGO

作为历史最悠久的全球性综合赛之一，IEM 的比赛由 ESL 于 2006 年开始举办，比赛项目包括 CS: GO、《星际争霸 II》《魔兽争霸 3》《雷神之锤》《英雄联盟》《绝地求生》等。IEM 已有十多年的历史，被广泛认为是世界上最负盛名和最传统的电子竞技活动之一，也可以被认为是综合性电竞赛事较为成功的代表。

比较特别的是，*CS: GO* 项目世界总决赛冠军奖金为 50000 美元，《星际争霸 II 》项目世界总决赛冠军奖金为 10 万美元，而根据 IEM 奖金分配，取得亚军将颗粒无收。这样的设置对于选手技术的考量无疑是非常严苛的，因此，在每年冠军诞生之时，IEM 都会收获极大的关注。

与其他综合性电竞赛事的舞美不同的是，IEM 的舞美呈现，离不开一个比较传奇的选址——卡托维兹。

卡托维兹是波兰的第十大城市，仅拥有约 30 万人口，曾以煤炭和钢铁工业著称，煤炭资源尤其丰富，产煤量占到波兰总产煤量的 90% 以上，被称为"波兰煤都"，和电竞并没有什么关系。但自工业革命以来，这座典型的"靠资源吃饭"的城市自然资源一度破坏严重。同时在波兰经济整体不振的背景下，城市本身对于资源过度依赖，重工业逐步衰落，新兴工业发展迟缓。自 2008 年经济危机以来，整个波兰的经济都需要靠欧盟的援助来维持。

2013 年 1 月 17 日，卡托维兹首次成为了 IEM 英特尔极限大师赛的举办地，而这一次举办带来的盛况让全球 1 万多名电竞爱好者顶着严寒前来卡托维兹观赛。这一场景让当地政府敏锐地意识到大型电竞赛事所具有的潜力和影响力。因此，在当时欧洲电竞相对不太发达的年代，卡托维兹迅速与 IEM 达成合作，将这座小城市每年都作为赛事的重要一站。在短短 5 年时间内，卡托维兹从"波兰电竞之都"晋升为"欧洲电竞中心"，这在整个电子竞技发展史上都可以算是一个令人瞩目的成就。

卡托维兹拥有优越的地理位置、卓越的硬件设施以及积极的政府支持，这些因素为 IEM 赛事乃至整个城市的电竞产业发展提供了强大的支持。特别值得一提的是，该市的地标性建筑 Spodek 碟体育馆可以容纳上万名观众，成为了众多国际电竞爱好者的朝圣之地。这个现代化的场馆不仅为观众提供了高品质的观赛体验，还为电竞赛事的顺利举行提供了理想的场地。

如图 10-54 所示，卡托维兹的电竞崛起是电竞产业蓬勃发展的一个鲜明例证，同时也为其他城市树立了榜样，展示了电竞在吸引全球观众和促进地方经济发展方面的潜力。这个小城市在电竞世界中的崛起，为整个电竞生态系统注入了新的活力，成为了电竞文化传播和发展的一个引人瞩目的成功案例。

图 10-54　因 IEM 应运而生的欧洲电竞中心

与其他综合性赛事类似，IEM 在舞美搭建的过程中依然秉承着一个核心宗旨：同一时间、同一地点、不同分区的布置。这种布局方式具有多重优势，不仅能够显著地节省场地成本和时间成本，而且在目前大量依赖一次性搭建的舞美实现方式下，采用同一时间、同一地点、不同分区的策略，有助于减轻负担，提高效率。

当不同游戏品类的赛事同时进行时，它们通常具有不同的选手席数量、观众数量和 IP 风格。采用同一时间、同一地点、不同分区的搭建方式，允许更灵活地适应这些变化，而不需要频繁更换舞美布局，从而保持了整体赛事的连贯性和观赏性。这种灵活性不仅节省了成本，还提高了观众的观赛体验，因为观众可以更方便地切换不同游戏的比赛。

此外，从传播的角度来看，采用同一时间、同一地点、不同分区的舞美方式有助于将不同游戏品类的赛事粉丝聚集在一起，形成一段时间内的狂欢效应。这种综合性赛事的布局方式有助于促进赛事的传播和营销，吸引更多的观众，以破圈的形式激发不同赛事 IP 之间相互的影响力。

但与其他综合性赛事不同的是，IEM 对于不同人气的赛事场地划分，具有更明显的"倾向性"。

尽管在 IEM 赛事中参与比赛的项目众多，但其中最受欢迎的 CS: GO 项目所用到的场地，会远远大于其他赛事品类的场地，甚至是其他舞美规模的十倍。

这种场地"倾向性"是源于 CS: GO 本身顶级的人气，如图 10-55 所示，CS: GO 作为电子竞技领域的巨星，在观众和粉丝中的广泛受欢迎。CS: GO 的高人气和大规模观众群体意味着需要更大的场地来容纳观众，以满足其观赛需求。也正是基于这个原因，IEM 采取了这种灵活的策略也不难理解，通过为 CS: GO 项目提供更多的空间和资源，来尽可能地获取更多的流量，以保证 IEM 赛事本身强大的观众认可度和凝聚力。

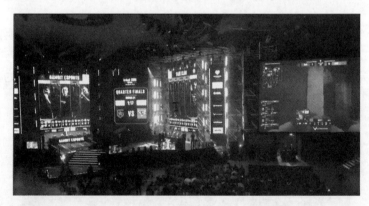

图 10-55　2023 年 IEM CS: GO 比赛现场

当然，和其他早年的综合性电竞赛事相比，IEM 发展至今，其整体的赛事规模也远远超过了十年前，不仅拥有了按照观众需求进行划分的分区，也有了外场搭建，如图 10-56 所示。

不过，为了在综合性赛事中体现 IEM 本身的品牌独特性，不同的赛事品类舞美在满足基本的 IP 展示和定制化互动需求外，整体的舞美色彩、风格都会保持一致性，进而凸显出 IEM 在其中的兼容并包作用。

图 10-56　2017 年 IEM 卡托维兹外场

这样一致性的舞美设计不仅赋予了 IEM 的整体形象一种统一感和专业性，还有助于创造一个共同的竞技氛围，让不同赛事品类的观众和粉丝都能够在 IEM 的赛场上感受到熟悉的氛围，并且，这种一致性的舞美风格也有助于加强 IEM 品牌的辨识度，使其在电子竞技界具有更明显的标识和知名度。

另一方面，这种统一的舞美设计也为赛事的组织和运营提供了更高的效率，因为可以共享舞美资源和设备，减少了重复投资和制作成本，为不同赛事品类的融合提供了有力的支持。

接下来，笔者将以 IEM 2019 年波兰总决赛为案例，为大家详细解析 IEM 的舞美设计与实现。

IEM 2019 年总决赛地点位于波兰南部的卡托维兹。前面已经提到过卡托维兹这座城市与 IEM 赛事之间的紧密联系，由于自 2013 年以来，卡托维兹一直主办 IEM 世界锦标赛，并且一直保持着电子竞技的特色，因此我们在详细阐述 IEM 的舞美时，也离不开对这座城市相关舞美元素的解析。

如图 10-57 所示，在卡托维兹火车站门口耸立着一座巨型的"奖杯"雕塑，这个雕塑的设计别具一格，由光滑的金属材料制成，呈现出流线型的外观，与 IEM 冠军奖杯的形状一致，如图 10-58 所示。这座雕塑的存在是为了纪念卡托维兹市举办过多次电子竞技比赛，它象征着电子竞技的辉煌和胜利。这座独特的雕塑不仅是卡托维兹的一道地标，也是电子竞技在这座城市举足轻重的历史和影响力的生动见证。它提醒着人们，电子竞技不仅仅是一项娱乐活动，更是一项充满竞争与荣耀的运动，激发着年轻一代的热情和追求。

这座雕塑以其独特的设计和象征意义，吸引着游客和电子竞技爱好者前来参观和拍照留念。

2019 年，IEM 总决赛在波兰卡托维茨的斯波德克竞技场（Spodek Arena）举行，如图 10-59 所示，斯波德克竞技场是 IEM 卡托维兹的标志性举办场地，这是一个结构独特的建筑，类似于宇宙飞船，或者说不明飞行物（UFO）。该竞技场可容纳 1 万多名观众，为 IEM 电子竞技比赛提供了可靠且有特色的环境。

图 10-57　卡托维兹火车站门口的巨型
　　　　　　"奖杯"雕塑

图 10-58　IEM 冠军奖杯

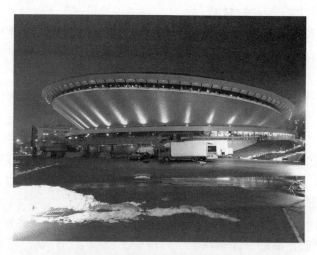

图 10-59　斯波德克竞技场（Spodek Arena）外部场景

　　这一年的 IEM，有 CS: GO、《英雄联盟》和《星际争霸 II》作为主要比赛项目（全年的 IEM 活动可能包括其他游戏，如 DOTA2《炉石》或其他基于特定活动和时间表的游戏）。

　　在场馆布置方面，除满足 CS: GO、《英雄联盟》和《星际争霸 II》的决赛主舞台外，在体育场及附近会展中心还设置了大面积的展区。

　　从图 10-60 所示的平面图可以清晰地看出，斯波德克竞技场的布局设计非常精巧。竞技场的左侧被规划为主要的比赛区域和观众席区，而右侧以及场馆周边则设置了多个电子竞技硬件厂商，如联想、惠普、微星等知名品牌的展示区域。此外，还有百事、飞利浦以及波兰百年巧克力品牌 E.wedel 等赞助商的展区，以及以《堡垒之夜 (Fortnite)》为代表的游戏内容展示区。

图 10-60　2019 年 IEM 平面场地图

　　观众在进入竞技场之前，根据巧妙的舞美动线设计，可以逐一游览各大电子竞技相关展区的展位。这为他们提供了一个独特的机会，可以深入了解和体验最新的硬件设备、软件技术以及与电子竞技相关的产品和服务。

　　实际上，作为影响力尚属顶级的世界综合性电竞赛事，IEM 在多个年份的舞美设置中都取得了显著的商业化效果。如图 10-61 所示，在 2018 年，IEM 同样在场馆周围设置了大量赞助商展区，为观众和参与者带来了更多的电竞体验机会，促进了电竞产业的发展，这一商业模式的成功不仅增强了 IEM 的影响力，还为其带来了更多的商业合作机会。

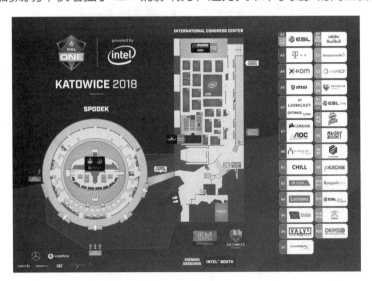

图 10-61　2018 年 IEM 平面场地图

　　而 IEM 的主展区布置并非机械的商业性陈设，而是具有"二次元"趣味，如图 10-62 所示。

图 10-62   2019 年 IEM 主展区现场

玩家和观众可以使用各种搭载酷睿 i7、i9 的 PC，现场体验《绝地求生》《堡垒之夜》、CS: GO 等众多热门游戏，也可以佩戴 VR 头显进入虚拟现实世界，体验最新的 VR 游戏，此外还有各种有趣的互动、Coser 合影打卡等，如图 10-63 所示。

图 10-63   2019 年 IEM 现场 VR 体验区

除观赛、线下娱乐、产品体验外，2019 年 IEM 现场还设置了电子竞技周边商店，观众可以在此购买心仪战队的商品（如战队队服），如图 10-64 所示。

图 10-64   2019 年 IEM 现场周边商店

在主视觉方面，IEM 舞美则主要采取一贯的 intel 蓝色主题，这是由于前面我们已经提到过，IEM 由 Intel 独家冠名赞助，采用 intel 蓝色主题不仅在视觉上与 Intel 品牌的形象高度契合，还彰显了创新和高质量的特点，有助于传达独家冠名商 Intel 作为领先科技公司的价值观、身份和地位。这种一致的品牌形象在整个 IEM 赛事中得到了贯彻执行，从赛场布景到赛事宣传，都注重了 intel 蓝色的统一呈现。

主舞台的设计极具视觉冲击力，如图 10-65 所示，主舞台由多块大型屏幕组成，其中主屏幕主要用于展示 OB 画面，将比赛的精彩瞬间呈现给观众。而两侧的屏幕则用来展示各支战队的信息，包括队名、队徽和选手信息等。IEM 的舞美设计的巧妙之处在于其互动性。随着比赛的进行，如果有战队的选手受到攻击或者完成"击杀"，屏幕上展示的选手照片将发生相应的变化。这种互动设计不仅增加了观众的参与感，还让他们更加投入比赛，因为他们可以通过屏幕上的变化来追踪每个关键时刻。

图 10-65　2019 年 IEM 主舞台现场

更有趣的是，当一支战队通过炸弹爆炸获胜时，屏幕上会出现火焰效果，这种效果的出现点燃了比赛的氛围，使比赛更加紧张和刺激，如图 10-66 所示。这种视觉效果不仅是为了增强比赛的观赏性，还为观众带来了一种身临其境的感觉，好像他们也置身于比赛现场一样。

图 10-66　现场击杀后的"火焰"效果

除了主舞台的精彩设计，IEM 还在幕后区域设置了多个关键通道，其中，主通道和侧面通道是最为显眼的两个通道。

主通道是选手登台的主要通道，它在比赛开场时发挥着关键作用。当比赛即将开始时，主舞台屏幕会从中间分开，为选手登台创造出一个引人注目的入场效果。这一时刻通常伴随着火焰、烟花等视觉效果，营造出极具冲击力的氛围，让观众沉浸在比赛的紧张气氛中。主通道的设计不仅提升了比赛的开场仪式，还为选手登场增添了一种庄严和隆重的氛围。

与主通道不同，侧面通道主要用于选手在比赛中场休息时的退场和再次登场。这个小通道虽然在视觉上没有主通道那么夺目，但它在比赛流程的顺畅运作中至关重要。如图 10-67 和图 10-68 所示，选手可以通过侧面通道迅速离开舞台，在中场休息结束后，再次通过这个通道回到舞台，以确保比赛的连贯性和高效性。

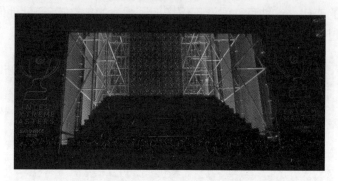

图 10-67　2019 年 IEM 总决赛主舞台幕后通道

图 10-68　2019 年 IEM 选手中场休息通道

2019 年的 IEM 赛事在比赛氛围的舞美设计方面，为冠军队伍的诞生准备了一场独特的庆祝活动，即"金色的雨"。这一庆祝活动以金色为主题，向冠军队伍的胜利致以热烈的祝贺。然而，与其他比赛不同的是，2019 年的 IEM 冠军的雨并不仅限于金色，更多的是表现为观众区域飘洒的"白色的雨"。

这种独特的设计选择不仅赋予了庆祝活动一种别具一格的美感，同时也与 Intel 的主视觉配色相呼应。在 Intel 的品牌调色板中，白色常常被用作次要颜色，它象征着纯粹、简单和清晰。这与 Intel 专注于提供清晰明了的技术解决方案的品牌理念相一致。如图 10-69 和图 10-70 所示，"白色的雨"不仅为冠军队伍的胜利献上了祝福，还传递了 Intel 品牌的核心价值观，强调了技术的纯粹性和清晰性。这种细致入微的设计细节为 IEM 赛事增添了独特的品牌特色，使得观众在庆祝冠军时也能感受到独属于 IEM 的科技与创新的氛围。

总的来说，作为现存的、影响力至今仍在世界顶级水平的综合性电竞赛事，IEM 的舞美设计与实现主要有以下几个特点。

图 10-69　2019 年 IEM 漫天飞舞的白色冠军雨（一）

图 10-70　2019 年 IEM 漫天飞舞的白色冠军雨（二）

（1）顶级视听及灯光 AVL 设备：作为顶级的综合性赛事，IEM 在舞美设计与实现上，通常会采用世界先进的技术和视听及灯光 AVL 设备，提供视觉上光彩夺目和身临其境的体验。具体的设备合作品牌可能因活动和地点而异。举例来说，IEM 曾和一些在娱乐行业以其照明解决方案而闻名的流行品牌 Martin、Claypaky、Robe、Vari-Lite 和 Chauvet 等进行合作，这些品牌提供各种照明设备，包括且不限于、LED 面板、聚光灯和效果灯；在音效方面，IEM 也经常与专业音频行业的知名品牌合作，其中包括 L-Acoustics、d&b audiotechnik、Meyer Sound、JBL Professional 和舒尔等公司，这些品牌提供高质量的扬声器、混音控制台、麦克风和其他大型活动中常用的音频设备。

（2）宽敞的舞台设计：IEM 的舞台面积通常不低于 3000 平方米，允许多个团队或玩家同时比赛。舞台设置通常包括为每个团队或玩家提供指定的区域，配备专业的游戏设置、舒适的座椅和优化的外围设备，以达到最佳性能。

（3）贴心的观众区域布置：IEM 舞台优先考虑观众体验，为观众提供充足的座位安排。此外，IEM 的观众区域设计会提供清晰的舞台视野，确保观众能够密切关注比赛，并在整个比赛过程中感到投入。部分舞台设计有分层座位或高架平台，以提高能见度。

（4）增强现实和视觉增强：IEM 偶尔会将增强现实元素融入其舞台，创造视觉上令人惊叹的效果和身临其境的体验。这些 AR 增强功能可以包括投影图形、虚拟叠加和动态视觉元素，这些元素与物理舞台设置相互作用，为活动增添了额外的兴奋感。

（5）解说席和评论席：与前述赛事类似，IEM 舞台也设有解说席和评论席。这些区域的舞美设置，可供专业主持人、解说员和嘉宾为观众提供深入分析、赛后分析和见解。

（6）多机位拍摄：为了确保高质量的观看体验，IEM 在舞美设计时采用了大量的现场机位，包括但不限于游走摄像机、采访机位、摇臂等。

（7）粉丝互动区：IEM 舞台通常还设置了粉丝可以参与活动的指定区域。粉丝可以在这里与喜欢的电竞选手见面，互动，进行水友赛，体验赞助商产品、最新游戏技术和泛电竞产品，这些互动区域增加了 IEM 的整体的娱乐体验。

10.1.6　WESG

世界电子竞技运动会（World Electronic Sports Games，WESG）成立于 2016 年 3 月 30 日，是一项由阿里体育组织的国际赛会制电子竞技锦标赛。阿里体育成立于 2015 年 9 月，电子体育事业部同时设立。经过半年时间的悉心准备，2016 年 3 月 30 日，阿里巴巴在上海召开新闻发布会，旗下电子体育事业部正式亮相，宣布启动原创电竞赛事 WESG 世界电子竞技运动会，并创建电子竞技开放平台。知名电竞赛事运营平台"戏谷电竞联盟"荣膺阿里体育授权，委托管理签约电竞馆，为阿里打造 WESG 提供鼎力支持。图 10-71 是 WESG 的赛事 LOGO。

据 WESG 官方数据显示，自 2016 年举办以来，WESG 覆盖了全球 8 亿关注用户，共有来自全球 193 个国家的 63 000 名选手参加、每年总投入超过 1.5 亿元人民币、总奖金超过 550 万美元。比赛共由 4 个比赛项目组成，分别为 *DOTA2*、*CS: GO*、《星际争霸 II》和《炉石传说》。在为期 9 个月的五大赛区及全球总决赛比赛过程中，赛事主办方通过国内外共 13 个直播平台进行全程直播，其中包含中、俄、英、西、德、波、法、韩、葡等 9 国语系。

与其他赛事较为不同的是，WESG 的主办方阿里体育是阿里巴巴集团控股、新浪和云峰基金于 2015 年共同出资成立的一家体育文化公司，其本身和游戏产业的关联性并不紧密，但依托于阿里极强的资金背景，WESG 在举办之初就获得了极大的关注，有包括支付宝、罗技、玩家国度等在内的 13 家赞助商鼎力支持。图 10-72 所示的场景即为 2016 年 WESG 的现场。

图 10-71　WESG 的赛事 LOGO　　　　　　图 10-72　2016 年 WESG 现场

　　此外，WESG 拥有比较独特的定位。作为阿里体育的第一项原创国际性赛事，有别于以往电竞比赛，WESG 制定发布一套特殊管理规定，包括运动员年龄与国籍认定，反兴奋剂条例，道德礼仪准则，处罚申诉条例等。阿里体育电子体育部总经理王冠表示，这些条例都是在参照了奥运项目的标准后根据电竞运动的特质所具体制订的，目的是为了保证每位运动员应有的权利，维护体育竞赛的公平公正，从而促进世界电子竞技运动的健康发展。

　　其中，年龄和国籍认定规定旨在保障运动员的身份和参赛资格，确保他们能够代表自己的国家或地区参加比赛。反兴奋剂规定旨在杜绝任何形式的药物滥用，以保持竞技体育的纯净性。道德礼仪准则则着重于培养选手的职业操守和团队协作精神，以塑造积极的竞技环境。至于处罚申诉条例，旨在确保选手在比赛中享有公正的待遇，有权提出申诉，以便处理不公平或有争议的情况。

　　WESG 提倡全民参与，允许符合年龄条件的所有电竞爱好者参加，同时强调国家荣誉，所有选手为国家而战，图 10-73 为 WESG 选手互相鼓励的场景。和奥运会类似，WESG 举办城市也采用申办形式，举办地点涉及了中国、韩国、迪拜、基辅、圣保罗等地。

图 10-73　WESG 选手席场景

　　在小组赛阶段，选手分批在酒店内进行小组循环赛，在总决赛阶段，WESG 的各类型赛事队伍则会来到大型体育中心进行比赛，如图 10-74 和图 10-75 所示。

图 10-74　主持人介绍 WESG 比赛场地（酒店部分）

图 10-75　总决赛阶段 WESG 主舞台

2019 年 3 月 17 日，阿里体育主办的第三届 WESG 世界电子竞技运动会全球总决赛在中国重庆成功落下帷幕。然而，在随后的 2020 年初，WESG 官方宣布因为全球疫情的影响，取消了原计划在澳门举办的 WESG 亚太区总决赛。

尽管如此，回顾 WESG 的发展历程，我们可以发现，2019 年的赛事内容与 2016 年相比，并没有出现太大的变化。这种相对稳定的比赛内容可能导致了一些用户黏性的下降，以及国内外 WESG 的热度有所下降。此外，尽管 WESG 一直在寻求吸引头部电竞 IP，如《英雄联盟》和《王者荣耀》，但这些游戏依然没有成为 WESG 的一部分，这也可能对其吸引力产生一定影响。

然而，尽管面临一些挑战，WESG 作为电竞领域的国际性赛事，仍然在全球范围内享有一定的声誉，并且为电竞运动提供了一个跨国家和地区的竞技平台，使选手们能够在全球范围内竞技，这一点对于电竞的全球普及和推广仍然具有积极的意义。

接下来，我们将以 2019 年的 WESG 为案例，对 WESG 赛事的舞美设计与实现做详细的解析。

2019 年的 WESG 舞美场景分为酒店和体育场两部分。

首先，3 月 9~14 日，在重庆雅诗特酒店进行各个赛事的小组赛和淘汰赛，如图 10-76 和图 10-77 所示。

图 10-76　2019 年 WESG 小组赛及淘汰赛现场布置

图 10-77 2019 年 WESG 小组赛及淘汰赛现场对战环境

接着，3 月 17 日，在重庆奥林匹克体育中心进行总决赛的比拼，如图 10-78 所示。

图 10-78 2019 年 WESG 搭建中总决赛舞台

2019 年的 WESG 赛事主要参赛项目有:《反恐精英: 全球进攻 》、*DOTA2*、《炉石传说》《星际争霸 II》、*Pro Evolution Soccer* 等游戏，虽然该比赛的主办方和承办方都是来自中国的企业，但是整个比赛的参赛选手却来自世界各地，为了满足国际化的办赛需求，同时强调主办方的特性，在许多舞美标识上，都采用了中英双语来进行展示。

而在服化道方面，除具有民族特色的演出外，总决赛志愿者则多身着红色旗袍，以体现中国特色，如图 10-79 所示。

除了细节处的安排，为了满足观众的互动体验，WESG 在外场同样设置了电竞明星打卡展台，黄旭东、少帮主、瓦莉拉等电竞明星均出席现场，与粉丝进行互动，如图 10-80 所示。

除了赛事本身的设置，2019 年 WESG 也为选手们提供了休息和训练的空间，虽然搭建层面较为简单，但配备了专业的电竞训练电脑，以供选手保持手感，如图 10-81 所示。

图 10-79　身着红色旗袍的中国志愿者

图 10-80　2019 年 WESG 外场互动展台

图 10-81　2019 年 WESG《星际争霸 2》项目决赛开始前，选手在休息区交谈

　　在比赛层面，为了防止选手受到过多的干扰，赛事方则选用隔音材料进行了选手席的搭建，为参赛团队提供较为私密、安静、安全的比赛空间，玻璃的外景在便于摄像捕捉的同时，也隔绝了外部噪声的干扰，如图 10-82 所示。

图 10-82 2019 年 WESG *CS: GO* 冠军赛现场较为密闭的选手席舞美

此外，除了赛事基本用途，2019 年 WESG 的主舞台还进行了音乐歌舞演出，以点燃现场氛围，丰富观赛体验，如图 10-83 和图 10-84 所示。

图 10-83 2019 年 WESG 现场大提琴演奏

图 10-84 2019 年 WESG 现场摇滚乐表演

在表演方面，2019 年 WESG 还在舞台周围布置了烟花机、烟雾机等电子竞技舞美常用特效道具，以进一步提升现场氛围感，调动观众情绪，如图 10-85 所示。

图 10-85　2019 年 WESG 现场烟花机、烟雾机等特效道具的使用

总的来说，WESG 的舞台有以下特点。

（1）壮观的视觉效果：由于 WESG 背靠阿里，拥有强大的资金链，因此，WESG 的舞台从视觉上可以以"壮观""令人惊叹"来形容，不管是和 WCG、ESWC 还是 CPL 等赛事相比较，其舞美规模无疑都是名列前茅的。在配置上，WESG 采用多个高清 LED 屏幕、数以千计的照明灯光来打造视觉舞台，营造出激动人心的氛围，增强比赛的激情。

（2）沉浸式音响系统：WESG 比赛舞台使用了较为先进的音响系统，可为观众提供清晰的音频。此外，WESG 还采用沉浸式环绕声营造出身临其境的体验，让观众感受到游戏的强度和人群的能量。

（3）面积较大的舞台场景：不论是在室内还是在室外，WESG 赛事多会选择较为宽敞且设备齐全的舞台环境进行赛事的搭建，这样的环境通常可容纳多名选手、多个赛事团队及大量的观赛粉丝，也为选手提供了充足的空间来保障赛事的公平性以及比赛的舒适性。除此之外，在这样的场景内，经过精心设计和搭建，WESG 能够确保现场观众和线上观众的最佳能见度。

（4）专业的舞美流程设计：WESG 的赛程有专业团队进行设计，除赛程外，赛事动态舞美的变化过程也经过了专业的设计，确保在各个赛事之间无缝执行。WESG 的舞美设计团队对包括舞台设置、灯光和声音协调、摄像机角度和直播速度等都进行了专业的设计和安排。依托于当地团队的专业知识，确保了比赛的每一幕精彩场景都能被准确而专业地捕捉并呈现给观众。

（5）注重观众体验的观赛设计：由于观众人数众多，WESG 的舞美设计理念之一就是为现场观众创造引人入胜的观赛体验。WESG 结合了外场互动、比赛观众镜头露出和现场解说等互动元素，让观众在整个活动中都能真正参与进来。

（6）体现中国传统文化的细节设置：在服化道方面，通过中国元素露出（例如志愿者身着红色旗袍、包装采用中华传统文化特色图腾等），在众多细节处体现中国传统文化，这也是其他大型综合赛事所罕见的。

尽管 WESG 的舞美设计得如此出色，但遗憾的是，截至 2023 年年初，"阿里体育电子竞技"的官方账号更新仍停留在 2020 年 1 月 22 日的赛事取消通知，无更新公告，如图 10-86 所示。

图 10-86 "阿里体育电子竞技"账号博文

WESG 作为国内首次尝试举办的大型原创综合性电竞赛事，虽然暂时停更，但它的经历和挑战为第三方赛事在国内的发展提供了有益的经验和思考。

首先，第三方赛事的成功运营离不开强大的资金支持。综合性赛事的规模通常较大，需要支付高昂的比赛奖金、制作成本以及推广费用等。因此，第三方赛事主办方需要积极寻找合适的资金来源，可能包括赞助商、投资者等，以确保赛事的可持续性和成功举办。

其次，热门竞技游戏 IP 在一定程度上可以保障第三方综合性赛事的生命力。热门游戏 IP 通常拥有大量的粉丝和玩家基础，这为赛事吸引观众、参赛选手和赞助商提供了有利条件。因此，第三方综合性赛事主办方需要考虑与热门游戏 IP 合作，以增加赛事的吸引力和可持续性。

此外，除了商业因素，第三方综合性赛事还需要考虑如何与游戏厂商主导的单品类赛事进行周期协调。现在，许多游戏厂商已经建立了自己的职业联赛体系，其中包括独立的比赛季和锦标赛。在这种情况下，第三方赛事需要找到适当的时间和空间，以确保顶尖"明星选手"能够参与，并保障赛事的公平性和吸引力。

总之，WESG 的经历提供了有关综合性赛事运营的宝贵教训。第三方综合性赛事主办方可以从中吸取经验，寻找合适的资金支持、合作伙伴，并与游戏厂商协调，以确保赛事的成功举办和可持续发展。电竞行业的竞争激烈，但也充满了机遇，只要具备正确的策略和执行力，第三方综合性赛事仍有一定的发展潜力。

10.1.7　Gamers 8

Gamers 8，近年来崛起的一项具有象征意义的综合性电竞赛事，与其他综合性赛事不同，它起源于沙特阿拉伯，首届比赛于 2022 年成功举办，包括了多个备受欢迎的游戏项目，如 *DOTA2*、《火箭联盟》《堡垒之夜》《彩虹六号：围攻》以及《绝地求生：移动版》五个项目。首届 Gamers 8 的奖金总额高达 1500 万美元，这一数字在综合性赛事中堪称卓越。然而，尽管其有高额奖金和卓越品质，首届 Gamers 8 的知名度相对较低，主要因为它是在支持"无国界游戏玩家"（Gamers Without Borders）大型慈善活动的背景下举办的。尽管这个赛事在慈善活动方面具有纪念意义和无可挑剔的声誉，但实际上，鲜有人了解它的存在。图 10-87 即为 Gamers 8 的赛事 LOGO。

图 10-87　Gamers 8 的赛事 LOGO

第二届 Gamers 8 于 2023 年 7 月 8 日在沙特利雅得再次举办，吸引了广泛的关注。最瞩目的是，本次比赛的总奖金池高达 4500 万美元，相当于约 3.1 亿人民币，刷新了 2021 年 *DOTA2* 赛事 Ti10 的奖金纪录（4000 万美元）。这一数字使其成为电子竞技历史上奖金最高的赛事之一，也让其成为同一时间下全球最受瞩目的电子竞技赛事之一。

第二届 Gamers 8 比赛项目有《堡垒之夜》《铁拳 7》、*FIFA*、《绝地求生：移动版》《彩虹六号：围攻》、*DOTA2*、《绝地求生》《赛车模拟》《星际争霸 2》《街霸 6》、*CS: GO*、《火箭联盟》等，几乎囊括了除拳头系外的所有知名电竞项目。根据电竞直播数据机构 Esports Charts 统计，Gamers 8 2023 年在海外直播平台上总收看时长为 6223 万小时。作为参考，2022 年英雄联盟全球总决赛的收看时长在 Esports Charts 统计中为 1 亿 4194 万小时，DOTA2 TI11 的该项数据为 6774 万小时。

与其他赛事相比，Gamers 8 的最显著特点在于其背后拥有国家级别的资金支持。在第二届 Gamers 8 比赛举办之前，沙特主权基金进行了大规模的投资，资助了世界主要电竞赛事组织，如 ESL/FACEIT 和英雄体育 VSPO，数额达到了数十亿美元。

2016 年，沙特成立了公共投资基金，正式确立为该国的主权财富基金。这一基金被视为推动"2030 愿景"的引擎，也成为沙特经济多元化政策的关键支持者。同年 4 月，沙特内阁会议通过了由经济和发展事务委员会起草的"2030 愿景"，宣布了经济和社会领域的全面改革计划。公共投资基金将非石油部门作为优先投资领域，以服务"2030 愿景"中的经济多元化、支持私营企业和推动高新技术发展等作为改革目标，引领国家的多元化经济转型。

沙特国家首相、沙特王储以及英雄体育 VSPO 的投资方 Savvy 董事会主席穆罕默德·本·萨尔曼曾在一份声明中表示："我们的目标是在 2030 年将沙特打造成全球游戏和电竞行业的中心。"而在此之前，沙特已经大力投资传统体育领域，尤其是足球产业，并取得了显著成就——在世界足坛仅有的四位税前年薪过亿的巨星中，全都有沙特的身影，包括 C 罗、本泽马、坎特和内马尔。

可以说，沙特不仅拥有足够的财力，还有实力整合电竞资源，主办国际一流的电竞赛事。这种国家级资金和战略投资对电竞发展起到了巨大的推动作用，为 Gamers 8 的举办以及沙特的电竞产业注入了强大的动力，使它们在国际电竞舞台上脱颖而出。

回到 Gamers 8 的舞美设计与实现本身，首届 Gamers 8 因缺乏充分的市场营销和媒体报道，因此具体的舞美资料难以查证。根据 escharts.com 提供的统计数据，即使在西方世界，首届 Gamers 8 几乎没有吸引到大规模观众，其中最受欢迎的是奖金高达 200 万美元的《堡垒之夜》赛事，但仅吸引了 11 万多名观众。

幸运的是，随着沙特不断加大在电子竞技领域的投资，第二届 Gamers 8 受到了更多的关注和媒体报道，其规模也有了显著增长。因此，本书将主要以第二届 Gamers 8 的舞美设计和实施为主要案例，以便更详细地分析和讨论。这一届的赛事已经吸引了广泛的关注，为我们提供了更多有关 Gamers 8 舞美设计的可靠信息和数据，使我们能够更全面地了解这一赛事的视觉呈现和制作质量。

第二届 Gamers 8 于 7 月 8 日 ~9 月 11 日在沙特利雅得的 Boulevard Riyadh City（布尔瓦德利雅得城）举办。Boulevard Riyadh City 占地约 16 万平方米，是一座位于沙特阿拉伯首都利雅得的大型综合性城市项目，紧邻 King Salman Road（萨勒曼国王路），交通便利，被称为"利雅得最大的游乐园"。其设计理念融合了现代建筑风格和可持续发展原则，包括高档住宅区、商业中心、购物中心、酒店、餐饮场所以及娱乐设施，以满足当代城市居民的需求。

Boulevard Riyadh City 的一个显著特点是拥有众多的文化和艺术元素，在此处设立了美术馆、剧院和表演场所，在 Gamers 8 开展之前，Boulevard Riyadh City 就一直在积极推动社区互动和文化交流，包括玩具博览会、研讨会、香水展、汽车展、动漫展和 Black Hat（黑帽技术大会）等，通过各种文化活动和社区活动，使当地的艺术活力保持不停息的状态。

这样一个聚集了壮观、欢乐、多彩元素的场地，为第二届 Gamers 8 的舞美设计与实现创造了很好的环境条件，也与 Gamers 8 这样的大型综合性电竞赛事的"狂欢"属性不谋而合，为了更加突出这种"狂欢"氛围，并强调电子竞技的科技元素，Gamers 8 的外场舞美采用了一系列非常有创意的设计，如图 10-88 所示。

图 10-88　2023 年 Gamers 8 举办期间的 Boulevard Riyadh City

在静态层面，赛事组织者采用了大量高饱和度的色彩和夸张的立体舞美设施。这些艺术装置不仅在视觉上赚足了观众眼球，还在部分游戏元素的基础上进行了富有想象力的延伸，营造出一个奇幻的氛围，尤其是在夜晚，让整个场地充满了魔幻色彩，如图 10-89 和图 10-90 所示。

在动态层面，赛事方则策划了壮观的无人机秀和烟花秀。这些动态元素以多样化的方

图 10-89　Gamers 8 外场舞美图（部分）（一）

图 10-90　Gamers 8 外场舞美图（部分）（二）

式结合在一起，同时以活动 IP 为设计基础，强调赛事本身的独特性，不仅提升了活动的影响力，也将观众的情感体验推向了新的高度，将观众带入了一个既生动又科幻的电竞世界，从进入到这个区域那一刻，就能够享受电子竞技带来的刺激，如图 10-91 和图 10-92所示。

图 10-91　Gamers 8 外场舞美图（无人机秀）

即便如此，外场区域的舞美布置也仅仅只是 Gamers 8 的冰山一角，要论起真正令人震惊的舞美主场，毫无疑问，还得是 Gamers 8 的电子竞技赛事现场。

前面我们已经提到过，相较 2022 年的 Gamers 8，2023 年的 Gamers 8 规模扩大了许多，在保留了 2022 年的五大赛事项目的同时，还追加了《铁拳 7》《星际争霸》、CS: GO、《绝地求生》（端游版）及《街霸 6》等多个游戏项目，这也意味着该赛事的舞美仅占地面积层面就极为壮观。

图 10-92　Gamers 8 外场舞美图（水幕灯光秀及无人机秀）

　　2023 年 Gamers 8 的成功和各项数据都能反映出电子竞技产业的飞速发展和其在娱乐产业中的重要身份。整个 2023 年 Gamers 8 持续了 整整 8 周的时间，在舞美的周期布置上，仍然采取了类似于"同时多处"的原则，但与 IEM 的侧重点有着明显的不同，2023 年 Gamers 8 在舞美角度可以说是给予了每一款项目足够细节的设计与实现。

　　以 PGS 2 和 Riyadh Masters 大师赛为例，这两个比赛分别为 Gamers 8 中以《绝地求生》（PUBG）和 *DOTA2* 为比赛主题的赛事，根据电竞直播数据机构 Esports Charts 统计，Gamers 8 2023 年在海外直播平台上总收看时长为 6223 万小时，如图 10-93 所示。就细分项目而言，2023 年 Gamers 8 的收看时长中很大部分都来自 *DOTA2* 比赛。2023 年利雅得大师赛虽然不被算入 DPC 系统之中，但 1500 万美元的总奖金使得它成为今年最大的单项电竞大赛之一。2023 年利雅得大师赛的总观看时长为 3000 万小时，仅比 2023 年 *DOTA2* 少了 230 万小时，排在迄今为止所有 *DOTA2* 比赛的第二名；而 PGS 2 在总统计表中收视率名列第四，收视高峰达到了 16.34 万，总观看时间为 423 万小时，不到 Riyadh Masters 大师赛的一半。

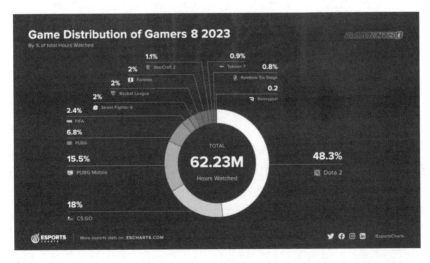

图 10-93　Esports Charts 统计的 2023 年赛事在海外直播平台上总收看时长

然而，在回顾现场电子竞技赛事的舞美设计和实现时，我们可以明显看到，PGS 2 和 Riyadh Masters 大师赛的舞美精美程度是不相上下的。两场比赛都充分展示了对舞美的高度关注，都占用了几百平方米的庞大舞美空间，为观众营造了沉浸式的电竞体验。也都同样使用了双侧大屏、桌面屏、地屏等标准电竞舞美设施，不仅为比赛的实时观看提供了更好的条件，也增强了观众的互动性。此外，相似的主题配色和设计元素也被使用在两场关注度不一的赛事中，赋予了两场比赛一致的品牌标识，让人一眼就能识别出它们所属的 Gamers 8，如图 10-94 和图 10-95 所示。

图 10-94　Riyadh Masters 大师赛现场

图 10-95　PGS 2 赛事现场

就整体舞美而言，PGS 2 和 Riyadh Masters 大师赛之间最显著的差异可能在于其赛事属性和 IP 本身。Riyadh Masters 大师赛基于的是 *Dota2* 这一典型的 MOBA 赛事，其中比赛由两支战队组成，每队 5 名选手。因此，在整体舞美排布上，这场比赛仅需设置对称的两排对战席，以满足赛事需求。

与此不同，PGS 2 基于的是《绝地求生》这一战术竞技类赛事，共有 24 支国际战队参与比赛。因此，在有限的空间内，需要更多的对战席的排布，以确保比赛的公平性和竞技性。在这样的背景下，舞美设计师们需要充分发挥创意，使得整个舞台布局不仅满足功能要求，还能够保持美观和协调。

此外，值得注意的是，PGS 2 赛事本身的主视觉中包含紫色元素，因此，在一些场景中，舞美设计师通过灯光的变化，将 Gamers 8 的主视觉配色逐渐转化为更符合比赛 IP 风格的样式，如图 10-96 和图 10-97 所示。

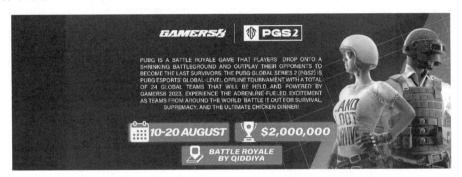

图 10-96　PGS 2 的赛事介绍（可看出主视觉为蓝色 + 紫色）

图 10-97　PGS 2 主舞台视觉（部分）

而 Riyadh Masters 大师赛的主视觉配色以绿色为主，与 Gamers 8 的主视觉配色较为相似，因此在比赛过程中的视觉变化并不明显，如图 10-98 所示。

图 10-98　Riyadh Masters 大师赛的赛事介绍（可看出主视觉为绿色）

这些差异在舞美设计中也属于常见现象，能够表达对不同游戏属性和 IP 特点的理解和呈现，在综合性比赛中，这样的设计让其既能与赛事主题保持一致，又能做到让每场比赛都能保持独特的视觉特色，同时满足比赛需求。

作为一场几乎可以说是不计成本的综合性赛事，Gamers 8 不仅提供了核心电子竞技赛事，还举办了一系列丰富多彩的配套活动，为观众带来了全方位的娱乐体验。在内场区域，赛事方提供了专门的舞台表演活动区，让观众们沉浸在音乐的海洋中，欣赏了多达 8 场的摇滚音乐会。国际超级摇滚巨星梦龙乐队（Imagine Dragons）和四次格莱美奖得主 Macklemore 等数十位明星的精彩表演，让观众与他们共同欢乐，以与电子竞技类似的、充满活力和荷尔蒙的形式，调动起观众的情绪，让整个氛围更加"燃"了起来。

此外，Gamers 8 还为观众们准备了更多有趣的活动，以满足各种兴趣和游玩体验的需求。例如，Aramco 赛车模拟竞技场、Powr Villa 的恐怖周、日本村、韩国区等区域，提供了丰富多彩的互动体验，参与者可以尽情探索和享受。更有趣的是，参与者甚至有机会亲身体验吃豆人玩法，去追捕那些大家熟悉的"鬼魂"，为整个赛事增添了一份趣味和刺激。

值得一提的是，Gamers 8 不仅关注电竞爱好者，还特别设置了儿童圆顶（Kids Dome）区域，为有儿童的家庭提供了一个独特的娱乐场所，让他们可以尽情畅玩、欣赏国际知名 IP 例如芭比和吃豆人的精彩世界。这个特别定制的区域提供了儿童和家庭所需的各种互动体验、游戏、现场表演和演出，通过趣味的舞美设计与实现，为他们打造了一场难忘的娱乐之旅。

图 10-99　在儿童圆顶区玩耍的小孩

儿童圆顶区域不仅充满趣味，还兼具教育性。整个区域配置了高达 6m 的吃豆人街机和可真人参与的迷宫，为年轻的观众提供了丰富多彩的娱乐选择。孩子们可以亲自体验各种互动游戏，参与现场表演，探索迷宫中的秘密通道，激发他们的好奇心和创造力，这个儿童友好的区域为家庭带来了欢笑和乐趣，也为孩子们创造了一个充满欢乐和启发的环境，让他们度过了一段难忘的时光，如图 10-99 所示。Gamers 8 的儿童圆顶区域的设计，也充分展示了赛事主办方对不同年龄层观众的关心和关注，为整个赛事增添了一抹温馨的色彩。

Gamers 8 不仅是一场电竞盛事，更是一个汇聚了娱乐、音乐和互动体验的聚会，为观众们带来了一个多元化的娱乐世界。这种多元化的活动设置不仅丰富了赛事的内涵，也让每位参与者都能找到自己喜欢的方式来度过难忘的时光。这一系列精彩活动不仅丰富了 Gamers 8 的内容，还为观众创造了一个充满乐趣和互动的电竞盛宴。

总的来说，Gamers 8 的舞美设计与实现具有以下特点。

（1）舞美设计的多样性：Gamers 8 通过在多个活动和比赛中采用不同的舞美设计，展现了多样性。PGS 2 和 Riyadh Masters 大师赛虽然在赛事属性上有差异，但它们都注重了视觉一致性和品牌传达。而无论是 PGS 2 还是 Riyadh Masters 大师赛，都在舞美设计中融入了赛事属性和 IP 本身的特点，保持了整体的一致性。

（2）赛事属性的考量：两个比赛根据比赛属性的不同进行了差异化的舞美设计。Riyadh Masters 大师赛基于 DOTA2，采用了相对简洁的舞台布置，而 PGS 2 基于《绝地求生》，需要在有限的空间内布置大量对战席，因此在保障比赛公平性的前提下，更加注重布局的美观与设计。

（3）视觉一致性：通过将品牌配色与舞美布置相协调，Gamers 8 确保了整个赛事的视觉一致性。这有助于增强品牌的辨识度，使观众更容易识别并关联 Gamers 8。

（4）多元化的活动与文化融合：Gamers 8 通过举办多元化的配套活动，如音乐会、漫展、高峰论坛等，吸引了不同兴趣领域的观众，促进了文化交流与融合。这为观众提供了更丰富的体验，使赛事更具吸引力。

（5）互动与娱乐：活动的设计强调了观众的互动性和娱乐性，包括现场互动、角色扮演比赛等。这些互动元素让观众成为活动的一部分，提供了更多的欢乐和互动机会。

总的来说，我们可以认为，除了观看电竞赛事，Gamers 8 的观众们还可以体验到从大到小、由点及面的舞美展示，一起参加一系列的研讨会，观看最为正宗的音乐表演，甚至进入日本武士道场，去学习武士的礼仪以及一些剑术的基础知识。以官方的话来说，又可以概括为：Gamers 8 is much more than just esports. It's a massive festival full of gaming, music, culture, and passion.（Gamers 8 不仅仅是电子竞技，它还是一个充满游戏、音乐、文化和激情的大型节日。）

10.1.8　迪拜电竞节

与 Gamers 8 比较类似，在 Gamers 8 之前，在中东，还有一个比较知名的综合性电竞赛事，名叫迪拜电竞节（Dubai Esports Festival）。图 10-100 即为迪拜电竞节的 LOGO。

之所以说两个综合性赛事比较相似，主要原因有以下几点。

（1）持续时间较长：2023 年 Gamers 8 持续了整整 8 周的时间，而 2022 年迪拜电竞节也不遑多让，持续约 2 周。

图 10-100　迪拜电竞节 LOGO

（2）以赛事为核心，融合多种活动：两者都以电竞赛事为核心，同时围绕赛事安排了一系列丰富多彩的现场活动。这些活动包括但不限于 Cosplay 展出、现场演唱会等（迪拜电竞节的这一部分我们会在后面进行详细的介绍）。

（3）举办地均位于中东：Gamers 8 和迪拜电竞节都选择了中东地区作为举办地，沙特阿拉伯是中东地区的一个国家，而迪拜是阿拉伯联合酋长国（United Arab Emirates，UAE）的一个城市。事实上，这两个综合性赛事都表明了近年来电竞在中东地区的兴起和极高的受欢迎程度，且这两个综合性赛事都为中东地区的电竞发展提供了一个聚集和互动的平台，推动了电竞文化在该地区的传播和发展。

回到迪拜电竞节本身，首届迪拜电竞节于 2022 年 11 月 9 日至 20 日在迪拜展览中心（Dubai Exhibition Centre, Expo City）举办，这一届迪拜电竞节将由英雄体育 VSPO、迪拜经济和旅游部（Dubai's Department of Economy and Tourism，DET）及 Dubai World Trade Center 联合主办，在迪拜媒体委员会主席 Sheikh Ahmed bin Mohammed bin

Rashid Al Maktoum 的赞助下，落地迪拜展览中心，这也是自 2020 年世博会落地迪拜展览中心以来首次举办国际休闲活动。

举办这场综合性赛事的迪拜展览中心是位于迪拜世博会城（Expo City Dubai）内的现代展览和会议场馆，如图 10-101 所示，其地理位置便利，距离迪拜国际机场仅 20 分钟车程。该中心规模宏大，拥有多功能展览厅、会议室、音响设备和豪华休息区，适用于各种国际级展览、大型会议和文化活动。作为迪拜世博会的一部分，这一标志性建筑承办各种重要活动，吸引着来自全球的参与者和游客。其多功能性和国际影响力使其成为中东地区最重要的展览和会议场馆之一，为世界各地的企业、政府机构和组织提供了交流和合作的独特平台。

图 10-101　迪拜展览中心

据官方报道，2022 年迪拜电竞节举行了为期两周的活动，包括 2022 年 PGC 全球总决赛、GameExpo 游戏嘉年华、PopConME 漫展、Initiate Summit 高峰论坛、现场演唱会、区域电竞赛及校园电竞活动，并在全市范围内进行展示最新游戏及相关产品的促销活动。2023 年的迪拜电竞节也举行了游戏博览会、高峰论坛、赛事等活动，不过，由于 2022 年迪拜电竞节的活动持续时间更长、类型更丰富，在本书中，我们将主要以 2022 年的迪拜电竞节为主要案例进行舞美设计与实现方面的分析。

首先，我们需要强调一点，迪拜电竞节最特殊的地方在于，它是一项独具地区特色的综合性电竞盛事，这一点从其命名便可窥见其与当地文化旅游的深度融合和定制化设计。这种独特性在电子竞技赛事历史上可谓独树一帜，并且得到了国家的支持，显示出其在电竞领域的重要地位。这种独特的定位也深刻地影响了迪拜电竞节的整体舞美设计和实现。这样的特殊性不仅在于其致力于将电竞与当地文化和旅游资源有机结合，还在于其背后的资方支持，这使得这场盛世的舞美设计成为一个独特的焦点。在舞美方面，迪拜电竞节不仅注重电竞赛事本身，还着重于营造一个突出当地特色和文化元素的独特氛围。

如图 10-102 所示，以其 KV 为例，2022 年迪拜电竞节的 KV 视觉形象的设计是基于赛事的举办地迪拜，以及该城市的特色元素。该赛事的 KV 设计巧妙地融合了这座城市的多个标志性特点，其中包括了世界上最高的建筑物哈利法塔（Burj Khalifa）。在一个科幻风格的主题下，KV 将这些建筑元素和地标特色高度融合在一起，呈现出一个令人印象深刻的视觉形象。这样的主视觉设计不仅仅是一种图形，更具有鲜明的视觉特征，使人一眼就能识别出与迪拜相关的元素。

在迪拜电竞节的舞美实施方面，该赛事不仅仅关注了赛事本身，还在赛事正式开始之前采取了一系列具有地区特色的建设设施。举例来说，为了庆祝首届迪拜电竞节的盛大开幕，于当地时间 2022 年 10 月 31 日晚，世界上最高的建筑物哈利法塔为这一赛事点亮了壮观的奇幻色彩。如图 10-103 所示，这一舞美设计从某种程度上来说，不仅是为了营造统一的视觉氛围，也是对电竞节的隆重庆祝。哈利法塔作为世界著名的地标，将其灯光和外观与电竞节相协调，展现出一种独特的科幻氛围，向参与者和城市居民传达了迪拜对电竞文化的热情支持和欢迎。

图 10-102 迪拜电竞节 KV

图 10-103 世界第一高楼（哈利法塔）为迪拜电竞节点亮了奇幻色彩

从 2022 年迪拜电竞节的流程安排来说，整个活动按照表 10-2 的日程开展。

表 10-2 2022 年迪拜电竞节活动流程及安排

时　间	类　目	详　细　介　绍
11.09~11.10	Initiate Summit 高峰论坛	Initiate Summit 高峰论坛是一个面向游戏行业的专业人士、开发者和创意人员，旨在强化迪拜及中东和北非地区电子竞技生态系统的重要 B2B 活动平台。这一活动于 2022 年 11 月 9 日至 11 日举行，前两日将提供与 40 多位行业领袖和高层人员进行交流的机会，并在第三天举办深度研讨会。该展会让 200 多名参与者深入了解了最新的全球电子竞技趋势，突出该地区作为游戏生态系统、全球人才和行业创新中心的同时，强调其中的关键投资机会。此次行业集会将邀请著名演讲者，出席人员包括但不限于育碧蒙特利尔的世界设计总监 Maxime Durand、Epic Games 虚拟引擎 EMEA 负责人 Rocco Scandizzo、权力联盟游戏（PLG）首席执行官 Matthew Pickering、Fnatic 首席执行官兼创始人 Sam Mathews、腾讯 MENA 负责人以及 Level Infinite 国家经理 John Lacey 等

续表

时 间	类 目	详 细 介 绍
11.10~11.11	School TournamentFinals & Career Day(s) 校园电竞活动及职业介绍日	校园电竞活动于 2022 年 11 月 10 日举行，与迪拜一些精选的学校进行合作，届时年轻的游戏玩家们可以在课堂上取得参赛资格。在电竞节期间，决赛选手们可以在舞台上相互挑战
11.10~11.13	PopConME & GameExpo 漫展及游戏嘉年华	PopConME 漫展于 2022 年 11 月 10 日至 13 日举行，是一个涵盖超级英雄、漫画、游戏、艺术、电影、电视、动漫等世界级流行文化元素的庆典活动。活动以各种身临其境的娱乐体验为特色，鼓励粉丝们穿上他们最喜欢的角色扮演服装，与他们最喜爱的角色扮演名人会面，并通过现场表演、电影放映、艺术工作营深入了解日本动漫文化。 2022 年 11 月 10 日至 13 日举行的 GameExpo 游戏嘉年华共包含四个汇集了品牌、出版商和游戏专家的沉浸式区域，将提供一个让粉丝们与所有游戏和电竞事物互动的平台。粉丝们可以观看精彩的现场电竞比赛，也可以在迪拜游戏区与偶像见面并一较高下。复古游戏专区将用独特而罕见的老游戏营造怀旧的氛围，并供所有粉丝进行娱乐和休闲比赛。在探索区，粉丝们可以享受最新鲜奇特的独立游戏，并直接在独立游戏开发商那里看到最新的 BETA 游戏。特设的流媒体中心使游戏流媒体和个人社交媒体在节日期间更新和直播更多内容
11.12~11.13	Honor of Kings（Regional Pre Launch） 王者荣耀区域试点赛	王者荣耀区域试点赛为 MENA 地区（中东及北非）首个 HOK 线下赛。据悉，本次 HOK 赛事分为预选赛和决赛两个阶段，主要围绕 MENA 地区的电竞队伍展开。预选赛阶段共计 7 支队伍，通过循环赛后决出的前两名队伍与两支直邀队——代表阿联酋地区的 NASR Esports 战队、代表沙特阿拉伯地区的 Twisted-Minds Esports 战队共同进入到线下决赛展开对决
11.17~11.20	PUBG Global Championship PGC 2022 年总决赛	PGC 全球总决赛于 2022 年 11 月 1 日至 20 日举行，来自四个赛区的 32 支队伍将争夺超过 200 万美元的奖金和冠军的荣誉。总决赛舞台的大门将于 11 月 17 日至 20 日在 DEC 的北大厅向公众开放，赛事在 twitch.tv/pubg_battlegrounds 上为全世界的粉丝直播
10.25~11.02	Regional Online Tournaments - Gamer Hub 线上区域电竞赛	作为电竞节中旨在增强和激励基层电竞社区的一部分，中东和北非地区最优秀的玩家将有机会在其中一场比赛中进行角逐——11 月 12 日、13 日举行的手游赛事和 11 月 19 日、20 日举行的端游赛事。这一赛事向该地区所有年龄段的玩家开放，玩家可以在他们所选的线上平台获得比赛资格，进入决赛的选手将在现场参赛
11.19	Wegz - Arabic concert 现场演唱会	舞台表演于 2022 年 11 月 19 日在电竞节最后一天之前举行

与许多其他综合性赛事或单一项目赛事有着明显不同的是，2022 年迪拜电竞节在赛事的开幕方式上选择了与众不同的路径。不同于通常的华丽舞台表演，迪拜电竞节选择以一场 Initiate Summit 高峰论坛拉开盛会的序幕，如图 10-104 所示。这一决策背后有多重

考量，其中之一是为了传达迪拜对电子竞技产业的积极态度，同时以更商务的方式向与会者介绍迪拜的相关产业激励政策，鼓励国际人才和机构在迪拜投资和发展。

图 10-104　2022 年迪拜电竞节开幕式—— Initiate Summit 高峰论坛现场（一）

这一开幕方式的选择也使得 2022 年迪拜电竞节的开幕式具有特色。与炫目的舞台布景不同，开幕式的舞美布置更倾向于传统的"线下公关活动"的形式。布置上注重简约、商务，主要集中在演讲台的设计上，辅以大屏幕、圆桌、沙发等公关活动常见元素。整个环节侧重于内容和商务交流，而非炫目的灯光和复杂的舞美道具。

尽管在开幕方式上有所不同，但整个开幕式仍保留了迪拜电竞节的主视觉方案，以紫色为主题色，以确保一致的品牌形象。这样做有助于建立品牌认知度，并确保整个迪拜电竞节的视觉传达一致性，让观众和与会者能够轻松识别和与赛事品牌产生连接。

综合而言，迪拜电竞节在其开幕方式和舞美的选择上表现出一种独具一格的特点。通过以高峰论坛的形式开幕，赛事策划团队传递了一种明确的信息：电子竞技不仅仅是一项娱乐活动，它也是一个重要的商业和产业领域，有着巨大的潜力。这种商务化开幕方式为与会者提供了一个能够深入了解迪拜电竞节的商业愿景以及在迪拜投资和发展的机遇。

此外，高峰论坛的内容和形式也反映出迪拜电竞节的专业性和行业影响力。虽然没有炫目的灯光和舞台效果，但演讲台的布置和大屏幕展示为与会者提供了一个严肃的学习和交流环境。如图 10-105 所示，这种形式的开幕使得电竞节更加注重行业内部的合作和知识分享，为参与者提供了一个深度互动和学习的机会。

而回到迪拜电竞节的核心环节——电竞赛事。

2022 年的迪拜电竞节在赛事方面独具特色，与其他综合性赛事相比，在赛事层面，还有一个显著特点——主打一个大型赛事，以此来吸引更多的观众和关注度，同时还衍生出一系列中小型赛事，推动了其他赛事 IP 在当地的发展。

图 10-105　2022 年迪拜电竞节开幕式——
Initiate Summit 高峰论坛现场（二）

这个核心赛事即为 2022 年 PUBG Global Championship（简称：PGC 2022）。

而 PGC 2022 作为迪拜电竞节的主要亮点，不仅吸引了国际顶尖的绝地求生战队参与，还在全球范围内积累了大量的观众和粉丝。其高度竞技性和激烈的比赛吸引了众多电竞爱好者的关注，使迪拜电竞节成为国际电竞界的焦点。同时，PGC 2022 的成功举办也为其他中小型赛事提供了宝贵的经验和机会，促进了当地电竞赛事的多元化发展。

当然，作为 2022 年迪拜电竞节的核心，PGC 2022 在舞美设计与实现层面具有重要代表性，我们可以对其进行更详细的分析。

在北京时间 2022 年 11 月 1 日 21:00，PGC 2022 以迪拜展览中心为舞台，在迪拜电竞节正式开赛。这一时刻标志着迪拜电竞节赛事部分的盛大开幕。

如图 10-106 和图 10-107 所示，PGC 2022 的主 KV 设计与迪拜电竞节的主视觉设计非常相似，强调了以地标性建筑为主要设计元素，并巧妙融入了赛事游戏 IP 的核心元素。这种设计方案不仅突出了迪拜电竞节与 PUBG 游戏之间的紧密联系，还强调了地理位置与文化元素的结合，为赛事营造了独特的视觉特点。

图 10-106　迪拜展览中心（Dubai Exhibition Centre）

图 10-107　PGC 2022 KV

在主色调选择方面，PGC 2022 与迪拜电竞节的主视觉色调保持了一致，这种一致性在视觉上强调了两者之间的紧密联系。主色调的统一不仅有助于提升整个电竞节的品牌一体感，也增强了观众的视觉印象。

此外，PGC 2022 在外场布置中采用了明显的 LOGO 设施，如图 10-108 所示，这不仅有吸引观众注意的效果，更重要的是点明并传播了赛事的品牌。这些 LOGO 设施不仅令观众容易识别赛事的标志，还在赛场上营造了品牌的浓厚氛围，强化了品牌的存在感。

图 10-108　PGC 2022 外场道具

在赛事呈现层面，PGC 2022 总决赛则以方形的舞台为基础，以分列式的排布为选手设置了选手席，在有限区域内设置观众席，配以摇臂和双侧大屏，基本满足赛事的观赛需求，如图 10-109 所示。

在赛后，也同样为世界冠军献上了经典的"金色的雨"，如图 10-110 所示。

图 10-109　PGC 2022 赛事现场（一）　　　图 10-110　PGC 2022 赛事现场（二）

总体而言，PGC 2022 的舞美设计贴合迪拜电竞节简洁、高端的定位，在满足赛事公平性和气氛的基础上，合理地对赛事的地区品牌属性进行强化。

除 PGC 2022 外，另一个赛事的舞美现场也比较值得关注——在 2022 年迪拜电竞节的 GameExpo 游戏嘉年华现场落地的《王者荣耀国际版》（Honor of Kings）的 HOK 赛事。这次赛事为 MENA 地区（中东及北非）首个 HOK 线下赛，分为预选赛和决赛两个阶段，主要围绕 MENA 地区的电竞队伍展开，预选赛阶段共计 7 支队伍，通过循环赛决出的前两名队伍与两支直邀队——代表阿联酋地区的 NASR Esports 战队、代表沙特阿拉伯地区的 Twisted-Minds Esports 战队共同进入到线下决赛展开对决。最终，RTG Esports 成功战队击败对手，夺得本届 HOK 赛事的冠军。

据官方报道，自 2022 年 6 月腾讯海外品牌 Level Infinite 正式对外宣布王者 IP 新游 HOK 与世界玩家见面以来，HOK 已在巴西、墨西哥、中东等国家和地区正式开启首轮封闭测试，收获了不少海外玩家的好评及电竞俱乐部的加入；而迪拜作为全球性国际金融中心之一，也是东、西方资本世界的桥梁，是国际重要的物流、贸易、交通运输和购物中心，随着近年来电竞在全球范围内的蓬勃发展，一众电竞项目走进迪拜，架起了一座沟通全球与阿拉伯语地区的电竞之桥。基于以上原因，迪拜电竞节主办方之一的英雄体育 VSPO 将 HOK 赛事带到了 2022 年迪拜电竞节当中，并期望将与王者系列电竞赛事进行的多年共建经验、专业的赛事制作能力和精彩的环节流程输出至海外平台，为 DEF 乃至更多的电竞观众、玩家们提供高水平的电竞赛事、多样化的电竞活动。

而为打造 MENA 地区的 HOK 阿拉伯语流赛事，这一届的 HOK 赛事全程采用阿拉伯语解说。这样的设置将帮助迪拜电竞节深入展示当地电竞文化特色，给予当地玩家和客户更为直观的观赛体验，同时也将推动 DEF 成为未来 HOK 在海外的重要主场之一。

与常规的赛事类似，尽管 HOK 赛事仅为 2022 年迪拜电竞节的一个环节中的中小型赛事，但仍然设置了大屏、解说台、观众区等专业电子竞技舞美设施，并与主视觉色调保持一致，如图 10-111 和图 10-112 所示。

图 10-111　2022 年迪拜电竞节的 HOK 赛事现场

图 10-112　2022 年迪拜电竞节的 HOK 赛事
现场解说台

而在 2022 年迪拜电竞节的 GameExpo 游戏嘉年华环节，除了 HOK 赛事以外，在舞美打造层面，还汇集了游戏体验区域、品牌展示区、电竞互动区等多个沉浸式区域，如图 10-113 所示，这些区域以立体灯带、钢结构、塑料板等材料进行区分，游戏及电竞爱好者们可以在现场观看电竞赛事，与游戏偶像见面和比赛，享受最新的独立游戏，并在探索区首次看到独立游戏开发商还未公测的新游戏。

另一方面，与 GameExpo 游戏嘉年华同步上线的 PopConME 漫展则汇集了当下最火的超级英雄、漫画、游戏、艺术、电影、电视、动漫等元素，并提供了支持 Cosplay 的氛围。主舞台实行了与赛事、高峰论坛类似的舞美设计，进行了名人座谈会、现场音乐表演和 Cosplay 比赛等。而"雷神"Chris Hemsworth、"囧雪诺"Kit Harington、"绿箭侠"Stephen Amell 等好莱坞知名明星也到场与粉丝们见面互动。这个漫展环节不仅丰富了整个迪拜电竞节的多样性，还通过更加娱乐性质的舞美打造，为漫迷和 Cosplay 爱好者提供了一个独特的聚会场所，让他们能够尽情追逐自己喜爱的漫画和电影世界，如图 10-114~ 图 10-116 所示。

图 10-113　GameExpo 游戏嘉年华现场（一）

图 10-114　GameExpo 游戏嘉年华现场（二）

图 10-115　PopConME 漫展现场（一）

图 10-116　PopConME 漫展现场（二）

迪拜电竞节的最后收官环节选择了以一场音乐演唱会为整个活动画上了完美的句号。如图 10-117 所示，他们邀请了当地知名的歌手 Wegz 进行现场演唱，这位歌手的表演将整体欢乐的氛围推向了高潮。而在舞美设计方面，迪拜电竞节的演唱会呈现更类似于小型演唱会的氛围。他们提供了高质量的音响设备，确保观众能够享受到出色的音乐表演。此外，可移动的光束设计也为演唱会增添了视觉效果，光束流程的设置为现场带来了狂欢气氛，使整个演唱会更加引人入胜，也为电竞节注入了音乐和娱乐元素，为观众创造了一个难忘的娱乐体验。

图 10-117 2022 年迪拜电竞节演唱会现场

总的来说，迪拜电竞节作为一项文旅结合、具有地区特色和商业化推广意义的综合性赛事，其舞美设计在体现当地特色、文化元素融合、专业性和多样性方面都表现出独特的特点，我们可以将其总结为以下几点。

（1）融合当地特色与文化元素：迪拜电竞节作为一项独具地区特色的综合性电竞盛事，深度融合了当地文化和旅游资源，以定制化设计为特点。这种特殊性在电子竞技赛事中非常独特，得到了国家级支持，体现了其在电竞领域的重要地位。这种独特性对舞美设计产生了深刻的影响，致力于营造突出当地特色和文化元素的独特氛围。

（2）视觉形象与地标特色融合：迪拜电竞节的 KV 设计以迪拜的地标性建筑和城市特色为主要设计元素，充分体现了其与当地文化的紧密联系。这种设计不仅仅体现在图形，还在于其鲜明的视觉特征，使人一眼就能识别出与迪拜相关的元素。

（3）多样化的开幕方式：与传统的华丽舞台开幕式不同，迪拜电竞节采用高峰论坛的方式开幕，传达出电竞不仅是娱乐活动，还是重要的商业和产业领域。这种商务化开幕方式强调了电竞的商业潜力，为与会者提供了深入了解迪拜电竞节商业愿景的机会。

（4）统一的主视觉方案：尽管开幕方式不同，但整个迪拜电竞节保留了一致的主视觉方案，以紫色为主题色，确保了品牌形象的一致性，使观众和与会者能够轻松识别和与赛事品牌产生连接。

（5）主打大型赛事：迪拜电竞节主打大型赛事，如 2022 年 PUBG Global Championship（PGC 2022），吸引了国际顶尖电竞战队和大量观众。这种大型赛事不仅提升了整个电竞节的关注度，还为其他中小型赛事的发展提供了机会。

（6）中小型赛事也有专业舞美设施：即使是中小型赛事如 HOK 赛事，也设置了专业电竞舞美设施，包括大屏幕、解说台和观众席，以满足赛事需求，并与主视觉色调保持一致，强化了品牌的存在感。

（7）沉浸式区域：在 GameExpo 游戏嘉年华环节，迪拜电竞节设置了多个沉浸式区域，包括游戏体验区域、品牌展示区、电竞互动区等，这些区域通过立体灯带等材料进行划分，为观众提供了丰富的电竞和游戏体验。

（8）配合漫展等泛电竞元素：迪拜电竞节汇集了超级英雄、漫画、游戏、艺术、电影、电视、动漫等元素，为漫迷和 Cosplay 爱好者提供了一个独特的聚会场所，丰富了整个电竞节的多样性。

（9）以狂欢氛围收官：迪拜电竞节以音乐演唱会作为收官环节，邀请了当地知名歌手，为整个活动画上了完美的句号。演唱会的舞美设计类似于小型演唱会，提供了高质量的音响设备和可移动的光束，增添了视觉和音乐效果，为观众创造了难忘的娱乐体验。

综合以上，迪拜电竞节其实可以作为一个具有很好的商业化意义的综合性赛事参考样本，它的这种综合性的设计不仅满足了电竞爱好者的期望，还能够促进电竞产业在当地的发展，让更多人了解当地的电子竞技政策和发展氛围，同时也让观众和与会者切身去感受迪拜电竞节作为一个具有全球影响力的电竞盛事的独特魅力。

10.1.9　TGA

TGA，全称为腾讯电竞运动会（Tencent Global eSports Arena），是由腾讯公司主办的一项重要的电竞赛事，成立于 2010 年。自其诞生以来，已经成为中国最大规模、最具影响力的电竞赛事之一，每年都吸引着来自全国各地的顶尖电竞选手参与。TGA 赛事涵盖了多个热门的电竞游戏，包括《英雄联盟》《王者荣耀》《绝地求生》《和平精英》等，以及一些传统的电竞项目，如《魔兽争霸 III》和《星际争霸 II》。图 10-118 是 TGA 的赛事 LOGO。

图 10-118　TGA 的赛事 LOGO

据 TGA 官方资料介绍，TGA 是腾讯旗下电竞赛事品牌，运动会全年覆盖 30 多款游戏项目，20 周线上赛，8 场全国落地赛事，在丰富电竞产业内容的同时，致力于为电竞运动员打造更"体育化"的赛事平台，也聚力为电竞爱好者提供覆盖全年的大型综合性体育竞技盛会。

与其他综合类赛事不同的是，TGA 的独特性主要依赖于国内最大的游戏厂商腾讯，作为腾讯电竞综合性赛事的重要承载者，其定位是走向多元化的全民电竞赛事平台。与职业联赛相比，TGA 更类似于赛事孵化领域的先行者，不只有英雄联盟、王者荣耀等项目赛事，还有不断的、丰富的赛事体系，基于专业的办赛能力以及职业化的人才输送能力，通过连接更多地域合作伙伴，整合 TGA、游戏项目和地方电竞协会三方的力量共同搭建全国大众赛事体系。

简单概括，TGA 类似综合性全民电竞选拔赛的一个大型赛事 IP，囊括了知名和非知名的各类赛事，并通过整合腾讯旗下的海量游戏 IP，以参与性强、可玩性高的赛事活动吸纳广大普通玩家与电竞爱好者，打造线下电竞新场景。同时联合地方商户共建，打造具有特色的地域电竞集市，如图 10-119 所示。

图 10-119　TGA 系列赛事（部分）

TGA 作为一个庞大的综合性赛事 IP，其形式也丰富多样。以 2022 年 TGA 金牌玩家赛为例，2022 年，TGA 金牌玩家成功举办两轮，均依托于线下总决赛。其中在 2022 年 TGA 夏季总决赛上，TGA 金牌玩家首次面向大众推出。包含英雄联盟、王者荣耀、欢乐斗地主、欢乐麻将、跑跑卡丁车手游、舞力全开国行版六个游戏项目的比赛，提供排行榜、随机对战、擂台挑战赛三大趣味玩法，在激发路人玩家作为电竞比赛参与者的游戏潜力的同时，也为"金牌玩家"们带来"电竞冠军"的成就感与巅峰荣耀。2022 年下半年的 TGA 金牌玩家还举办了大众体验电竞活动，即 TGA 金牌玩家电竞馆挑战赛，覆盖全国 11 个省，多达 108 家腾讯电竞认证电竞馆参与，分别设立深渊猎手榜和商业鬼才榜两大排行榜，以周榜的形式展开刷榜挑战。

其舞美形式则主要为建立在商场中的腾讯电竞认证电竞馆，配备基础的展示屏幕、对战席、灯光及音响等设施，如图 10-120 所示。

图 10-120　杭州城西银泰城的 2022 年 TGA 冬季总决赛第二阶段主舞台

另一个案例则是 TGA 的总决赛，相较于总决赛前的阶段赛，总决赛的舞台通常会被安排在专业的电竞场馆或体育场馆，如图 10-121 所示。

图 10-121　2022 年 TGA 夏季总决赛示意图

2022 年 TGA 赛事来到了成都东北部国际时尚产业园区的新锐代表——四川省成都市东郊记忆演艺中心，将电竞产业与当地特色文化相联动，打造"数字文化新名片"。无论是以地域为单位打造电竞队伍的"省队赛"，还是 TGA 为赛事举办城市带来的丰富电竞文化，都无疑为城市电竞生态建设和新经济发展带来了良好的推进作用。

继四川成都东郊记忆演艺中心之后，TGA 又来到了"星际战舰"——中国杭州电竞中心，2022 年 TGA 冬季总决赛也成为了首个落地杭州电竞中心的综合电竞赛事，如图 10-122 所示。值得一提的是，本次赛事借由 TGA 冬季总决赛的舞台，通过包括英雄联盟、王者荣耀、和平精英和 FIFA ONLINE 4 四个入选亚运的腾讯项目，围绕电竞综合项目转场流程、赛事网络保障、场馆空间动线、赛事硬件设备等多方面，在亚运标准的指导下，为亚运的电竞比赛落地做准备，针对赛事技术和场馆运行这两个维度进行了提前测试。

图 10-122　2022 年 TGA 冬季总决赛舞美示意图

总的来说，TGA 的舞美在不同的阶段有不同的设计与实现方式，例如，在前期的"百城"阶段，主要在商圈内进行落地实现，一方面场地简单、人流量大，另一方面还能通过"商圈 + 电竞"的双赢模式助力实体商业发展。

在这样的舞美设计中，TGA 将注重简约与实用，并充分考虑商圈内的环境和空间限制。其主要设施包括背板 / 屏、灯光及音响、对战席、观赛区等，如图 10-123 所示。

图 10-123 "百城"阶段的 TGA 赛事

背板 / 屏是一个重要的舞美元素，在该阶段主要通过精美的视觉设计和电竞元素的融入，打造独特的舞台风格，增强观赛体验；灯光及音响是赛事现场不可或缺的部分，通过高品质的灯光照明和音响设备的配置，可以营造出震撼人心的赛事氛围；在对战席和观赛区的设计方面，TGA 也会注重舒适度和互动性，对战席是参赛选手进行比赛的场所，舞美设计将关注选手的比赛体验，为其提供良好的环境和设施，确保比赛的公平和顺利进行；观赛区则是为观众提供观赛体验的场所，舞美设计将考虑观众的视觉和舒适需求，可能采用流动式设置，让观众能够自由进出并获得更好的观赛体验。

除了基本的舞美要素外，在这个阶段，TGA 的舞美设计还融入了电竞元素和赛事主题。可能会使用电竞游戏中的角色形象、游戏场景和特效元素，将赛事现场打造成一个真正的电竞世界。这样的舞美设计不仅可以增加赛事的专业感和趣味性，还可以增强选手和观众的代入感，创造商业价值。

在 TGA 的总决赛阶段，其舞美设计进一步展现了其强大的 IP 优势和腾讯强大的经济实力。与前期的"百城"阶段相比，总决赛舞美更类似于大型职业联赛的总决赛，采取更加豪华和震撼的舞美布置。这一阶段 TGA 往往会选择在一些大型城市的地标性展会或运动场馆举办，为观众呈现一场视觉盛宴，而其所包含的舞美结构也更类似于大型职业联赛总决赛，包括但不限于：主舞台、视听及灯光 AVL、解说席与评论席、外场、商业展示区等，如图 10-124 和图 10-125 所示。

作为 TGA 总决赛的核心，TGA 总决赛的主舞台设计和制作水平往往较高，通常配备大屏幕和特效设施，以展现更加华丽和壮观的舞台效果；视听及灯光 AVL 也是该阶段中的重要部分，通过高品质的音响和灯光效果，营造出震撼人心的氛围；解说席与评论席则和

图 10-124　2023 年 TGA 夏季总决赛内场舞美

图 10-125　2023 年 TGA 夏季总决赛外场舞美

其他大型赛事类似，是为了确保比赛的流畅进行而设置的区域，舞美设计将关注解说员和评论员的工作舒适度；外场则是为了满足观众的社交互动需求，设置打卡物料包等。

另外，商业展示区也是总决赛舞美中的重要组成部分，这是为了吸引商家和赞助商，打造一个商业合作和互动的平台。在商业展示区，可能会设置各类电竞相关的展台和体验区，展示最新的电竞产品和技术，吸引更多商家参与，提升赛事的商业价值。

综合而言，舞美设计在不同阶段和场地上表现出了多样性和适应性，以满足不同观众和赛事类型的需求，主要可以总结为以下几个特点。

（1）多样性的赛事类型和地点：TGA 覆盖了多个热门电竞游戏以及传统的电竞项目，这意味着舞美设计需要适应不同游戏的特点和观众期望。同时，TGA 赛事会在不同的城市和场馆举办，因此舞美设计必须具备从商场内到专业电竞场馆的适应性。

（2）商业化合作和赞助商：TGA 的舞美设计充分考虑商业展示区，吸引了商家和赞助商的参与，以增强赛事的商业价值。这为品牌合作和电竞产品展示提供了机会。

（3）地域文化融合：TGA 将电竞产业与当地特色文化相结合，为每个城市的电竞生态建设和新经济发展做出贡献。这体现在舞台和活动的设计中，以增强地域特色和观众互动。

（4）赛事主题和 IP 元素：舞美设计融入电竞元素和赛事主题，可能使用游戏中的角色、场景和特效元素，以创造视觉上的震撼和代入感。

（5）专业化的设施：在对战席和观赛区的设计中，TGA 注重选手的比赛体验和观众的视觉和舒适需求，确保比赛的公平进行，并为观众提供良好的观赛体验。

（6）高品质的视听及灯光 AVL：在总决赛阶段，TGA 的舞美设计包括高品质的视听及灯光 AVL 设备，以营造出震撼人心的氛围。

（7）地标性展馆和场馆：TGA 总决赛通常选择在大型城市的地标性展会或体育场馆举办，为观众呈现豪华和壮观的舞美效果。

TGA 在推动中国电竞行业的发展和普及方面发挥着重要的作用。其各个阶段的赛事舞美都能作为"电竞 + 商业"以及"电竞 + 文旅"的范式，它不仅促进了电竞运动的普及和推广，也为中国电竞产业的崛起和国际影响力的提升做出了积极贡献。随着 TGA 的不断发展壮大，相信中国电竞产业的未来将更加光明和辉煌。

10.1.10　嘉年华

在综合性赛事中，还有一种比较有意思的品类——电子竞技嘉年华。

在详细介绍电子竞技嘉年华的案例之前，我们先来看一下"嘉年华"一词的含义："嘉年华"（Carnival）源自拉丁语 carnem levare，意为"禁食期的结束"，在基督教传统中，指的是复活节前 40 天的封斋期结束后的欢庆节日。"嘉年华"一词后来也被用来描述一种欢乐、狂欢的庆祝活动，通常包括游戏、表演、娱乐、音乐、舞蹈和盛大的庆祝氛围。

在电子竞技近年来的发展中，衍生出许多不同种类且有趣的赛事类型。在现阶段，大部分比赛仍由游戏厂商主导，为了进一步拓展品牌影响力，一些大型赛事 IP 提供商也纷纷推出了"电子竞技嘉年华"这一概念。这类盛会以电子竞技比赛为主轴，同时融合各游戏厂商旗下的不同 IP 发布、奖项颁发及其他与嘉年华 IP 息息相关的活动环节如 Cosplay 大赛、音乐节等，这样的活动环节能够更好地满足广大玩家的多样化需求，及时获取 IP 相关信息，并进一步提升嘉年华活动的吸引力。

在这种趋势下，电子竞技嘉年华成为了一个结合了游戏、娱乐、社交与庆祝元素的全新形式的活动。这种活动的魅力在于，它超越了传统比赛的界限，为玩家和观众们提供了更多交流互动的机会，同时也为游戏厂商提供了展示他们的创意与 IP 的平台。

接下来，笔者将以暴雪嘉年华和穿越火线嘉年华为例，详细地解析一下嘉年华类型的电子竞技赛事。

10.1.11　暴雪嘉年华

暴雪嘉年华（BlizzCon）是美国电子游戏品牌暴雪娱乐于每年举办的年度盛事，首次举办于 2005 年。在为期两天的时间里，暴雪娱乐会展示自己旗下众多游戏的未来走向，并且举办包括电子竞技、影片制作和 Cosplay 等在内的各种竞赛。有超过五万名不同肤色的玩家聚集在一起，为了共同的游戏而兴奋呐喊。2005 年，暴雪总裁 Mike Morhaime 向全世界的玩家们郑重宣布首届暴雪嘉年华开幕。

　　如图 10-126 所示，首届盛典的一项重要亮点是《魔兽世界》首个资料片《燃烧的远征》的隆重发布，由于《魔兽世界》在当时属于关注度 TOP 级别的游戏，这一设置也彰显了暴雪娱乐对于暴雪嘉年华的重视。首届暴雪嘉年华的参与者得以亲身体验全新种族——"血精灵"，并深入感知游戏的未来走向。此外，备受关注但尚未正式公布的游戏作品《星际争霸：幽灵》也为现场嘉宾提供了单人及多人模式试玩体验。然而，遗憾的是，由于种种原因，该游戏的正式推出日期在随后遭遇无限期的延迟。

图 10-126　首届暴雪嘉年华现场

　　暴雪嘉年华的时间相对固定，每年 11 月份初定期举行，举办地址也相对固定，从 2005 年首届暴雪娱乐嘉年华起，暴雪始终将这一全球暴雪粉丝最为盛大的派对选择在距离公司总部不远处的安纳海姆会议中心举办，如图 10-127 所示。

图 10-127　早期的暴雪嘉年华现场

　　安纳海姆会议中心拥有超过 500 000 平方英尺的超大空间，但由于每年的暴雪嘉年华受到的观众喜爱度极大，2014 年，该中心宣布了一个规模极大的扩建计划：增加 200 000 平方英尺（约 18 500 平方米）的场馆面积。

　　完成扩建后的安纳海姆会议中心拥有 815 000 平方英尺的空间，可以称得上是一个巨型展览中心，能够最多同时容纳超过 15 万名参展者，并且该场馆设备齐全，包括超过 200 个展位、多个大型舞台、音频和照明系统、视频墙、高速 Wi-Fi 等，如图 10-128 所示。此外，该场馆还提供了各种餐厅、休息区、商店和娱乐设施，以满足参展者的各种需求。

图 10-128　暴雪嘉年华的固定举办地——安纳海姆会议中心

回归赛事本身，由于暴雪娱乐有着超过三十年的辉煌历史，拥有《魔兽世界》《炉石传说》和《守望先锋》等大作，因此，其旗下各类游戏的竞技赛在暴雪嘉年华中的亮相也成为了暴雪嘉年华中的一大非常重要的看点。从第一届暴雪嘉年华开始，暴雪便将其旗下游戏的最重量级比赛放在嘉年华期间举行，当时称为全明星邀请赛，也是现在暴雪游戏世界锦标赛的前身。2016 年的《炉石传说》世界冠军赛奖金高达 100 万美元，与英雄联盟 S6 冠军奖金相同。

以 2019 年的暴雪嘉年华为例，暴雪嘉年华 2019 于北京时间 11 月 2~3 日进行，守望先锋世界杯、炉石传说特级大师赛、魔兽世界史诗钥石地下城全球锦标赛 & 魔兽世界竞技场世界锦标赛、星际争霸 2 世界锦标赛等赛事在此落地。

1　守望先锋世界杯

守望先锋世界杯赛首次在暴雪嘉年华上亮相是 2016 年。

有别于俱乐部赛制的守望先锋联赛（简称 OWL），全球顶尖守望先锋选手以国家为单位，争夺守望先锋世界杯的最高荣誉。根据官方网站介绍，暴雪官方会追踪每个国家 / 地区前 100 名玩家的竞技等级，平均竞技等级排名前 32 名的国家即可获得世界杯的参赛席位。而获得参赛资格的国家 / 地区则要由玩家选出代表委员会，再由委员会选出组成国家和地区最强战队的选手阵容。

该赛事在中国受到的关注度极高，由于国家队的出席而备受粉丝的期许，同时也凝聚了 CHINA 最卓越的精英团队和力量，实质上成为了国内《守望先锋》实力的完美体现。

也正因其所受关注度极高，守望先锋世界杯赛通常在暴雪嘉年华的会场中占据比较核心的区域，能够承载上千名观众到场观赛，如图 10-129 所示。

就舞美呈现方面，2019 年守望先锋世界杯赛的舞美整体场景类似中型室内体育场，而其比赛舞美主要由中心圆形比赛区、大屏、观赛区及选手入场通道组成，如图 10-130 所示。

图 10-129　2019 年暴雪嘉年华 - 守望先锋世界杯赛现场

图 10-130　2019 年守望先锋世界杯赛现场舞美

如图 10-130 所示，2019 年守望先锋世界杯赛的核心比赛区域呈现为一个引人注目的中心——圆形舞台。这个圆形比赛区是选手们竞技的焦点，以外侧桌面屏进行队伍分区展示，其布置精心，考虑了选手之间的互动和观赏角度，赋予了比赛紧凑而又震撼的氛围感；在比赛现场，醒目的大屏幕将比赛的画面以及选手的精彩表现实时呈现给观众，这些大屏幕在舞台的中央、选手席上方，以便于各处的观众能够清晰地感受比赛的紧张与激情；2019 年守望先锋世界杯赛同时也设有专门的多层观赛区域，为观众提供了舒适的座位和观赛环境；而选手入场通道则被设计成引人注目的通道，为选手们的登场增添仪式感和隆重氛围感，选手们从这个通道进入比赛区，象征着即将踏上这一场万众瞩目的竞技之旅。

2. 炉石传说特级大师赛

炉石传说特级大师赛是《炉石传说》含金量最高的赛事，该比赛汇集了来自包括中国在内的四个地区共计八位经过各地区赛事选拔出来的选手，在两天时间内展开 2020 年度炉石传说最高水平的个人对决，并向年度总冠军发起冲击。赛事于北京时间 2019 年 11 月

2 日凌晨 3 点 15 分开始进行小组赛，11 月 3 日凌晨 1 点 45 分开始进行决赛。

相较于守望先锋世界杯赛的盛大场面，2019 年炉石传说特级大师赛的舞美设计更显小巧而精致，展现出独特的韵味。如图 10-131 所示，舞台呈现出一种偏圆形的多边形布局，独具匠心地将整体空间划分为不同功能的区域。在这个设计中，主要的结构包括以下四部分。

图 10-131　2019 年炉石传说特级大师赛现场舞美

（1）对战席：为两位选手提供了专属的对战区域，营造出紧张的比赛氛围，选手们在这里展开激烈的智慧角逐，争夺荣耀，如图 10-132 所示。

图 10-132　2019 年炉石传说特级大师赛对战席

（2）侧面大屏：两块位于舞台侧面的大屏幕，将比赛的实况画面生动呈现给观众。

（3）解说席：为赛事增添专业的解说声音，引导观众深入了解比赛情况，如图 10-133 所示。

（4）观赛区：为观众提供了宽敞而放松的观赛区间（围在主舞台周围），观众们可以尽情享受比赛的精彩，与其他炉石传说爱好者共同分享游戏的激情。

而更加引人注目的是，2019 年炉石传说特级大师赛的舞美设计巧妙地还原了游戏内主视觉，采用饱和度较高、线条感明显的风格，从而打造出仿佛跃然纸上的游戏世界。舞台上甚至配备了"壁炉"等视觉元素，让选手与观众沉浸在炉石传说的独特氛围之中，创造了一场身临其境的赛事体验，如图 10-134 所示。

图 10-133　2019 年炉石传说特级大师赛解说席

图 10-134　2019 年炉石传说特级大师赛现场氛围感

值得一提的是，北京时间 2019 年 11 月 3 日清晨，为期两天的 2019 年炉石传说特级大师赛全球总决赛圆满落下帷幕，在决赛中，中国选手 VKLiooon（李晓萌）以 3∶0 完胜 Bloodyface，将冠军殊荣及 20 万美元奖金收入囊中，不仅成为首个在暴雪嘉年华夺得个人赛冠军的国服（中国服务器）选手，也成为炉石电竞史上首位夺冠的女选手，图 10-135 即为夺冠时刻的画面。另一名中国选手 RNGLeaoh 同样也取得了 4 强的好成绩。

图 10-135　VKLiooon 夺冠现场

3. 魔兽世界史诗钥石地下城全球锦标赛 & 魔兽世界竞技场世界锦标赛

魔兽世界史诗钥石地下城全球锦标赛于 2019 年起开始举办，是为了更好地展示顶级地下城队伍的精彩表演，由魔兽世界官方采用全新的赛季模式推出的赛事，如图 10-136 所示。史诗钥石地下城全球锦标赛将分为两个赛区：

图 10-136　魔兽世界史诗钥石地下城全球锦标赛 & 魔兽世界竞技场世界锦标赛宣传图

东部赛区（中国、韩国、东南亚、中国台湾、大洋洲）。

西部赛区（北美、拉丁美洲地区、欧洲）。

任何拥有有效的暴雪游戏通行证账号的玩家，都可以参加作为资格赛阶段的"试炼场"。玩家们组成一个固定的 5 人小队，并向史诗钥石地下城的极限难度发起挑战，并需要在"试炼场"阶段期间，在时限内通关 5 个不同的 14 层（或 14 层以上）的史诗钥石地下城。每个赛季，所有通过"试炼场"阶段考验并进入"计时赛"阶段的玩家和队伍，将在限定的挑战次数和时间内通关当周的地下城。游戏的系统会自动记录每支队伍的最佳成绩。东部赛区与西部赛区将交替进行，持续六周。每个"计时赛"过后，该赛区前八名的队伍将进行双败淘汰赛，争夺杯赛冠军与积分。而拥有足够积分和排名的选手将有资格进入到魔兽世界竞技场世界锦标赛决赛中。

魔兽世界竞技场世界锦标赛决赛的名额来自以下几个赛区的比拼。

（1）北美与欧洲赛区：北美与欧洲赛区将各自进行两个赛季的竞技场赛事，每个赛季包含六个杯赛。

（2）中国赛区：中国赛区赛事有两个赛季，参赛队伍将根据每个赛季的排名获取相应积分和战网点奖励。每个赛季的冠军及剩余队伍中获得积分最多的 6 支队伍将晋级下半年中国地区线下总决赛，争夺丰厚奖金和晋级全球总决赛的资格。

（3）亚太地区与拉丁美洲赛区：这些区域也将根据竞技场世界锦标赛的规则推进相关赛事。

在暴雪嘉年华上举行的魔兽世界竞技场世界锦标赛决赛参赛队伍则取决于北美与欧洲赛区春季赛冠军、北美与欧洲赛区夏季赛冠军和亚军、北美与欧洲赛区各自积分最高的队伍、中国、亚太与拉丁美洲赛区各自决赛的冠军和史诗钥石地下城全球锦标赛。

图 10-137 是魔兽世界竞技场世界锦标赛总决赛介绍。

图 10-137　魔兽世界竞技场世界锦标赛总决赛介绍

2019 年的魔兽世界史诗钥石地下城全球锦标赛于北京时间 11 月 1 日首先进行部分场次的比赛，决定哪些队伍可以留在上半区，11 月 2 日凌晨 3 点 15 分开启决赛。

而竞技场世界锦标赛将于 11 月 3 日凌晨 1 点起进行决战。

尽管不同赛程的赛事名称不同，但在暴雪嘉年华中，魔兽世界史诗钥石地下城全球锦标赛 & 魔兽世界竞技场世界锦标赛所使用的舞美是同一套，因此，在本文中，我们进行统一的讲解。

魔兽世界史诗钥石地下城全球锦标赛 & 魔兽世界竞技场世界锦标赛的舞美构成主要分为以下部分。

（1）对战席：为选手们提供了专属的对战区域，是比赛的核心舞台，选手们在这里进行激烈的较量，以智慧和技巧争夺荣耀。

（2）大屏幕：醒目的大屏幕分布在选手席后方的舞台中央区域，实时播放比赛画面，使观众可以近距离观赏选手的表现和比赛进程。

（3）观众席：设有观众座位区域，为观众提供了舒适的观赛环境。

（4）解说区：位于舞台边缘，为比赛增添了专业的解说声音，帮助观众更好地理解比赛情况和策略。

（5）颁奖区：为优胜选手举行颁奖典礼的特殊区域，彰显了比赛的高潮部分，让选手们在这里共同分享他们的成就和荣誉。

整体而言，魔兽世界史诗钥石地下城全球锦标赛 & 魔兽世界竞技场世界锦标赛的舞美设计既有电子竞技的科技感，又还原了游戏的原始氛围感。在颁奖区和对战席两侧展示了众多游戏元素的美陈设施，以便更好地还原游戏的氛围；在对战席后方和舞台前方，巨大的异形屏幕凸显科技感，不仅有助于观众理解比赛，还为整场比赛营造了隆重而盛大的氛围；具有科技与 IP 融合的全面舞美设计为比赛奉献一场视觉和情感的盛宴，也为选手和观众打造出特殊的记忆点，如图 10-138 和图 10-139 所示。

图 10-138　2019 年魔兽世界史诗钥石地下城全球锦标赛 &
魔兽世界竞技场世界锦标赛解说席
（由此可以窥见主舞台结构）

图 10-139　魔兽世界竞技场世界锦标
赛 Method Black 夺冠现场

4. 星际争霸 2 世界锦标赛

星际争霸 2 世界锦标赛首次举办于 2012 年，暴雪在 2012 年在全球举行星际 2 战网预选赛，以国家——洲际——世界总决赛的形式层层选拔出最顶级的星际 2 选手，由于 WCS 的官方性质和在全球范围的影响，它的参与面极广，吸引着全世界的星际 2 职业选手和爱好者们参加。截止到 2019 年，星际争霸 2 世界锦标赛是全球范围内最受欢迎和高水平的《星际争霸 2》赛事之一。

与往届一样，2019 年的星际争霸 2 世界锦标赛 16 进 8 的比赛将在开幕周进行，世锦赛非韩区积分前 8 和韩区积分前 8 的选手将争夺进入 8 强淘汰赛的资格。

2019 年 11 月 3 日凌晨 3 点 30 分，星际争霸 2 世界锦标赛开启决赛，8 位世界顶级高手为了冠军头衔展开激烈的比拼。

受赛程安排的影响，守望先锋世界杯于 11 月 1 日凌晨开启，11 月 2 日凌晨 3 点 15 分迎来小组赛，11 月 3 日凌晨 1 点半开启决赛的争夺，而 11 月 3 日凌晨 3 点 30 分开启决赛，事实上，在守望先锋世界杯赛结束后，其舞美场地被继续复用在了星际争霸 2 世界锦标赛上，如图 10-140 所示。

2019 年星际争霸 2 世界锦标赛的舞美同样由选手席、观赛大屏、观众区、解说席、选手入场口组成，这与守望先锋世界杯几乎完全一致，而为了区分两个赛事的 IP，现场的选手席桌前屏进行了素材的替换，灯光效果也有所不同。图 10-141 为 2019 年星际争霸 2 世界锦标赛现场解说席的画面。

另一方面，如图 10-142 所示，星际争霸 2 世界锦标赛的评论席也采取了现代科技风的设计，采用"背屏 + 带有桌前屏"的评论桌。

图 10-140　2019 年星际争霸 2 世界锦标赛现场

图 10-141　2019 年星际争霸 2 世界锦标赛现场解说席

图 10-142　2019 年星际争霸 2 世界锦标赛评论席

在颁奖环节,2019 年星际争霸 2 世界锦标赛同样采用了一些特效道具,例如舞台烟花,在安全范围内用以营造现场气氛, 如图 10-143 所示。

图 10-143　2019 年星际争霸 2 世界锦标赛捧杯时刻，可以看到选手背后的烟花道具效果

　　遗憾的是，自 2019 年暴雪嘉年华后，暴雪公司宣布不再继续主办与《星际争霸 2》世界锦标赛体系相关的赛事。为了确保该赛事体系的延续和发展，暴雪公司决定将赛事举办权授予 IEM 系列赛，在这一战略调整中，IEM 世界总决赛崭露头角，成功取代了原本的 WCS 总决赛，成就了《星际争霸 2》顶尖竞技舞台的新高度。在 10.1.5 节中，我们对 IEM 系列赛进行过详细的介绍，IEM 世界总决赛的崛起代表着一个新的时代，这个赛事继续承载了《星际争霸 2》的荣耀与激情，汇聚世界各地的顶尖选手，为他们提供了一场展示实力、追求荣誉的精彩战斗机会。

　　回到暴雪嘉年华本身，2019 年之后，暴雪嘉年华在 2020 年因新冠疫情而停办 1 年，2021 年在丑闻的影响下只举办了线上嘉年华，2022 年因为内忧外患等原因再次停办 1 年。2023 年 5 月，暴雪发布公告，正式宣布暴雪嘉年华将于 2023 年 11 月 3 日回归并举办两天，地点在美国加利福尼亚州阿纳海姆会议中心。

　　2023 年 7 月，暴雪分享了嘉年华展位平面图的预览。与往年相比，今年嘉年华的布局别具一格，宽广的大厅被划分为四大部分，其中守望先锋占据了两个独立的区域，如图 10-144 所示。

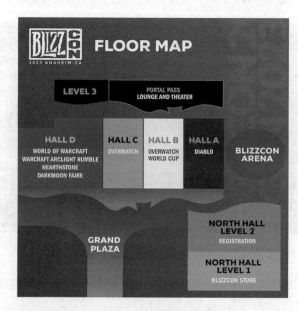

图 10-144　2023 年暴雪嘉年华场馆分布

D 展厅将专门用于集中展示魔兽世界、弧光大作战、炉石传说以及备受期待的暗月马戏团聚会。这一展厅占据了最大的面积，将为观众呈现一个富有创意和多彩的体验。

C 展厅和 B 展厅将成为守望先锋及其赛事——守望先锋世界杯的核心区域。这两个展厅位于场馆的主要出入口位置，充分凸显了守望先锋的 IP 在暴雪中的重要性。

A 展厅将专门用于展示暗黑破坏神相关内容，为暗黑系列游戏的粉丝们提供专属的空间。

而曾经作为电竞比赛场地使用的竞技场，今年将被重新规划为开幕式和小组讨论的场所。根据惯例，靠近主舞台的位置通常是最重要的，而在本届嘉年华上，这一区域归属于暗黑系列。

总的来说，暴雪嘉年华的舞美特点可以总结为以下几个方面。

（1）独立的舞台设计：每个比赛项目都有专门设计的舞台，以突出该项目的重要性和氛围。比如，守望先锋世界杯的舞台设计呈现出中型室内体育场的感觉，而炉石传说特级大师赛的舞台则更显小巧而精致。舞台上通常有大屏幕来实时播放比赛画面，以满足观众对比赛进程的需求。

（2）舒适的观众区域：为观众提供了宽敞而舒适的观赛环境，通常围绕在主舞台周围，以确保观众能够尽情享受比赛的精彩。观众席通常会有座位，同时也会考虑到观众的视线和安排。

（3）专业的解说席配置：专业的解说席位于舞台边缘，为比赛增添了专业的解说声音，帮助观众更好地理解比赛情况和策略。解说席的设计通常与比赛的氛围相协调。

（4）具有故事感的选手入场通道：设计有引人注目的通道，为选手们的登场增添仪式感和隆重氛围感。这一环节被视为比赛的高潮之一，选手们从这个通道进入比赛区，象征着即将踏上这一场万众瞩目的竞技之旅。

（5）独立颁奖区：为优胜选手举行颁奖典礼的特殊区域，通常采用特效道具如烟花等，以营造现场气氛，彰显比赛的高潮部分。

（6）具有特色的舞台灯光和视觉元素：舞台上会使用灯光效果和视觉元素，以增强比赛的氛围感。这些元素通常根据游戏的主题和品牌来设计，以更好地还原游戏的感觉。

暴雪嘉年华作为嘉年华类型赛事的翘楚，又有强大的 IP 方进行资金和 IP 上的支撑，对一些其他公司或品类来说，是很难完全模仿或复刻的，具有非常强大的独立性特色。不过，遗憾的是，在 2023 年 1 月后，由于暴雪与网易的代理许可协议到期并未续约，暴雪游戏在中国的服务器停止运营，这样的情况可能会对暴雪嘉年华以及暴雪品牌在中国市场产生一定影响，但具体的情况，还须等 2023 年暴雪嘉年华落地后才能得出结论。

10.1.12　穿越火线嘉年华

通过前面的描述，我们可以了解到，嘉年华类型的赛事源自于知名游戏公司的独特文化和游戏 IP，具有强大的粉丝基础和情感共鸣，其庞大体量要落地，必须承载高度的用户认同感和 IP 忠诚度。

以暴雪嘉年华为例，暴雪凭借其长期积累的游戏内容、角色、故事背景等元素，能够为“嘉年华”提供丰富多样的活动内容，满足不同类型玩家的需求，从而形成全方位的体验，而这种积累需要大量时间和投入。

另一方面，嘉年华类型的赛事也需要主办方在技术、制作、运营等方面拥有雄厚的实力及丰富的经验，有能力为嘉年华提供高品质的制作和组织，确保活动顺利举办。

嘉年华赛事能否成功举办，还有很重要的一点是，需要通过强大的 IP 影响力建立起稳固的网络社群，让玩家们期待在这个特殊的场合相聚，分享彼此的游戏热情，这种社交和情感联系是难以复制的，因此，要成功打造类似的“嘉年华”，除了需要雄厚的游戏内容和 IP 积累外，还需要品牌的价值观、社群建设、技术实力等多方面因素的有机结合，方能在玩家心中构筑起独一无二的存在。

在中国,近年来也有一个赛事 IP 进行了“嘉年华”类型的赛事尝试,其舞美也极具特色,我们来详细阐述与分析。

2023 年 8 月 5 日、6 日，首届穿越火线（CF）嘉年华暨穿越火线双端总决赛在北京水立方落幕。

与暴雪嘉年华不同的是，穿越火线嘉年华并没有像前者那样集聚大量不同游戏 IP，而是以“穿越火线”这一单一游戏 IP 为基础。其“嘉年华”的形式与暴雪嘉年华的互动式打卡体验有所不同，更多地呈现出一种强烈的情怀致敬氛围。

相比之下，2023 年穿越火线嘉年华的定位为：穿越火线 15 周年之际的一场大型周年庆典类的品牌向活动，是集 CF 端游、手游总决赛和重要产品发布为一体的重大线下嘉年华项目。

穿越火线嘉年华的独特之处在于两个方面：专注于单一 IP、延续着穿越火线这一 IP 的长远时间线，使整个嘉年华成为了该 IP 的综合体现。

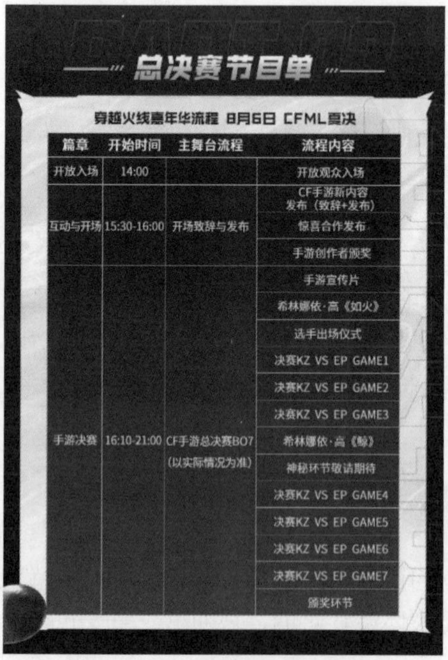
总决赛节目单

穿越火线嘉年华流程 8月6日 CFML夏决

篇章	开始时间	主舞台流程	流程内容
开放入场	14:00		开放观众入场
互动与开场	15:30-16:00	开场致辞与发布	CF手游新内容发布（致辞+发布）
			惊喜合作发布
			手游创作者颁奖
手游决赛	16:10-21:00	CF手游总决赛BO7（以实际情况为准）	手游宣传片
			希林娜依·高《如火》
			选手出场仪式
			决赛KZ VS EP GAME1
			决赛KZ VS EP GAME2
			决赛KZ VS EP GAME3
			希林娜依·高《鲸》
			神秘环节敬请期待
			决赛KZ VS EP GAME4
			决赛KZ VS EP GAME5
			决赛KZ VS EP GAME6
			决赛KZ VS EP GAME7
			颁奖环节

图 10-145　穿越火线嘉年华 8 月 6 日节目流程单

在这一独特特色品牌传播的引领下，舞美设计方面产生了一系列影响，尤其在整体流程规划上呈现出明显的差异。相较于暴雪嘉年华因涵盖多个 IP 而产生的明显舞美分区，穿越火线嘉年华则以其单一 IP 的深度为基础，将舞台呈现聚焦在 IP 的丰富内涵上。

穿越火线嘉年华的独特特色也影响了整个活动的流程安排。

作为穿越火线 IP 诞生 15 周年的庆典，穿越火线嘉年华的流程更加注重 IP 的历程回顾与呈现。

如图 10-145 所示，整体环节主要包含赛事、表演、产品发布、颁奖和出征仪式，每个环节都贯穿着穿越火线 IP 的独特元素，让参与者在其中感受到其 IP 的持久魅力。

另一方面，穿越火线嘉年华最核心部分是 CFPL 夏季赛总决赛和 CFML 夏季赛总决赛，而这两款游戏内的元素有着高度的 IP 一致性，在舞美呈现上也可以通过合并呈现，既节省成本，又形成了内容上的连贯性和一致性。

　　在最核心的主舞台部分，如图 10-146 所示，穿越火线嘉年华以《穿越火线》和《穿越火线手游》共同的经典地图元素——"运输船"为灵感进行打造，在舞美场地的选择上，则选择设置在北京"水立方"这样有水元素的场景，以便于还原运输船所处的空间环境。

图 10-146　穿越火线嘉年华——以"运输船"为灵感打造的主舞台

　　在舞美的功能呈现方面，赛事方着眼于功能性的展现，采取了一系列独特的举措——将场馆一侧的游泳池填平，并在上方搭建了船只形状的舞台，如图 10-147 所示，该舞台以赛事需求为核心，采用升降台、大屏、脚架等核心组成成分，完成了对战席、PGM、上场通道、大屏、升降地面平台等功能的建设。

图 10-147　穿越火线嘉年华 舞美功能解构

　　该主舞台的设计不仅仅达成了视觉上的震撼效果，也为赛事本身的顺利进行提供了最佳支持。舞台中央的升降台与过往类似，主要是为了呈现奖杯的出场，从而确保观众在观赛过程中能够获得最佳的视觉体验；大屏幕的设置则能够展示比赛实况，为观众提供更多信息和互动，同时跟随表演流程进行不断变化，增强舞台嘉宾和观众的参与感；在选手 /嘉宾登场环节，两侧的脚架设计则参考船只的游客进出设计，既为整个舞台奠定了稳定的基础，确保舞台设施的安全运行，也保留"运输船"本身的创意需求。

　　而为了满足舞美视觉上的震撼需求，在主舞台的尺寸呈现方面，据官方数据报道，整个主舞台体积达到了约 1200m³，利用大量的异形屏结构构建和还原"运输船"的空间感，通过光、声、色的运用来加深巨物感和迭代感，在动态水面中营造出跃迁之轮驶向水立方的效果，让观众在不同形态的视听变化中感受极致的激情之旅，如图 10-148 所示。

图 10-148　巨型"运输船"舞美带来的震撼效果

　　与独立的单一品类赛事有所不同的是，为了打造丰富多彩的"嘉年华"体验，在持续两天的赛事中，赛事主办方巧妙地应用了相同的基础舞台结构，却在舞美设计上根据《穿越火线》与《穿越火线手游》两款游戏截然不同的主题风格进行了差异化的呈现。

　　在首日的《穿越火线》端游赛事中，整体舞台的色彩选择以红蓝为主，这不仅延续了游戏的主题色调，同时也为即将上演的总决赛双方队伍"成都 AG"（以红色为应援色）与"白鲨"（以蓝色为应援色）的对决创造了配色的呼应。观众区域的划分更进一步，将白鲨队的粉丝安排在船只右侧，而成都 AG 的支持者则集结在船只左侧。应援礼包的设计也遵循红蓝配色方案，以此创造出视觉上的对比冲突，仿佛在表达着两队之间的激烈竞技对决。

　　这种巧妙的区分不仅为观众带来了强烈的视觉冲击，更是通过色彩、观众区域划分和应援礼包等多重手段，将游戏世界与现实世界深度融合。通过与游戏中虚拟对抗的映射，观众和支持者们在嘉年华中能够更加深刻地体验到游戏的紧张氛围和情感共鸣，如图 10-149 和图 10-150 所示。

图 10-149　船只左侧的成都 AG 支持者，持有红色应援棒

图 10-150　船只右侧的白鲨支持者，持有蓝色应援棒

　　到了 8 月 6 日，穿越火线嘉年华的舞美设计呈现出了崭新的变化——整个舞台在这一天采用了浅蓝色和橙色的配色方案，这两种明亮的颜色饱和度高，为整体氛围注入了活力，也更加贴合《穿越火线手游》作为面向年轻人的产品的属性特点，如图 10-151 所示。

图 10-151　8 月 6 日，穿越火线嘉年华第二日主舞台现场视觉

　　再来聚焦于嘉年华的舞美构筑方面，除了主舞台的设计，为了增强嘉年华的互动性，穿越火线嘉年华在外场区域也精心安排了一系列展位，以营造更加丰富的互动体验。如图 10-152 和图 10-153 所示，这些展位包括 LOGO 墙、玩家掌火拍照区（共 2 个）、直播平台区（共 3 个）、IP 里程碑、玩家签到墙、端手游体验区、周边商店、赞助商展台、战队应援台（共 2 个）等总计超过十个不同类型的展示区域。

　　LOGO 墙位于入口排队处，它以醒目的 LOGO 特征作为引导，将玩家引领进入嘉年华的奇妙世界。作为迎宾之门，以 IP 特色元素为玩家提供了一个独特的背景，让他们能够在独特的入场瞬间留下难忘的回忆；玩家掌火拍照区中嘉年华的主题"火"元素也得到了巧妙的运用，以 KT 板的形式呈现，巧妙地融合了火焰的元素；直播平台区则主要展示三个官方合作的直播平台：虎牙、斗鱼、快手，这个区域不仅为玩家提供了一个实时观赏比赛和互动的场所，也凸显了嘉年华与各大直播平台的密切合作，扩大活动的影响力；IP里程碑则用于呈现"穿越火线"IP 成立 15 周年的发展历程，该区域充满历史感，通过展

图 10-152   部分穿越火线嘉年华外场舞美布置（一）

图 10-153   部分穿越火线嘉年华外场舞美布置（二）

示 IP 的发展历程，向玩家们展现了游戏的演进与成长；玩家签到墙则以 KV 为主要元素，为玩家提供签名留念的机会，加深了玩家与 IP 之间的情感联系；端手游体验区则分别放置 10 台电脑和 10 台手机，为现场观众提供实际感受《穿越火线》和《穿越火线手游》氛围的机会，让他们能够身临其境地回味游戏的魅力；周边商店则为观众提供娃娃机和购买穿越火线周边产品的去处，以满足观众对于游戏周边的喜好和购买需求；战队应援台常规地由背板和 IBM 桌组成，为战队的应援提供了特定的空间，也为战队的粉丝们提供了集结的地方，如图 10-154 和图 10-155 所示。

图 10-154   穿越火线嘉年华周边商店

图 10-155　穿越火线嘉年华端游体验区

每个展位都经过精心布置，从而为参与者创造多样化、互动性强的嘉年华体验，在外场的这些展位的集合，共同构成了一个充满活力和创意的嘉年华外场，让每位参与者都能在其中找到喜爱的活动和内容。

值得特别强调的是，由于这次 2023 年穿越火线嘉年华舞美落地在了北京水立方，为了与穿越火线 IP 所具有的"燃"属性实现紧密结合，在舞美特效的呈现方面采用了一系列巧妙的举措，在视觉上将嘉年华与水立方融为一体：在直播中，视觉团队通过精心设计的特效手法，将原本蓝色的水立方转变为了火热的红色，将独特的主题元素与场馆特色相融合；而在现场，真实的水立方也在穿越火线嘉年华期间通过灯光特效的变换，将其本来的蓝色转化成了醒目的红色，创造出一个独特而令人难忘的视觉记忆，如图 10-156 所示。

图 10-156　在穿越火线嘉年华中，变成红色的水立方

总的来说，CF 嘉年华作为国产知名赛事 IP 的嘉年华案例，具有非常多可以学习和借鉴的地方，我们将其舞美设计与实现的特点总结为以下几方面。

（1）IP 融合与深度表达：与暴雪嘉年华不同，CF 嘉年华专注于单一游戏 IP 穿越火线。舞美设计深度表达了这一 IP 的元素，包括游戏内的地图元素、角色等，为观众提供了更深层次的情感共鸣。

（2）基于 IP 的舞台视觉呈现：舞台设计充分利用了 IP 元素，如以游戏地图元素"运输船"为灵感，并将其视觉效果呈现出来。舞台设计不仅令人印象深刻，还能够为观众提供最佳的视觉体验，同时与游戏世界深度融合。

（3）以不同的色彩区分氛围：舞美设计使用了明亮的色彩方案，如红色、蓝色和橙色，以强化活动的氛围和活力。色彩的选择与游戏主题和品牌属性相吻合，创造了视觉冲击和情感共鸣。

（4）外场的多样性体现互动性和创意：CF 嘉年华在外场区域设置了多个展位，以提供多样化、互动性强的体验。这些展位包括拍照区、直播平台、IP 历程展示、玩家签到等，为参与者创造了丰富的互动体验。

（5）具有记忆点的技术特效打造：特效手法被用于改变场馆的外观，将原本的蓝色水立方转化为火热的红色，以与 CF 游戏的"燃"属性相契合。这种技术特效的应用增加了活动的视觉吸引力和记忆性。

总体而言，与暴雪嘉年华相比，穿越火线嘉年华的成功落地有其独特之处。一方面，它依赖于穿越火线 IP 在长期发展中积累的用户黏性和情感价值，这两个因素共同构成了一个稳固的社群基础，为嘉年华的成功举办提供了有力的支持。

另一方面，除了依赖于 IP 的强大基础，通过主舞台的巧妙设计，穿越火线嘉年华将不同产品间的固有元素巧妙地作为"锚点"进行融合。而在外场区域，通过大量特殊的舞美视觉呈现，更进一步地强化了观众与游戏 IP 之间的情感共鸣，以视觉冲击的方式，为观众创造了深刻的记忆。

电子竞技舞美设计与实现在这其中扮演了相当重要的角色，巧妙地将多个产品的特色融为一体，形成了一个有机的整体，使得整个活动充满了创意和惊喜。也正是通过舞美设计与实现，嘉年华成功地将不同游戏元素、不同产品的特点进行有机结合，为观众带来了丰富多样的体验。最终，这种独特的时空感和情感共鸣共同创造了嘉年华的核心价值，使其成为了一个令人难以忘怀的独特体验。

我们完全可以说，穿越火线嘉年华的成功落地，既得益于 IP 的用户黏性和情感价值，也归功于精心设计的舞美，这些因素共同营造了一个能够强化情感共鸣、创造视觉冲击的独特时空，使嘉年华成为了一个深受观众喜爱的、难以复制的成功案例。

10.2　单品类赛事

电子竞技的发展历程中，第三方赛事品牌扮演着重要角色。这些赛事经历了辉煌期，也遭遇了低谷期。然而，随着电子竞技的发展进入 2010 年代，游戏厂商开始进军电子竞技市场，并积极主导旗下知名游戏 IP 所属的单品类电竞赛事，同时建立起完整的职业电竞赛事体系。

回顾《电子竞技概论》一书所述，英雄联盟系列赛事成为了职业电竞赛事中的典型代表。这些赛事由游戏厂商主导，并经过制作方的精心策划和组织，吸引了无数玩家和观众的关注和参与，每场比赛都承载着选手们的激情与努力，为观众带来了紧张刺激的对决。

另一方面，移动电竞也在这一时期崭露头角。KPL 王者荣耀赛事和 PEL 和平精英赛事则成为了国内移动电竞领域的典型代表。这些移动电竞赛事使得玩家们可以在手机上享受高水平的电竞体验，同时，也促进了移动游戏在电子竞技领域的蓬勃发展。

单品类赛事的舞美特点体现在专注性、一致性和精准性上。单品类赛事通常专注于某一个具体的游戏，其舞美设计更为集中和一致。舞美围绕游戏特点进行精准打造，力求将游戏的世界观和氛围完美呈现在舞台上。选手和团队在单一游戏环境下更为专注和熟悉，这使得舞美设计可以更加集中地展现选手的技能和竞技表现，从而让观众更容易投入感受比赛的紧张和刺激。

单品类赛事的舞美设计追求高度一致性，以确保舞台能够贴合游戏风格和设定，让观众产生身临其境的感觉。舞美元素和道具的选择通常与游戏内容紧密相连，使得比赛场地成为游戏世界的延伸，增强了观众的沉浸感。

另一方面，单品类赛事的舞美设计也在视觉效果上追求精准性。对游戏角色、地图、技能等细节的还原和再现，能够让观众更容易辨认游戏场景，从而深入了解比赛进程和选手的操作。

接下来，笔者将专注于不同游戏类别，详细展示和分析具有代表性的职业电竞赛事的舞美设计与实现。这些赛事的舞台设计、灯光效果、音效调度以及观众互动等方面都将得以一一分析和阐述。通过深入探讨这些元素，我们可以更好地理解电子竞技赛事的全貌，并感受到其中蕴含的激情与创造力。

10.2.1　RTS

要全面地按品类对电子竞技舞美进行详细的分析，离不开即时战略游戏（RTS）。

即时战略游戏，英文全称为 Real-time Strategy。标准的即时战略游戏会有资源采集、基地建造、科技发展等元素。在玩家指挥方面，即时战略游戏通常可以独立控制各个单位，而不限于群组式的控制。玩家需要通过充分运用计算机互动技术，对游戏中黄金、木材、矿产等资源、山地平原、昼夜、风雨雷电等地形气候、人员物资补给、单个角色的操作等进行控制，最后根据综合的逻辑得出明确的胜负关系。

在电子竞技的发展过程中，有几个 RTS 游戏赛事具有显著的代表性和广泛的传播度。其中，《魔兽争霸 3》电竞赛事以及《星际争霸 Ⅱ》电竞赛事是最为知名的两个例子。这些赛事不仅考验玩家的战略思维和操作能力，也成为聚集全球玩家和观众的竞技盛事。

1. 《魔兽争霸 3》电竞赛事

《魔兽争霸 3》作为全球知名的即时战略游戏，在早期的两个最为知名的赛事中脱颖而出。首先是综合性赛事 WCG（World Cyber Games），《魔兽争霸 3》是其中的一个参赛项目，WCG 在 10.1.1 中已经得到详细介绍，其作为一项顶级电子竞技赛事，吸引了来自世界各地的顶尖选手和观众的关注。

另一个赛事是魔兽争霸电子竞技联赛（WarCraft 3 League，WC3L），WC3L 是一个世界性的《魔兽争霸 3》电子竞技联赛，以俱乐部的形式参赛。该赛事以《魔兽争霸 3》作为比赛项目，前四届由 inGame.de 组织举办，从第五届开始，由电子竞技联盟（ESL）接手组织举办。WC3L 的赛制采用联赛形式进行，每个赛季共有 12 支战队参加。每轮比赛由三场 1v1 竞技赛和两场 2v2 竞技赛组成（从第九赛季开始，改为四场 1v1 竞技赛和一场 2v2 竞技赛），其中获得 3 场胜利的战队将获得最终胜利。常规联赛结束后，位于积分榜前六名的战队将晋级季后赛，争夺整个赛季的冠军。同时，位于积分榜前六名的战队也将直接获得下一赛季的参赛资格。

然而，尽管 WC3L 在电子竞技界留下了一段辉煌的历史，但它仅举办了 16 个赛季。2010 年 3 月 15 日，在第 16 赛季季后赛结束后，WC3L 宣布不再继续举办比赛。尽管 WC3L 的历史相对较短暂，但它在《魔兽争霸 3》电子竞技的发展中起到了重要的推动作用。

根据早年 WC3L 的一些图片和影像资料显示，其舞美设计与搭建基本符合电子竞技舞台的原则，注重对称性和功能性。通过这些资料，我们可以看到，WC3L 不仅在竞技层面上取得了成就，也在赛事的视觉呈现上注重营造出令人印象深刻的舞台效果。

通过深入研究和分析这些具有代表性的职业电竞赛事的舞美设计与实现，我们可以更好地理解电子竞技赛事在视觉呈现方面的重要性，并从中汲取灵感和经验，进一步推动电子竞技舞美设计的发展。无论是对称性的布局还是功能性的设计，这些原则都可以在今天的电子竞技舞美设计中发挥重要的指导作用，营造出令人难以忘怀的赛事场景。

不过，由于 WC3L 举办时间距今已有多年，早期的图片资料已难以考据，我们只能根据部分资料，对其舞美进行部分解析。

从图 10-157 中我们可以看见位于舞台两侧且呈斜视角的对战席，以及较暗的舞台色彩布置。这样的布置是为了防止选手窥视大屏幕，导致不公平地获取对方的战术和位置布置；其次也是为了提高参赛选手的视觉体验和竞赛舒适度，明亮的灯光和强烈的色彩对选手的眼睛会造成刺激和疲劳，而较暗的舞台布置可以减轻眼部负担，降低眩光和视觉疲劳的发生，使选手的注意力专注于竞赛屏幕，同时提供更舒适的视觉环境。

图 10-158 是一张选手在选手席前拍摄的图片，在选手背后，选手席以半封闭的状态呈现，起到了隔音的效果。在电竞比赛中，选手需要高度集中注意力专注于游戏。外界的噪声和干扰可能会干扰选手的思维和反应，影响他们的表现和竞技状态。通过这样的隔音设置，可以减少来自观众席和赛场其他区域的噪声传入，提供一个相对安静的环境，使选手能够更好地专注于比赛。

图 10-157　早期 WC3L 赛事现场

图 10-158　WC3L 早期影像（一）

图 10-159 和图 10-160 为两张第十四届 WC3L 赛上 fnatic 战队捧起奖杯的影像，从这两张图中我们可以看到，WC3L 在那个时期凭借其强大的国际影响力，已经吸引了赞助商的关注和支持。而赞助商也以壁纸的形式在对战席中进行了露出。这种露出展示，不仅为赛事增添了一抹专业的氛围，也为赛场注入了商业元素，向观众传递了赞助商的品牌信息和品牌形象。

图 10-159　WC3L 早期影像（二）

图 10-160　WC3L 早期影像（三）

虽然 WC3L 赛事已停办多年，但《魔兽争霸 3》在 RTS 玩家群体中仍保持其独特的吸引力。当前，仍有一些电竞赛事以《魔兽争霸 3》为核心，例如《魔兽争霸 3》黄金联赛等。

尽管早期的《魔兽争霸 3》知名赛事仅满足基本的公平对战和基础审美，但经过电子竞技行业的不断发展，到了 2019 年，在《魔兽争霸 3》黄金联赛冬季赛总决赛现场还注重了 IP 元素的融入，将舞台进行品牌化打造，如图 10-161 所示。

图 10-161　2019 年《魔兽争霸 3》黄金联赛冬季赛总决赛

通过图中的细节可以看出，比赛场地布置设计精心，以突出《魔兽争霸 3》的独特风格和品牌形象。这种品牌化打造不仅为比赛增添了独特的视觉效果，还提升了观众的参与感和认同感，成功吸引了更多观众和玩家的关注。

此外，比赛现场还引入了 AR 技术，在选手介绍环节呈现出富有科技感的效果，使得选手介绍更具创意和互动性，通过 AR 技术的呈现，选手的个人信息和成就可以以全新的方式展示给观众，营造出令人惊艳的科技氛围。

图 10-162 是 2019 年《魔兽争霸 3》黄金联赛冬季赛的颁奖现场图片。

图 10-162　2019 年魔兽争霸 3 黄金联赛冬季赛颁奖现场

相比多年前的单屏背景，这次的颁奖场景在视觉上有了显著的提升，背景采用了多个异形屏结构，为整个场景增添了更加炫目的效果。与此同时，比赛的对战席设置也进行了改变，选手们背对着大屏幕进行对战，打造出一种更具沉浸感和战斗氛围的环境，这样的设计不仅使得比赛现场更有氛围感，也为选手们和观众们带来了更加身临其境的游戏体验。

2.　《星际争霸 II》电竞赛事

《星际争霸 II: 自由之翼》是一款由暴雪娱乐发行的即时战略游戏。在中国大陆，该游戏被翻译为《星际争霸 II: 自由之翼》，而在香港和台湾则被翻译为《星海争霸 II: 自由之翼》。这款游戏在电竞界具有重要地位，并有一些代表性的赛事，其中包括《星际争霸 II》电竞联赛（Global StarCraft II League，GSL）和英特尔极限大师赛（Intel Extreme Master，IEM）。

GSL 是韩国著名的《星际争霸 II》职业联赛，吸引了来自全球的顶尖选手的参与。该联赛每年举办多个季度赛事和全球总决赛，成为评判选手实力的重要平台，同时为观众提供了高水平对战的精彩观赏体验。GSL 由作为暴雪合作伙伴之一的 GomTV 组织举办，并自 2010 年创办以来一直是奖金最丰厚的星际赛事之一，首届赛事的奖金就高达 6 亿韩元。借助 GomTV 强大的全球视频直播服务能力，GSL 成为全球首个进行常规直播的星际 2 联赛。

GSL 自诞生之初就拥有强大的人气和资金支持，因此，就算是早期的 GSL 舞美现场，也已经初具规模，不仅满足基础的对战需求，也开始尝试着与品牌链接，做出具有美化效果的舞台，如图 10-163 所示。

在 2016 年韩国举办的 GSL 总决赛上，现场气氛火爆，座无虚席。除了常规的大屏幕外，组织方还布置了红蓝对决的灯光效果和大量的灯带，营造出一种紧张刺激的氛围。为了确保选手们的比赛环境不受外界干扰，选手席被设置成半封闭的形式，有效隔离了外界嘈杂的声音和干扰。此外，现场还安置了选手固定机位，用于记录选手的状态并将其实时转播给观众，使观众们能够更好地感受到选手们的紧张感与专注感，如图 10-164 和图 10-165 所示。

在前面的综合性赛事介绍中，我们已经对 IEM 做过了详细的介绍，《星际争霸 II》为 IEM 的热门赛事之一。IEM 中的《星际争霸 II》赛事是具有全球性属性、含金量最高的星际争霸 II 赛事之一。

图 10-163　2011 年 GSL 暴雪杯现场

图 10-164　2016 年 GSL 现场

图 10-165　2016 年 GSL 选手席

　　在 2023 年的 IEM 卡托维兹站《星际争霸 II》比赛现场，单人对战席不再仅仅是简单的对战桌，而是经过了科技化和商业化的升级。前端设置发光屏幕展示，为选手和观众带来更加贴近"电竞"的科技化视觉体验。

　　此外，整个比赛舞台也经过精心设计，采用统一的"Intel"色系的色彩方案，以营造出一种独特的氛围。

在舞美流程环节中，组织方还运用了当下热门的物料道具等元素，以增添比赛的娱乐性和视觉吸引力。在赛事直播中，我们可以看到气雾机、特效灯光、巨型背景等元素，这些创意和精心设计的舞美元素不仅为比赛增添了一份时尚感和科技感，还为选手和观众带来了更加震撼和炫目的视觉盛宴，如图 10-166~ 图 10-168 所示。

图 10-166　2023 年 IEM 卡托维兹站星际比赛现场

图 10-167　2023 年 IEM 卡托维兹站星际选手席

图 10-168　2023 年 IEM 卡托维兹站星际选手领奖

作为 RTS 游戏代表的《魔兽争霸 III》和《星际争霸 II》都是暴雪娱乐的游戏，然而，在 2023 年 1 月后，由于暴雪与网易的代理许可协议到期并未续约，这两款游戏的国服已经停止运营。这意味着，玩家们无法再在国内的服务器上继续游戏，这对于喜爱这两款游戏的中国玩家来说无疑是一个遗憾。

另一方面，尽管《魔兽争霸 III》和《星际争霸 II》在电子竞技发展史上扮演着重要的角色，但由于它们的游戏难度较高、培养优秀选手的成本也相对较高，并且观众对于游戏规则的理解门槛也较高，导致这两款游戏在电子竞技领域的发展受到了一定的限制。

虽然在 IEM 这样的大型综合赛事中，《星际争霸 II》仍然占据一定的舞台空间，但相对于其他游戏而言，其在比赛中所占的份额相对较小。这并非是对游戏本身的贬低，而是因为在电子竞技领域，随着更多游戏的涌现，观众们对于不同游戏的兴趣和关注点有所分散。

总而言之，根据 RTS 游戏赛事的特点，其舞美设计与实现会有定制化呈现。

举例来说，在规模和场景设置方面，RTS 游戏赛事的对战人数取决于具体的游戏设计和比赛规则，可以因游戏而异。一般而言，RTS 游戏可以支持从两人对战到多人对战。以下列举了一些常见的对战人数配置。

（1）单人对单人（1v1）：这是最常见的 RTS 游戏对战形式之一。两名选手在游戏中直接对抗，通过策略、战术和操作来争夺胜利。1v1 对战更加注重个人的技巧和决策能力。

（2）双人对双人（2v2）：在 2v2 对战中，两个团队各由两名选手组成。每个团队的成员之间可以协作和配合，共同制订战略，并共同对抗对方团队。这种对战形式强调了团队合作和沟通能力。

（3）团队对战（3v3、4v4 等）：RTS 游戏也支持更大规模的团队对战。在这种对战形式中，两个或更多个选手的团队合作对抗对方团队。团队对战通常需要更复杂的协调和战略规划，以及更高水平的团队合作。

这样不同对战人数的赛事舞美的搭建也会有所差异。但是，不同的对战模式只是 RTS 赛事中的一个方面。尽管 RTS 游戏的规则并不统一，其游戏特点却有很多共同点。根据这些共同点，我们可以总结这种类型赛事的舞美特点。

（1）多层次的舞台设计：RTS 游戏通常涉及大规模的对战，使得比赛场面壮观而具有战略性。选手需要管理庞大的军队、资源和制订战略，以取得胜利。这种对战规模的特点使得 RTS 类赛事在视觉上需要呈现出壮观的战斗场景，而多层次的舞台设计则可以让观众欣赏到庞大的军队在虚拟战场上的激烈交战。（多层次是指在大屏展示的过程中，不是单纯地一个大屏进行 OB，而可能结合异形屏对资源收集点、基地、战斗区域等进行展示。）这种多层次的设计可以为观众呈现出游戏中的多个关键场景，并使他们更好地了解比赛进程和选手的决策。

（2）使用特效道具和灯光变化来营造现场氛围：为了增强 RTS 游戏赛事的氛围感和战斗感，舞美团队通常会使用环境特效和灯光设计，包括使用烟雾、火焰等，以营造出战场的真实感和紧张氛围。灯光设计也可以根据比赛的进程和情境进行调整，例如在关键时刻使用强烈的红色灯光或闪烁的白色灯光，以吸引观众的注意力。

（3）色彩和标识的运用：为了体现游戏的风格和特色，舞美团队通常会使用与游戏品牌或角色相关的色彩和标识。这些元素可以出现在舞台背景、屏幕展示、服装等方面，以加强游戏的身份认同和提升品牌形象。

10.2.2　MOBA

多人在线战斗竞技场（multiplayer online battle arena，MOBA）游戏是一种源自即时战略游戏的电子竞技游戏。作为 MMO 游戏的子类别，MOBA 游戏的玩法通常涉及多人对战和团队合作，为玩家提供了极具竞争性和合作性的游戏体验。

在 MOBA 游戏中，玩家通常被分为两个队伍，每个队伍由多名玩家组成，共同展开激烈的战斗。每位玩家扮演一个独特的角色，通常只能控制自己所在的队伍中的一名角色。这些角色具备不同的技能和特点，玩家需要充分利用角色的能力与战术智慧来达到游戏目标。

MOBA 游戏的主要目标是通过击毁对方队伍的阵地建筑来获得胜利。玩家需要与队友紧密协作，制订战略、分配资源和执行团队战术，以攻破对方的防线并摧毁关键建筑。同时，游戏中还存在各种资源和道具，玩家需要合理利用它们来提升自己的实力并战胜敌人。

MOBA 游戏的设计需要玩家之间的竞争和合作，要求团队成员之间进行良好的沟通和战术配合。成功的战略规划、团队协作和个人技巧的发挥都是在这种游戏中取得胜利的关键因素。因此，MOBA 游戏不仅仅是简单的游戏娱乐，更是一项需要思考和协作的电子竞技运动。

目前，全球范围内最受欢迎的 MOBA 电子竞技游戏品类涵盖了许多热门作品，其中最受关注的作品包括 DOTA2、《英雄联盟》和《王者荣耀》等。这些游戏不仅拥有庞大的玩家基础，同时也在电竞赛事场景上保持着活跃的状态。

这些游戏所提供的电竞赛事场景在当今电子竞技发展中也十分活跃且具有吸引力。各种规模的大众赛事、职业联赛和全球性的决赛都吸引了大量的玩家和观众的参与。这些赛事不仅为职业选手提供了展示才华和争夺荣誉的舞台，也为广大玩家和电竞爱好者提供了欣赏高水平对战和战术展示的机会，也正因如此，这些受欢迎的 MOBA 游戏在全球范围内拥有广泛的影响力，它们丰富多样的角色选择、战略策略、技能组合和团队协作不仅吸引了大量的玩家，也促进了电竞赛事的繁荣发展。

MOBA 游戏的电子竞技赛事不仅具有高度的竞争性，还为观众提供了极具观赏性的体验。比赛中的选手展现出精湛的操作技巧、战略规划和团队配合，为争夺胜利而展开激烈的战斗。这些赛事通常在现场设置专业的解说团队，他们不仅为观众解读比赛的进程，还深入分析选手的策略，为观众呈现出比赛的精彩细节和战术思考。

除了精彩的比赛和专业的解说，MOBA 赛事也非常注重 IP 的打造和传播。在赛事现场，通过各种场景和元素的设置，致力于还原游戏本身所描绘的世界观，并将赛事与游戏故事相融合，赋予赛事更深层次的含义。观众们被鼓励穿着游戏角色的服饰前往现场为自己喜爱的选手加油和呐喊，营造出一种独特的氛围和互动体验。这种"乐园式"的观赛体验不仅让观众更加沉浸在游戏的世界中，也为赛事注入了更多的热情和参与感。

接下来，我们将逐一对这几款热门赛事的舞美进行详细分析。通过分析，你会发现舞美设计与实现是这几款热门赛事中不可忽视的一个重要环节，它不仅为观众创造了视觉上的盛宴，也能够进一步提升比赛的观赏价值和沉浸感。

1. *DOTA2* 电竞赛事

在 *DOTA2* 电竞赛事中，最具知名度的赛事是 *DOTA2* 国际邀请赛（The International DOTA2 Championships，Ti）。自 2011 年由 Valve Corporation（简称 V 社）创办起，每年都吸引着全球的顶级战队前来角逐，争夺巨额奖金和荣誉。

Ti 赛事的冠军队伍和成员将被永久地记录在游戏内的冠军盾牌上，这是一项具有历史意义的荣誉。冠军盾牌由 V 社特制，是 *DOTA2* 领域中最高荣耀的象征。

Ti 赛事的成功得益于 V 社对赛事的精心组织和丰富的奖金资助。同时，比赛期间也会进行各种精彩的表演和活动，为观众带来更多的娱乐和互动体验。这项赛事不仅是顶尖战队展示实力的舞台，也是 *DOTA2* 社区聚集的平台，玩家和观众们通过参与 Ti 赛事，共同见证 *DOTA2* 电竞发展的辉煌。

Ti 赛事的举办地点较为固定，除了 Ti1 在德国科隆、Ti8 在加拿大温哥华、Ti9 在中国上海、Ti10 在罗马尼亚布加勒斯特、Ti11 在新加坡外，每年的 Ti 赛事都在美国西雅图举行。这个固定的举办地点给 Ti 赛事增添了一份稳定和传统，同时也为西雅图市带来了巨大的经济收益和知名度。

Ti 赛事在整个电子竞技发展史上具有重要地位，这很大程度上归功于其奖金体系。首先是 Ti5 的一千万美元总奖金使得 *DOTA2* 成为舆论的焦点，引发了全球范围内对电竞奖金的关注和讨论。随后，Ti6 的总奖金更是超过了 2000 万美元，刷新了电竞赛事奖金的纪录。这样的高额奖金对整个电竞行业产生了深远的影响，吸引了更多优秀选手和战队的参与，并推动了电竞行业的进一步发展。仅冠军一方就能夺得超过 900 万美元的奖金，这为选手们创造了巨大的经济回报和荣耀。

作为大型 MOBA 赛事的先驱，Ti 赛事的舞美设计也具有特色。比赛场地常常采用壮观的舞台设计，以营造紧张而震撼的氛围。高清大屏幕和灯光效果的运用将比赛画面和技能特效展现得淋漓尽致，为观众带来了震撼的视觉体验。此外，赛场周围的宣传和主题装饰展示了丰富的游戏角色和相关艺术作品，为赛事增添了视觉上的吸引力和艺术氛围。解说台和观众席的布置也注重舒适度和观赛体验，为观众提供良好的视听效果和沉浸式的观赛环境。

以第九届 *DOTA2* 国际邀请赛（Ti9）为例，这一届 Ti 于 2019 年 8 月在上海梅赛德斯奔驰中心举行，如图 10-169 所示。据官方数据，Ti9 共吸引了超过一万名观众前往现场观看比赛。

承办该赛事的场馆上海梅赛德斯奔驰中心是一座多功能体育场馆，总占地面积约为 55 000 平方米。它具有现代化的设施和舞台设备，适合举办大型活动和赛事。场馆内部拥有大型比赛场地、解说台、观众席、媒体区、后台区域等，为 Ti9 的举办提供了充足的空间和设施支持。

图 10-169　2019 年 8 月，上海梅赛德斯奔驰中心举行的 Ti9 现场

　　Ti9 的开幕式从一开始就带给观众非凡的视听享受。受到举办地的文化影响，开幕式呈现了浓厚的"中国风"表演，让人沉浸在中国传统艺术的美妙之中。在开幕式中，不仅有交响乐表演，其中还融入了中国传统乐器如二胡、笛子等，这种传统乐器与西洋乐器的融合展现了音乐的多元性和世界范围的交流，如图 10-170 所示。

图 10-170　Ti9 开幕式中的二胡、笛子与西洋乐器合奏

　　除了音乐表演外，开幕式还呈现了扇子舞等精彩的中国风舞蹈。如图 10-171 所示，扇子舞舞者的婀娜多姿和翩然舞姿展示了中国古典舞蹈的优雅格调和精湛技巧，这样的演出使观众们感受到了东西方文化的碰撞和融合，同时也凸显了 Ti9 作为一项国际赛事的重要性。

　　在 Ti9 的选手出场环节中，现场布置了鼓乐齐奏的盛大场景，这一设置犹如中国古代出征仪式。当选手们一个个踏入赛场时，鼓乐声在现场回荡，激起观众们内心的激情和期待，营造出一种庄严而庄重的氛围，如图 10-172 所示。这样的环节不仅凸显了比赛的重要性和紧张感，同时也向观众们展示了对选手们的尊重和支持，为整个赛事注入了更加激烈的战斗气氛。

图 10-171　Ti9 开幕式上的扇子舞

图 10-172　Ti9 选手入场仪式前的鼓乐齐奏

除了表演环节，在现场硬件设置上，Ti9 的舞美也下足了功夫，首先，在主色调上，Ti9 的舞台采取了"紫 + 红"的配色方案，作为一款富含奇幻元素和魔法色彩的游戏，紫色被广泛用于 DOTA2 游戏中的角色技能和特效设计中，而红色则是 DOTA2 LOGO 的颜色，这样的配色与游戏的氛围和视觉风格相呼应，增强了观众对游戏的联想和认同感，同时也营造了豪华神秘的赛事氛围，如图 10-173 所示。

图 10-173　上海梅赛德斯奔驰中心举行的 Ti9 现场

在 Ti9 的现场布置方面，采用了丰富的灯光效果和多块巨型高清屏幕，这些灯光和屏幕不仅方便观众清楚地观看比赛，还能够营造出戏剧性的变化和设置悬念。通过精心的灯光设计，赛事现场能够随着比赛的进行而产生不同的氛围，增强观众的参与感和紧张感。

除此之外，Ti9 还在中央区域采用了地屏的设置。如图 10-174 所示，这些地屏投射出总决赛战队的形象，为战队带来了仪式感。地屏的设计使得战队在决赛舞台上成为焦点，向观众展示其重要性和荣誉，同时也为观众带来了一种身临其境的感觉。这种布置不仅给战队成员带来了自豪感，同时也为观众提供了更加丰富和沉浸式的观赛体验。

图 10-174　Ti9 现场地屏

除了以上所述的因素，Ti 赛场周围的宣传和主题装饰也是舞美设计的重要组成部分。这些装饰物是为了展示 *DOTA2* 游戏的世界观，并为赞助商提供露出的机会。

其中，赛后的 COSPLAY 大赛是吸引观众目光的重要元素之一，如图 10-175 所示。Ti9 COSPLAY 大赛最大奖项最佳表现奖的获得者是"树精卫士"的 Coser Redemption Props，这位 Coser 所有的服装都是由自己手工制作，前后一共花费了八个月的时间，手绘、喷绘都非常精细。这些作品精细的工艺给观众带来了一种身临其境的感觉，让他们能够更深入地感受到游戏的世界和角色的魅力。

图 10-175　赛后的 COSPLAY 大赛

此外，海报、横幅和装饰道具也被广泛用于赛场周围的装饰。这些装饰物通常展示着游戏中的场景、角色形象以及赞助商的品牌标识。它们通过鲜艳的色彩、精美的设计，为赛场增添了视觉上的吸引力，并且在一定程度上营造了游戏的氛围和传达了赛事的重要性。

总的来说，无论是哪一届的 Ti 赛事，舞美的设计都具有各自的特色，但总体原则却相似。

首先，在 *DOTA2* 这样的 5v5 比赛中（即每队由 5 名选手组成，进行两队对决），Ti 赛事的舞美主舞台采取对称排列的方式，按照两列每列 5 个选手席进行排列布置。这种排列方式不仅符合比赛的对战结构，还能确保每个选手都能在舞台上有充足的展示和表演空间。同时，奖杯会被放置在舞台上显眼的位置，以凸显比赛的重要性和荣誉。

在整体的舞美陈设和布置上，Ti 赛事充分体现了参赛队伍的标志和特色。每个队伍都有自己独特的标志、队名和队服设计，在舞美中会巧妙地加以展示。舞台背景、大屏幕以及舞美装饰可能会呈现各队伍的标志、队名或相关形象，营造出与队伍风格相匹配的氛围。这样的设计不仅增强了观赏性，让观众更容易辨认和支持自己喜爱的队伍，同时也为参赛队伍创造了独特的身份认同感。

通过在舞美中展现参赛队伍的标志和特色，Ti 赛事将观众和选手们带入了一个更加沉浸式的比赛环境中。观众可以通过视觉上的感知来辨认不同队伍，并更深入地投入到比赛中。对于选手们来说，看到自己队伍的标志和队名被巧妙地呈现在舞美中，也能够激发他们的自豪感和斗志，增强比赛的氛围感和紧张感。

随着 Ti 的发展，由于其庞大的粉丝群体和广泛的影响力，现阶段的舞美布置多选择可容纳较多人的体育场馆等场所，并在装饰上突出 *DOTA2* 的品牌特性。舞美布置会通过一些细节的还原，呈现 *DOTA2* 游戏内的场景，以进一步打造一个与游戏世界相符的氛围。

比较有趣的是，前面已经提到过，Ti 的奖杯为 V 社特制冠军盾牌，每一届冠军队伍及人员将被记录在游戏泉水的冠军盾中。如图 10-176 所示，这个奖杯的设计在所有赛事中都是具有相当明显的特点的。

图 10-176　Ti 10 比赛现场

Ti 的奖杯设计自 2011 年开始，为了创造一个能够在 *DOTA2* 世界中被人们铭记的、充满荣耀感的，同时也要具备在游戏中实用的特点的代表物，主办方选择了新西兰维塔公司，该公司曾负责制作《指环王》电影的武器与道具。主办方为维塔提供了一套完整的冠军盾 3D 模型文件、概念艺术和一些创意想法。

最终，在融合了来自多方的设计灵感之后，独一无二的 Ti 赛事奖杯应运而生，如图 10-177 所示。

图 10-177　Ti 奖杯——冠军盾牌

这个奖杯既要适应 DOTA2 的英雄阵容，又要保持精致和简洁的整体设计。

Ti 赛事的冠军盾具有两个圆形凹进的设计，一方面适应了游戏内的实用性道具的要求，另一方面让获胜者能够自然地举起它。然而，冠军盾最吸引人的地方在于其中部浮雕，生动地描绘了 DOTA2 中天辉与夜魇永不停息的斗争，如图 10-178 所示。

图 10-178　Ti 盾牌奖杯原型

在 2012 年的 Ti2 上，中国战队 IG 创造了中国战队在此项目上的历史，以 3∶1 的比分击败了 2011 年的卫冕冠军 NaVi，夺得了冠军盾，如图 10-179 所示。这一胜利激励了中国 DOTA2 电竞行业的发展，为中国选手赢得了荣耀，并吸引了更多的人加入到这个竞技游戏的世界中。

Ti 赛事的冠军盾不仅仅是一个奖杯，它承载着选手们的努力和荣耀，同时也代表着 DOTA2 这款游戏的精神与价值观。每年的 Ti 赛事都将冠军盾授予最强大的战队，永远铭记着他们的成就，并成为电竞历史上不可磨灭的传奇。

图 10-179　2012 年 Ti2 国际邀请赛，IG 战队在美国西雅图举起 Ti 奖杯

2.《英雄联盟》电竞赛事

英雄联盟全球总决赛（League Of Legends World Championship，Worlds，又称英雄联盟 S 赛）是英雄联盟一年一度的最为盛大的比赛，同时全球总决赛也是所有英雄联盟赛事中荣誉最高、含金量最高、竞技水平最高、知名度最高的比赛。

与 Ti 相同，首届英雄联盟全球总决赛于 2011 年启动。英雄联盟全球总决赛为全球多个赛区之间的对决，参赛者均是来自各大赛区最顶尖水平的战队，只有在每一年职业联赛中表现出色的队伍才有资格参赛，每个赛区根据规模和水平决定其在总决赛当中的名额。

全球 12 个赛区及联赛分别是：中国大陆地区 LPL、韩国 LCK、欧洲 LEC、北美洲 LCS、独联体 LCL、巴西 CBLOL、中国港澳台地区和东南亚 PCS、拉丁美洲 LLA、土耳其 TCL、大洋洲 LCO、日本 LJL、越南 VCS。

早年的英雄联盟全球总决赛影响力比较局限，2011 年英雄联盟第一届全球总决赛在瑞典 DreamHack 游戏展会上举办，只有来自美洲以及欧洲的 8 支职业战队参加比赛，观众人数仅 400 人左右。

随着各地职业俱乐部的兴起和发展，以及英雄联盟完善的联赛体系的建立，自从 2015 年 Riot Games 增设了季中邀请赛（Mid-Season Invitational，MSI）作为英雄联盟春夏赛季之间的重要赛事，并邀请来自各大赛区的春季赛冠军参与竞争，英雄联盟全球总决赛开始逐渐引起人们的关注。

如今，英雄联盟全球总决赛在观赛量和直播热度方面都已经超过了一些热门的传统体育赛事，成为当之无愧的电子竞技热门赛事。这一赛事吸引着数以亿计的观众在线观看比赛，其中包括来自全球各地的电竞爱好者和玩家。无论是激烈的比赛、精彩的表演还是令人难以预测的战局，英雄联盟全球总决赛都为观众带来了极大的观赏价值和娱乐体验。

这一赛事的成功背后，离不开英雄联盟的全球化发展战略和庞大的粉丝群体，通过不断扩大赛事规模、提升赛事的专业化程度和精彩程度，以及利用先进的直播和媒体技术，英雄联盟全球总决赛成功地吸引了广大观众的注意和热情参与。同时，赛事的营销和宣传策略也起到了重要的推动作用，使得英雄联盟全球总决赛成为了电子竞技界不可忽视的重要赛事之一。

作为电子竞技领域的热门赛事,英雄联盟全球总决赛不仅在竞技水平上展现了顶尖的战队实力和高水平的比赛,同时成为了电竞文化的重要象征和全球电竞发展的推动者。它为电子竞技行业的发展开辟了新的道路,激励着更多年轻人参与到电子竞技中,同时也为电子竞技的商业化和全球化进程做出了重要贡献。

以 2022 年英雄联盟 S12(Season 12)全球总决赛为例,我们来详细分析一下英雄联盟赛事的舞美设计与实现的特点。

2022 年英雄联盟 S12 全球总决赛是在北美举办的以《英雄联盟》为比赛项目的国际电子竞技赛事。于 2022 年 9 月 29 日开赛,其中冠亚军决赛于 2022 年 11 月 6 日在美国的加利福尼亚州旧金山大通中心球馆(Chase Center)举行,如图 10-180 所示。

图 10-180　2022 年英雄联盟 S12 入围赛墨西哥城 Artz Pedregal 电竞体育馆

2022 年 9 月 29 日~10 月 4 日,在 2022 年英雄联盟 S12 全球总决赛开始前几个月,已经开始了极具电竞氛围感的入围赛,其中的一部分在墨西哥城最大的专业电竞场馆之一Artz Pedregal 电竞体育馆展开。它是由 Artz Pedregal 商业中心的开发商和 Riot Games 合作建造的,拥有宽敞的比赛区域和观众席,可容纳大量观众,除配备了先进的舞台、灯光、音响和大屏幕等设备外,该场馆还设有专门的训练区域和媒体中心,以满足参赛队伍和媒体的需求。

在世界各地,类似于 Artz Pedregal 电竞体育馆这样的场馆还有很多。在英雄联盟 S12 总决赛开始之前,观众们已经有机会欣赏到本地战队在前期比拼中的表现。与总决赛的舞台相比,常规赛和季后赛阶段的赛事场馆可能由于关注度受到区域范围的限制而较小,但它们仍然能够容纳数百甚至上千名观众(具体人数随当地关注度而浮动),并且同时兼具美观和功能性。这些场馆也会配备许多灯光和道具设备,以满足当地英雄联盟赛事粉丝的观赛需求。

这些较小的赛事场馆通常会根据当地需求和条件进行设计和布置,以提供舒适的观赛环境。它们会位于体育馆、剧院、会展中心或专门的电竞场所等不同类型的场地中。虽然它们的规模相对较小,但它们仍然能够为观众们提供良好的观赛体验。

这些场馆通常会配置先进的音响系统和大屏幕,以确保观众可以清晰地听到赛事解说和观看比赛画面。此外,舞台布置、灯光效果和道具装饰也会被精心设计,以营造出令人兴奋和引人注目的赛事氛围,如图 10-181 所示。

图 10-181　场馆之一的纽约市麦迪逊花园广场 Hulu 剧院

　　而到了总决赛阶段，赛事舞美的规模则得到了扩大，总决赛的举办场馆大通中心球馆是金州勇士队（Golden State Warriors）的主场，也是一个多功能的场馆，可容纳约18 000 名观众。其拥有现代化的设施和先进的技术，提供了优质的观赛体验，包括高清的大屏幕显示、先进的音响系统和灯光效果，以及舒适的座位和便利的设施。这个场馆的设计使得观众们可以近距离观看比赛，感受到电竞比赛的紧张氛围和激烈竞争的魅力，如图 10-182 所示。

图 10-182　2022 年英雄联盟 S12 总决赛的举办场地：美国的加利福尼亚州旧金山大通中心球馆

　　与往届类似，这届赛事的场馆配置以蓝色为主色调，蓝色是英雄联盟的标志性颜色之一，英雄联盟中的很多游戏元素和效果都与蓝色相关，例如技能特效、技能图标等。作为游戏的主题色，蓝色在英雄联盟的品牌识别和标识中起到重要作用，如图 10-183 所示。

　　除主色调外，这一年赛事方还邀请加拿大 Tendril 创意工作室进行了全新视觉识别系统的设计，为了适应赛事的各个阶段，Tendril 创意工作室创建了一套极具包容性的设计系统。无论标志、配色还是排版都能得到灵活的应用，同时还保持了统一、独特、易识别的形象。

图 10-183　2022 年英雄联盟全球总决赛现场

　　这一年的标志由英文、图形、数字构成，其视觉系统运用了大胆而充满活力的配色，可以以不同的方式组合，在整个比赛中创造一个连贯的色彩故事，如图 10-184~ 图 10-186 所示。在比赛过程中，不同颜色组合有助于区分地区和赛事的每个阶段。

图 10-184　2022 年英雄联盟全球总决赛主视觉设计

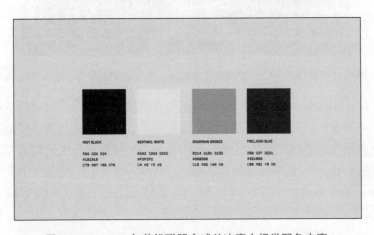

图 10-185　2022 年英雄联盟全球总决赛主视觉配色方案

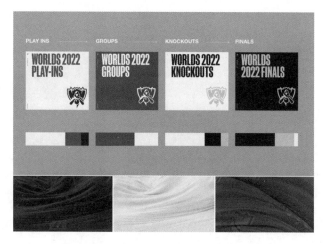

图 10-186　2022 年英雄联盟全球总决赛主视觉设计

这样大气且充满活力的设计，不仅保留了游戏元素的蓝色传统，也为 2022 年总决赛描绘出新鲜、有影响力的大胆愿景，如图 10-187 所示。

图 10-187　2022 年英雄联盟 S12 全球总决赛一角

除了大胆且富有设计感的色彩外，2022 年英雄联盟 S12 总决赛的舞美还有很多有意思的设计。

开幕式环节，赛事方邀请到了中国歌手王嘉尔在现场进行了一场震撼的表演，演唱了全球首次公开的英雄联盟主题曲 Fire to the Fuse，如图 10-188 所示。

另外，美国歌手 Lil Nas X 也亮相总决赛现场，为观众带来了一场精彩的演出。他演唱了 2022 年英雄联盟全球总决赛的主题曲 STAR WALKIN，如图 10-189 所示。

这样的配置和表演使得英雄联盟 S12 总决赛的开幕式成为了一场精彩的音乐盛典，同时展现了赛事的全球影响力和多元文化的融合。通过邀请来自不同国家和地区的音乐人，赛事方向观众们展示了英雄联盟赛事的国际化魅力，创造了一个充满艺术与文化碰撞的独特场景。

图 10-188　2022 年英雄联盟 S12 总决赛现场开幕式
王嘉尔表演

图 10-189　2022 年英雄联盟 S12 总决赛
现场 Lil Nas X 表演

在选手出场环节，赛事方则使用了悬挂的冰幕作为背景，带给观众轻盈又虚幻的感觉。冰幕在舞台上高高悬挂，随着灯光的变化和音乐的节奏，呈现出宛如冰雪中的选手闪亮登场的壮观场景，如图 10-190 所示。

图 10-190　2022 年英雄联盟 S12 总决赛选手登场

此外，赛事方还巧妙地运用了烟雾机来增添选手出场时的神秘感。选手从烟雾中逐渐走出，仿佛从幻境中来到现实世界，给人一种超凡脱俗的感觉。烟雾的运用不仅增加了出场环节的戏剧性，还使整个舞台更具视觉冲击力，进一步提升了比赛的观赏性和仪式感，如图 10-191 所示。

图 10-191　2022 年英雄联盟 S12 总决赛现场，烟雾中的选手

在舞台布置方面，赛事方采用了高科技的 LED 屏幕和投影技术，将精美的图像和动画投射到舞台背景和舞台地板上，呈现出令人惊叹的视觉效果。这些投影映射出的图像包括英雄联盟的游戏画面、队伍标识和精美的动画效果，为观众呈现出一个与游戏世界相连的奇幻舞台，如图 10-192 所示。

图 10-192　2022 年英雄联赛 S12 总决赛现场

总体而言，2022 年英雄联盟 S12 总决赛的舞美设计不仅注重视觉冲击力，还力求通过创意和技术的融合，为观众带来沉浸式的观赛体验。这些有趣而精心设计的舞美元素，使得 2022 年英雄联盟 S12 总决赛成为了一场视觉盛宴。

作为一项 5V5 的 MOBA 赛事，英雄联盟全球总决赛的比赛席设置原则与 Ti 类似，采用对称的"5+5"个对战座位。这种布局不仅可以展示选手之间的对决，还可以体现出竞技的公平性和对称性。观众们可以清晰地看到每个队伍的位置，感受到比赛的紧张和激烈。

由于英雄联盟全球总决赛的关注度高、吸引了众多观众，因此比赛的选址大多选择在大型体育场馆进行。这些场馆通常可以容纳大量的观众，为他们提供良好的观赛体验。从宏观的角度看，这些场馆的规模和设计能够满足比赛的需求，并为观众们营造一个激动人心的氛围。同时，体育场馆的选址也能够吸引更多的粉丝和媒体参与其中，为英雄联盟赛事的国际影响力提供了支持。

当然，受新冠疫情影响，也有几届赛事存在不同，例如 2021 年英雄联盟全球总决赛 S11 在冰岛雷克雅未克 Laugardalshöll 室内体育馆举办，未开放观众席。

相比于 Ti 的舞台设计风格，英雄联盟全球总决赛更倾向于简约风格，并选择与游戏当期版本相符的色彩搭配，如图 10-193 所示。这种设计风格的选择与游戏本身的视觉风格保持一致，为观众们呈现出更为统一和连贯的视觉体验。通过与游戏画面相呼应的舞台设计，英雄联盟全球总决赛成功地将观众们带入了游戏世界，让他们沉浸其中，感受到赛事的紧张与激情。

图 10-193 2021 年英雄联盟全球总决赛现场

除了色彩搭配上的考虑，作为一项影响力最大的电竞赛事之一，英雄联盟全球总决赛在舞美呈现中也积极采用最前沿的科技。这包括灯光效果、音响设备、特殊效果和舞台技术等方面的应用。通过运用先进的科技元素，赛事方能够打造出令人惊艳的视听效果，将比赛现场的氛围推向高潮。观众们可以通过视觉和听觉的刺激，更深入地融入赛事的氛围，增强观赏体验的沉浸感。

举例来说，2020 年英雄联盟全球总决赛 S10 淘汰赛在上海举办，受疫情影响，除最终总决赛开放了一定线下观赛名额外，其他比赛均无现场观众。

然而，为了弥补观众们的遗憾并增强比赛的氛围感，英雄联盟的开发商 Riot 的赛事制作团队在这次赛事的直播中采用了大量的增强现实、混合现实以及混合实时渲染技术。

如图 10-194 所示，这些技术的运用让原本朴实的比赛房间焕发出了令人惊叹的科幻元素，将虚拟世界与现实场景相融合。通过增强现实技术，观众可以在他们的屏幕上看到虚拟元素与实际比赛环境交织在一起，带来一种身临其境的感觉。而混合现实技术则将虚拟角色和物体融合到真实场景中，使得观众们能够看到虚拟角色在实际比赛场地中进行激烈的对战。

图 10-194　2020 年英雄联盟全球总决赛 S10 现场

此外，混合实时渲染技术的运用使得虚拟元素与实际场景的交互更加自然流畅。观众们可以在直播中看到虚拟的舞台灯光、特效和道具，为比赛增添了一层炫目的视觉效果。这些科技的运用不仅提升了观赛体验的视觉冲击力，也为观众们带来了更加沉浸式的感受，仿佛置身于一个充满未来感和科技感的竞技场中。

通过这些创新的技术手段，英雄联盟 S10 总决赛成功地在没有实际现场观众的情况下，营造出了一种充满梦幻和奇幻的赛事氛围。如图 10-195 所示，观众们能够通过直播屏幕亲眼看见虚拟与现实的完美融合，享受到与实际观赛相似的激情和震撼。这种技术的应用不仅展现了英雄联盟赛事制作团队的创新能力，也彰显了电竞赛事在科技与艺术结合方面的无限潜力。

图 10-195　2021 年英雄联盟全球总决赛现场 AR+MR 技术的运用

根据英雄联盟开发商 RIOT 公司发布的 2020 年英雄联盟全球总决赛数据，相比于 2019 年，2020 年全球总决赛观看时长同比增长 61.76%，达到了 1 亿 6092 万小时；平均每分钟的观众数为 360 万，增长 87.18%，最终整个 2020 年全球总决赛观赛时长超过 10 亿小时，在总决赛的冠亚军决赛期间平均每分钟观众数达到了 2304 万。

总的来说，英雄联盟赛事作为当前备受世界瞩目的顶级赛事，无论是从关注度、财力投入还是舞美规模来看，都堪称一流。不论是在拥有观众的万人场还是在空场中，赛事方都以强大的科技力量赋能赛事，为观众们打造出充满创意和惊喜的精彩舞台。

在每一届英雄联盟赛事中，赛事方都在舞美设计和技术应用方面下足了功夫。无论是大型现场赛事还是线上直播，他们都充分利用先进的科技手段，包括增强现实、混合现实和实时渲染等，以营造出视觉上的震撼和打造沉浸式体验。无论是悬置的冰幕、炫目的灯光效果还是引人入胜的舞台布置，这些元素都为赛事增添了别样的魅力和视觉冲击力。

此外，英雄联盟赛事在表演环节也更加注重国际化的考虑，充分综合考虑不同国家和地区的政治环境，致力于打造一个多元且包容的舞台。赛事方会精心选择来自不同肤色、不同特色的表演者，以展现世界各地的文化多样性和艺术风貌。通过引入具有多元背景的表演者，英雄联盟赛事在表演环节中呈现出更加精彩的画面。这种选择不仅扩大了赛事的国际范围，也传递了一个重要的信息——电竞赛事是一个无国界的领域，能够促进文化交流和理解。在舞台上，观众们可以欣赏到不同国籍、不同文化背景的艺人们带来的精彩表演。他们可能会展示各自国家或地区的传统音乐、舞蹈或艺术形式，以及个人独特的才华和风格。这种多样性的呈现不仅为赛事增添了视听上的享受，还为观众们带来了一种跨越文化界限的交流和沟通的机会。通过精心选择和策划表演环节，英雄联盟赛事传达了一个重要的价值观——尊重和包容。无论是在赛事现场还是通过线上直播，观众们都能感受到这种价值观的体现。

总之，英雄联盟赛事以其卓越的舞美设计、创新的技术应用和丰富多样的表演内容，成功地打造了一系列精彩纷呈的赛事盛宴。无论是在现场观众面前还是通过线上直播，观众们都能够享受到令人难忘的视听盛宴，体验到电竞赛事的无限魅力和创意。这种综合性的舞美展现和科技赋能，不仅提升了赛事的观赏性和娱乐性，也推动了电竞赛事的发展与壮大。

3. 《王者荣耀》电竞赛事

《王者荣耀》电竞赛事中，发展最久、传播度最高的当属王者荣耀职业联赛。

王者荣耀职业联赛（King Pro League，KPL）是王者荣耀最高规格的专业竞技赛事。全年分别为春季赛和夏季赛（原秋季赛）两个赛季，每个赛季分为常规赛、季后赛及总决赛三部分。

KPL 创立于 2016 年 9 月，创办时有 12 支战队参加，每季度联赛最后两名降入预选赛，预选赛的前两名升入 KPL。

作为国内第一个 MOBA 手机游戏的职业赛事，王者荣耀职业联赛在举办初期并不被看好，参与比赛的职业队伍也是由官方邀请而来，职业队伍的组建并没有严格的选拔标准。然而，由于《王者荣耀》游戏的易上手性和基于移动端的便利性，在上线不久后就迅速成为了一款现象级手游。

截至 2016 年，《王者荣耀》已经拥有了 2 亿玩家，这庞大的受众数量为 KPL 后来的发展提供了良好的基础。据赛后官方公布的数据显示，首届 KPL 的播放量达到了 4.6 亿次，这一数字展示了人们对于王者荣耀职业赛事的高度关注和热情参与。

《王者荣耀》作为一款具有巨大影响力的手游，其职业赛事的兴起也对中国电竞行业产生了深远的影响。尽管初期职业队伍的组建并不严格，但随着比赛的发展和职业化程度的提高，越来越多的专业战队开始涌现，选手们也逐渐成为了职业电竞选手，展现他们的实力和技术。

　　KPL 的成功也进一步证明了具有竞技性和娱乐性的移动端游戏，为中国电竞行业注入了新的活力。随着时间的推移，KPL 逐渐发展壮大，吸引了越来越多的玩家和观众参与其中，成为了中国电竞界备受瞩目的赛事之一。图 10-196 即为 2016 年首届 KPL 的现场照片。

图 10-196　2016 年首届 KPL 现场

　　事实上，首届 KPL 职业联赛的成功举办并非偶然，而是经历了大量案例积累和技术的创新。2016 年 9 月，承办首届《王者荣耀》职业联赛的量子体育 VSPN（现已更名为英雄体育 VSPO）首次推出了将移动电竞与 AR 技术相结合的赛事直播模式。而 KPL 也成为了首个应用 AR 技术的移动电竞联赛。在 KPL 正式举办之前，量子体育 VSPN 曾倾力打造了包括《部落冲突：皇室战争》《穿越火线枪战王者》和《全民枪战》等多款游戏的线下赛事，积累了相当丰富的移动电竞舞台搭建经验。而首届 KPL 的举办则是将传统直播与 AR 技术相结合的直播手段首次应用于国内的移动电竞赛事，是一项重大的创举。

　　在 KPL 比赛的直播中，玩家们可以在十二支队伍的出场环节和 BP 的博弈阶段中发现，王者荣耀中那些耳熟能详的英雄不再受限于手机屏幕，而是跃然于大舞台之上，与它们的使用者实现了"并肩作战"。可以说，这次国内首次举办的王者荣耀巅峰赛事开创了移动电竞的新纪元。

　　这一创新让赛事直播能够将游戏中的英雄呈现给观赛玩家，深化了游戏的代入感，为传统的"直播赛事、观看赛事"模式增添了新的玩法和更有趣的内容。AR 技术通过增加维度提高了赛事的观赏性，也让 KPL 的观众和粉丝们更能体会到游戏中非凡的乐趣。

　　从现在来看，2016 年 KPL 赛事中舞美中的 AR 初尝试，在当时还存在一些问题需要改善和提高，例如清晰度不高、虚拟感较重以及流畅度一般等，如图 10-197 所示。尽管存在这些改进的空间，但这届 KPL 赛事仍获得了较高的播放量反馈，观众对于这样的创新举措也予以了积极回应，对于新鲜事物和视觉上的惊喜依然充满了兴趣。

　　首届 KPL 职业联赛的成功举办，为王者荣耀 KPL 赛事组积累了宝贵的办赛经验，此后的赛事在细节上做出了更多的规定，并推动了赛事进一步发展。

图 10-197　首届 KPL 舞台上的 AR 应用

2017 年，赛事承办方针对观赛体验做出了一轮大的提升，引入了 4K 转播车等硬件设施，如图 10-198 所示。

图 10-198　2017 年 KPL 春季赛上投入使用的 4K 转播车

在 2017 年 KPL 春季赛之前，转播如 KPL 这样的大型赛事活动是具有挑战性的。因为执行流程尚在探索之中，还未形成成体系的规范化规定，工作小组不得不分散在场馆的各个角落进行工作。这无论是在协调沟通还是调度调整方面都存在着不便，而这种分散的工作方式也在一定程度上影响了工作效率和整个转播的质量水准。然而，随着 2017 年 KPL 春季赛的举办，赛事承办方引入了 4K 转播车，将分散的转播工作进行了更具功能性、便利性的划分。这辆 4K 转播车具备罕见的双制作区 4K 同播能力，并配备了网络化 KVM 管理界面、RossVideo 公司的 Acuity 系列大型 4K 制作切换台及 RTS（TELEX）公司的 ZEUS 系列通话矩阵等重要设备和功能。这些先进设备的使用使得 KPL 赛事转播的烦琐工作都能够集中完成，工作人员们可以集中在一个统一的工作空间内进行协作，无须分散在不同地点，大大提高了团队的协同效率，并且地点随时可以转移，极大地方便了整个 KPL 赛事的直播工作。同时，车内配备的先进设备和功能使得转播过程更加流畅和精确，转播人员也可以更好地控制和调整画面、音频和其他细节，以确保直播的质量达到最高水准。

到了 2018 年，王者荣耀国际版正式作为表演项目进入了雅加达亚运会，代表中国团队参赛的选手在赛场上拿到了冠军，如图 10-199 所示，同年，KPL 的舞台也迎来了一个巨大的进步——虚拟技术运用的阶梯式提升。

图 10-199　2018 年中国团队在雅加达亚运会王者荣耀项目中夺冠

2018 年 7 月，位于上海梅赛德斯奔驰文化中心的 KPL 春季赛总决赛场上，中国著名钢琴家郎朗和 GK 电子竞技俱乐部老帅合作奏响了王者战歌，与此同时，一只由 AR 技术呈现的鲲在赛场上空展翅飞翔，光影和音乐共同点亮了整个场馆。这一震撼人心的场景让整个比赛氛围达到了一个新的高度，如图 10-200 所示。

图 10-200　2018 年 KPL 春季赛总决赛现场 AR 鲲

和 2016 年的技术相比，这一时期的 AR 技术得到了明显的提升，2018 年 AR 技术呈现的鲲给整个场景增添了神奇和壮观的元素。鲲作为中国传统文化中的神兽，象征着力量和希望，通过 AR 技术的呈现，它在现实和虚拟之间展现出宏伟的身姿，仿佛真正从赛场上空飞出，光影和音乐的完美结合，为观众带来了一场视听盛宴，也为整个赛事场馆营造了魔幻和奇幻的氛围。

到了 2019 年，KPL 赛事制作商不仅在虚拟视觉方面进行了创新，同时也在舞台硬件方面进行了升级和革新。在这一年的 KPL 秋季赛舞台开幕式上，承办商专门引入了一个升级版的国际级舞美设备，被称为"冰屏"，其尺寸达到了 40 米 ×9 米，这个巨大的"冰屏"成为舞台的亮点，将中央舞台一分为二，将对战的双方彼此分隔开来，使他们面对观众、背对背地展开激烈的战斗。这个创新的设计不仅提供了视觉上的层次感和冲击力，还为比赛增添了一种独特的战斗氛围和战略性，如图 10-201 所示。

图 10-201　中央舞台被"冰屏"一分为二

"冰屏"是一种创新型的透明 LED 显示屏，具备透明显示、广视角、侧发光和高通透率等独特特点。这项技术在张艺谋执导的冬奥会《北京 8 分钟》表演中首次亮相，并在随后广泛运用于《国家宝藏》和卫视春晚等大型电视节目中。然而，2019 年 KPL 秋季赛舞台上首次采用了如此巨大的"冰屏"，为电竞行业带来了全新的视觉体验。这块"冰屏"静止时就像一块晶莹剔透的冰，而一旦启动，它就变成了高度透明的 LED 屏幕，让整个开幕式呈现出独特的立体效果。此外，这届总决赛还采用了光影对穿的技术，将视觉影像和真实人物的表演完美融合在同一屏幕上。参赛选手随着"冰屏"上游戏角色的动作以独特的方式在舞台上亮相。"冰屏"与现场灯光的完美结合，呈现出丰富多样的视觉交织画面，为现场观众带来了令人叹为观止的立体式视觉冲击，如图 10-202 所示。

图 10-202　选手"冰屏"后惊艳亮相

在此后的 KPL 赛事舞美中，制作商引入了一系列创新技术，不断迈向新的高度。

在 2020 年的 KPL 秋季赛上，承办方共使用了 1800 平方米的 LED 屏幕，其中包括 400 平方米的切角屏。整个舞台呈 L 型，营造出令人惊艳的视觉效果，并为观众打造了沉浸式的裸眼 3D 体验，如图 10-203 所示。

通过机械控制、数控升降和开合屏的综合运用，舞台实现了空间的多样变化。选手们在璀璨的灯光和震撼的音乐伴奏下，以独特而庄重的方式登场，而这次战队登场的关键仪式更是由现场观众亲自参与，进一步增加了观众的参与感和互动性。

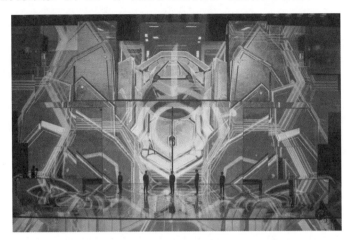

图 10-203　2020 年 KPL 秋季赛总决赛现场

除了裸眼 3D 的灯光效果外，承办方还引入了数控机械技术手段，使灯光能够随着舞台仪式和空间的变化产生相应的效果反馈。同时，在视觉效果的制作上，承办方采用了UE4 引擎制作了多样的触发效果，使赛事触发特效变得更加迅速和自动化。通过引擎的应用，特效的制作和呈现变得更加高效和精确，为赛事增添了更多的动态元素和视觉亮点。整体的特效触发量相较之前也有了大幅度的提升，使得现场氛围更加热烈和激动人心，观众们可以近距离感受到灯光的变化、特效的迅速触发以及舞台空间的绑定，仿佛置身于一个充满魔幻和奇妙的世界，如图 10-204 所示。

图 10-204　2020 年 KPL 秋季赛总决赛现场

到了 2022 年，在 KPL 夏季赛总决赛上也呈现了令人惊叹的技术突破，根据承办方的报道，本次赛事开幕式引入了 XR 技术，将实体舞台与扩展舞台实时切换相结合，成为年度移动电竞比赛中最高级别的 XR 应用。

通过 XR 技术的应用，观众们在屏幕中能够亲身感受到超越现实的沉浸式体验。实体舞台与扩展舞台的无缝切换，为赛事开幕式带来了前所未有的视觉冲击力和创新感，这种XR技术的运用不仅提升了赛事开幕式的观赏价值，还进一步丰富了观众的感官体验，如图 10-205 所示。

图 10-205　2022 年 KPL 夏季赛总决赛现场的 XR 舞台

除了前面提到的几个方面，王者荣耀职业赛事在舞台美术方面与其他赛事相比，还有一个显著的亮点，那就是故事讲述的能力。

作为电子竞技赛事，王者荣耀职业赛事依托于电子游戏，而 MOBA 类游戏往往拥有庞大而有趣的游戏世界观。事实上，一些赛事如 Ti 和英雄联盟 S 赛在舞台布置上会尝试还原游戏世界观中的一些场景或物品，以增强观众的代入感。

而由于王者荣耀是一款基于中国传统文化的虚拟游戏，王者荣耀职业赛事在舞台美术呈现方面不仅仅局限于还原游戏世界观，还会根据世界观和当期版本的主题，讲述一个精心构思的故事，并融入中国传统文化元素，旨在为观众带来一种观看电影般的感受。

通过舞美的布置、道具的运用、视觉特效的呈现等手段，王者荣耀会创造出一个富有故事情节和情感共鸣的舞台。观众们可以沉浸在精心编排的故事中，感受来自游戏世界和中国传统文化的魅力。

在 2020 年的王者荣耀世界冠军杯 KCC 总决赛上，承办方首次将电影级置景搬上舞台，技术难度与花费时间赶超往年。数万支真实芦苇丛布置在舞台周边，场馆上空的动态星空与观众席的数控荧光棒交相辉映，千盏印有金凤纹路的孔明灯错落在场馆半空，打造出实体千灯场景。在全息技术与实景的结合下呈现出游戏内国风经典元素，彰显东方神韵。

整个开幕式共分为三大篇章，分别为"遇见神鹿 - 瑶"、"浑天"与"百炼志问鼎"。如图 10-206 所示，通过全息特效与实物场景相结合，舞台上所有的舞蹈演员与现场音乐老师都处于真实的芦苇丛中，共同呈现出虚拟与现实的完美交互。

第一篇章"遇见神鹿 - 瑶"。如图 10-207 所示，为结合"瑶"本身的特质和敦煌的色彩，开场先是全息技术下的神鹿伴随着蝴蝶在舞台上嬉戏奔跑，所到之处皆有特效伴随点亮舞台中心，接着人物"瑶"携六位蝴蝶化身舞蹈演员从天而降，配合现场演奏为观众们带来了一段充满异域风情的表演，现场演奏团队使用了两件敦煌壁画上出现次数最多的乐器——箜篌和五弦琵琶，从音色上结合敦煌的印象，并采用自然小调，更给"瑶"增添了一些异域的神秘感。一曲舞毕，两只金凤凰从舞台两边同时飞出，向着舞台中心遨游飞翔，最终碰撞于舞台中央，将世冠奖杯就此带入现场。

图 10-206　2020 年王者荣耀世界冠军杯 KCC 总决赛现场

图 10-207　2020 年王者荣耀世界冠军杯 KCC 总决赛开幕式第一篇章

第二篇章"浑天"。如图 10-208 所示，以舞台剧的表演形式展示了小组赛、淘汰赛的精彩过程，带领观众们一起回顾了此次世冠的晋级之路。随着孔明灯缓缓升起，TS、DYG 两面战旗迎风而立，象征着 340 天以来，最强的一支队伍即将诞生。不破不立，百炼方能问鼎。

图 10-208　2020 年王者荣耀世界冠军杯 KCC 总决赛开幕式第二篇章

第三篇章"百炼志问鼎"。如图 10-209 和图 10-210 所示，东方侠客与剑客相继登场，全息技术将两支决赛队伍所擅长游戏英雄带入现场，各游戏英雄一一对战，前置的全息幕所带有的景深效果使战场效果更加活灵活现，营造出史诗级的巅峰对决。刀光剑影下，两个不同阵营的激烈对抗，也象征着两支队伍的大战一触即发。

图 10-209　2020 年王者荣耀世界冠军杯 KCC 总决赛开幕式第三篇章（一）

这种将电影级置景和技术高度结合的创新举措，为 KCC 开幕式带来了前所未有的视觉盛宴。通过真实的芦苇丛、动态星空、观众席的荧光棒和孔明灯等元素，营造出了一个独特而华丽的故事氛围，让观众们沉浸在东方文化的魅力中。

而在 2021 年最后一届 KPL 秋季赛总决赛的舞台上，赛事承办方更是以游戏英雄"镜"和一只蝴蝶的视角，讲述了一个完整的故事，如图 10-211 所示。

图 10-210　2020 年王者荣耀世界冠军杯 KCC
总决赛开幕式第三篇章（二）

图 10-211　2021 年 KPL 秋季赛总决赛
开幕式手稿

在开幕式上，承办方将宣传片直接嵌入舞台之中，为观众们展示了一个完整的故事：

影像以一只蝴蝶作为引入线索，将十位选手的总决赛首发环节串联起来。蝴蝶作为从虚拟世界进入现实世界的纽带，也成为选手们完成与英雄共生的视觉表达手段。通过舞台的镜面、反射、对称、蝶化、映射以及多重曝光等视觉技巧，虚拟与现实的转换层次清晰呈现，展现了选手与英雄之间共生关系的幻想奇妙和如梦初醒的感觉。整支影片从团队视角逐渐聚焦于个人视角，每位选手各自展现出精彩的表演，勾勒出了一个如梦如幻的虚拟感官世界。为了突出影片中共生的主题，舞台上利用真实的水面创造了更加完美的镜像效果，通过 AR 技术将虚拟世界中的英雄画面与现实舞台上的选手相融合。这种创新的技术运用使得观众们能够在现实与虚拟之间流转，深度体验选手与英雄的共生关系。

选手们与英雄之间的共生关系得到了生动而绚烂的展现，观众们仿佛置身于一个奇幻的世界中。这种虚拟与现实的交织与融合，不仅给人带来了视觉上的震撼，也深化了观众对于玩家与游戏角色之间情感联系的理解，如图 10-212 所示。

图 10-212　2021 年 KPL 秋季赛总决赛舞台现场

除了故事讲述能力以外，王者荣耀赛事的舞美在色彩运用方面也非常独特。赛事现场通常采用红蓝双色，这一选择是基于王者荣耀游戏中的选边规则而确定的，如图 10-213 所示。

图 10-213　KPL 常规赛现场红蓝对抗的视觉效果

一方面红蓝双色的应用符合游戏内的规则，即对战双方会分为红色方和蓝色方，以2023年的版本为例，蓝色方会优先拥有一个角色的选择权，而红色方次要选择角色，并拥有两个角色的选择权，此外，对阵双方按照红蓝进行分区，在游戏地图的河道两端展开对决。另一方面，现场舞美这样的色彩布置也是为了突出比赛的竞技性和视觉冲击力。红色和蓝色作为鲜明的对比色，在舞台上形成强烈的视觉对比效果，让观众能够迅速辨别出对战双方的阵营。这种色彩的选择不仅能够增加观赛的紧张氛围，还为观众们带来了更加直观、清晰的视觉体验。

为了达成这样的视觉效果，承办方利用现代舞台技术，如数控应援棒等设备，精确控制红蓝色彩的分布和变化。通过动态的灯光设计和舞台布景，将红蓝色调巧妙地融合在舞台上，营造出独特而鲜明的视觉效果。

近年来，王者荣耀大型赛事在色彩运用上变得更加大胆和创新。这种变化是出于对观众氛围渲染的需求，力求营造一个狂欢的赛事场景。

在2023年王者荣耀职业联赛KPL春季赛总决赛舞台上，承办方根据当季版本英雄"沈梦溪"的皮肤背景主题，大胆地采用了多种高饱和度的色彩搭配，并结合彩带、气球等氛围道具，尽管没有过多运用特效技术，但成功地将现场气氛推向了高潮。

这次舞台上的色彩运用具有一种创新和冒险精神，承办方运用了丰富多样的色彩，包括明亮的红色、鲜艳的蓝色和其他饱和度高的色调。这些色彩与英雄"沈梦溪"的皮肤背景主题相得益彰，创造出一个富有活力和奇幻感的舞台效果。同时，彩带和气球等氛围道具的运用进一步增添了欢乐和喜庆的氛围，为观众营造了一种狂欢的感觉，尽管在这次赛事中没有过多使用特效技术，但色彩的饱和度和搭配已经足够吸引观众的目光并激发他们的热情，如图10-214所示。

图 10-214　2023 年 KPL 春季赛总决赛现场

除了以上介绍的内容，王者荣耀赛事在舞美分区布置方面也注重细节和考究。承办方通常会根据场馆的大小和位置进行精心规划和设计，以提供给观众更好的体验。

在入场区域，承办方会设置赞助商体验展台、拍照打卡区和物料领取区等区域，旨在为观众提供互动和参与的机会。赞助商体验展台可以让观众近距离接触和体验相关产品，拍照打卡区则提供了一个独特的背景，让观众留下美好的回忆。同时，物料领取区则方便观众获取相关的赛事纪念品或支持物料，增加他们的参与感，如图 10-215 和图 10-216 所示。

图 10-215　KPL 总决赛外场赞助商展台

图 10-216　粉丝在外场签名应援

而在看台区域，舞美布置通常会分为内场和看台。内场指的是距离比赛舞台较近的区域，为了激发粉丝的消费欲望和增加他们与心爱选手的互动，承办方会设置一些特别的观赛体验，如专属座位、互动游戏等，使粉丝们更加投入和参与到比赛中来。而看台则是指距离舞台较远的区域，为了照顾到更多的观众，承办方会提供舒适的观赛环境，如舒缓的座椅、大屏幕显示等，让观众们依然可以享受到精彩的赛事。

这样的舞美分区布置不仅考虑了观众的观赛体验，还创造了更多的商业机会和互动空间，增加了观众与赛事之间的联系和互动性。通过精心的规划和细致的安排，王者荣耀赛事的舞美布置为观众带来了更丰富的参与感和全面的娱乐体验。

此外，承办方在考虑观赛分区时也会精心布置赛事现场的物料道具，以提升观众的参与度和营造更加独特的氛围。针对不同的观赛分区，承办方会根据需要选择合适的物料道具进行布置。在内场观赛区域，他们可能会设置大型支持物料，如彩色手持灯牌、场内旗帜等，以营造热烈的氛围和呼应选手的表现。如图 10-217 所示，这些物料道具通常会印有队伍或选手的标志，使粉丝们有归属感。此外，还可能设置一些互动性的物料道具，如手持球棒或气球等，让观众可以积极参与到现场的氛围中。

图 10-217　内场观众与夺冠队伍互动

以 2023 年王者荣耀春季赛总决赛为例，承办商根据场馆流程进行了应援道具的布置，在负一层设置了旗屏、小旗帜、鼓、毛巾、统一队服、拉拉棒等道具。在一、二层看台区也设置了大、小旗帜作为统一的战队应援。

如图 10-218 和图 10-219 所示，通过对赛事现场物料道具的巧妙布置，承办方能够为不同观赛分区的观众们提供独特而个性化的体验。无论是内场、看台区还是外场，这些物料道具都起到了营造氛围、增强参与感和提升观赛乐趣的作用。精心挑选和布置的物料道具使得王者荣耀赛事现场更加生动活泼，为观众们带来了更丰富多彩的观赛体验。

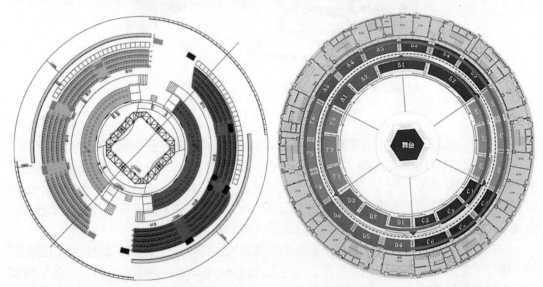

图 10-218　2023 年 KPL 春季赛总决赛　　　　　图 10-219　2023 年 KPL 春季赛总决赛
负一层舞美应援道具布置示意图　　　　　一、二层舞美应援道具布置示意图

通过以上的案例分析，王者荣耀赛事与 Ti 和英雄联盟 S 赛在舞美呈现上有两个主要区别，突出了其独特之处。

首先，王者荣耀赛事针对移动游戏选手席的变动进行了特别的考虑。由于《王者荣耀》是一款移动端（手游）游戏，承办方需要根据移动终端的特性进行选手席的设置。这意味着在赛事现场，选手席位的布置需要充分考虑移动设备的使用便利性和舒适性。为此，主办方会特别安排电源供应、设备支架和舞台空间的规划，确保选手在比赛中的顺利操作和良好体验，如图 10-220 所示。

图 10-220　王者荣耀职业赛事的选手席示意图

其次，王者荣耀赛事在舞美呈现中注重展现文化特色。作为《王者荣耀》这款游戏的诞生地——中国大陆，游戏背景中融入了大量的中国传统文化元素。因此，每年的王者荣耀职业赛事总决赛赛场上都会出现大量的中国传统文化符号和元素。这可能包括舞台装置、道具、服装设计以及视觉效果等方面，以展示游戏的文化背景和独特魅力。通过巧妙融入中国传统文化元素，王者荣耀赛事的舞美呈现在视觉上更具独特性和与众不同的特色，为观众带来一种独特的视觉享受和文化体验。

接下来，我们来看一些具体的实例。2018 年 KPL 春季赛总决赛中，由 AR 技术制作的"鲲"影像出现在现场和直播荧幕中。"鲲"是神话故事里的神兽，传说生活在北冥的大海里。中国古代文献中，最早在《列子·汤问》有对鲲的记载："终北之北有溟海者，天池也，有鱼焉，其广数千里，其长称焉，其名为鲲。"庄周在《逍遥游》中说："北冥有鱼，其名为鲲。鲲之大，不知其几千里也。"鲲作为《王者荣耀》里以历史人物为原型的英雄"庄周"的坐骑，又作为一种独特的文化符号被带入到赛事舞美中，赋予了 KPL 更多传统神话意义。

除 KPL 王者荣耀职业联赛外，另一项王者荣耀赛事的舞美也有异曲同工的设计思路。

2022 年王者荣耀世界冠军杯 KIC 的舞台以一只巨大的金色凤凰为原型打造，结合实时渲染的 AR，呈现出金碧辉煌的神话景象，如图 10-221 所示。

图 10-221　2022 年王者荣耀世界冠军杯 KIC 以金凤凰为主题的舞美设计

凤凰是中国古代传说中的百鸟之王，最初在《山海经》中的记载仅仅是"有鸟焉，其状如鸡，五采而文，名曰凤凰"。而《论语谶》曰："凤有六象九苞。六象者，头象天，目象日……九苞者，口包命，心合度，…腹文户。"自秦汉以来，龙成为帝王的象征，皇后则比作凤凰，龙凤逐渐成为中华民族最具代表性的符号。王者荣耀世界冠军杯以金凤为LOGO图样，在舞美设计和视觉呈现上，靠近"金凤"的设计思路既符合追逐胜利的赛事仪式感，也迎合了赛事本身的传统文化特色。

总的来说，MOBA类赛事作为目前市面上比较热门的赛事类型，对于舞美呈现方面有着以下独特的考量和设计。

（1）考虑到MOBA类赛事的观众流量较大，承办方通常会选择较大的场地来承办比赛。这样的选择有助于容纳更多的观众，为他们提供更好的观赛体验，并为舞美设计提供了更广阔的空间。大型场地能够容纳更多的舞台元素和道具，使得现场能够还原游戏的IP场景，营造出浓厚的游戏氛围。

（2）在舞美呈现方面，MOBA类赛事通常会采取对称的方式还原游戏中的IP场景。这意味着舞台布置、灯光设计和特效效果等会根据游戏的背景和场景设定进行精心呈现，以让观众感受到与游戏世界的紧密联系。同时，考虑到MOBA游戏的核心是5v5的对战形式，赛事现场也会特别设计对战席位，以突出选手之间的竞争和团队协作关系。

（3）由于MOBA类游戏在现阶段具备可观的经营状况和相对充足的资金，承办方也会在舞美呈现中进行一些创新尝试。他们会投资于虚拟技术和异形舞美的运用，以提升舞台效果的震撼力和观赏性。通过使用虚拟技术，如全息投影、AR技术等，承办方能够将游戏中的角色、技能和场景以更具视觉冲击力的方式展现在现场，给观众带来更加身临其境的感受。同时，异形舞美的运用如特殊舞台结构、动态布景等，也能够为赛事增添独特的视觉效果和艺术价值。

10.2.3　FPS

FPS即第一人称射击类游戏（First-person shooting game，FPS），是以玩家的第一人称视角为主视角进行的射击类电子游戏的总称，通常需要使用枪械或其他武器进行战斗。玩家会直接以游戏的主人公视角观察周围环境，并进行射击、运动、对话等活动。大部分第一人称射击游戏会采用三维或伪三维技术来使玩家获得身临其境的体验，并达成多人游戏的需求。

在FPS赛事中，有几个比较有代表性的游戏，其中包括CS: GO和《穿越火线》系列赛事。这些赛事吸引了大量的玩家和观众，并成为电子竞技领域中备受关注的赛事之一。

1.　CS: GO系列赛事

CS: GO（Counter-Strike: Global Offensive，中国大陆译作"反恐精英：全球攻势"，CSGO）是一款由Valve与密道娱乐合作开发的第一人称射击游戏。这个系列的赛事中，有几个比较有代表性的赛事，分别是Major、EPL和IEM。

作为CS: GO赛事中的重要赛事之一，Major是CS: GO赛事中最高级别的比赛。随着时间的推移,Major 的奖金金额也逐渐增加。在 2016 年举办的 MLG Columbus 2016 中,总奖金已经达到了 1 000 000 美元（冠军队伍可获得其中的一半，即 500 000 美元）。

按照惯例，Major 每年举办 3 次，分别在 1 月至 3 月、7 月至 8 月以及 10 月至 11 月左右的时间段举行。在 2017 年之前，Major 采用 GSL 双败淘汰制的赛制。参赛队伍按照上届 Major 的成绩被分为"传奇组"和"挑战者组"。传奇组由上届 Major 小组赛出线的 8 强组成，挑战者组则由各地区的 Minor 预选赛决出的 16 支队伍组成。正赛中，胜者赛和败者赛都以 BO1 形式进行，而最终的决赛则以 BO3 形式进行。在淘汰赛阶段，采用单败淘汰制进行比赛。

自 2017 年第一届 Eleague Major 开始，Major 改为采用瑞士赛制，其中小组赛以循环三败淘汰的方式进行。此外，Major 正赛的参赛队伍数量扩增至 24 支。除了已确定正赛名额的 16 支传奇组队伍外，剩下的 8 支挑战者组战队将通过美洲、CIS、亚洲以及欧洲四大赛区的 Minors 赛事产生。

如图 10-222 所示，由 Valve 赞助的 Major 赛事于 2013 年冬季在 DreamHack 首次推出，并在位于瑞典延雪平（Jönköping）的 Elmia 大会堂和当地音乐厅举行。

图 10-222　2013 年首届 **Major** 现场（**Devilwalk** 承诺，如果他们在对阵 **NIP** 的比赛中赢得总决赛，他会在舞台上把裤子脱了，他也确实做到了，**Fnatic** 成为有史以来第一个 **Major** 冠军）

在前面的章节中，我们已经对 DreamHack 这样的综合性赛事进行了详细的讲解，此处不再做过多的赘述。

不过作为首届 Major 赛事，我们还是可以对其舞美背景做一些分析。

首先，Major 2013 年落地的 Elmia 大会堂（Elmia Convention Center）是瑞典最大的展览中心之一，位于延雪平市中心，是一座现代化的会议和展览场地，拥有多个展厅和会议室，可容纳各种规模的活动。这个大会堂每年都会举办许多国内外的大型展览、会议、演出和体育赛事（例如北欧地区最大的专业卡车展之一的 Elmia Lastbil、瑞典最大的铁路行业展 Nordic Rail 等），该场馆配备了许多先进的设施和技术支持，为举办各类活动提供了良好的条件。

这届赛事于 2013 年 11 月 28 日至 12 月 1 日在此地举行，尽管奖金不算特别高（25 万美元），但现场也还是配备了专业的大屏、对战桌等观众人数也达到了上千人。

到了 2014 年，Major 赛事则在波兰的 Spodek Arena 进行，场地一侧是 Counter-

Strike 舞台，另一侧是英雄联盟舞台，如图 10-223 所示。

图 10-223　2014 年 Major 现场

与其他赛事项目相比，Major 赛事作为 *CS: GO* 赛事中最高级别的赛事，具有显著的规模优势。现场的人数通常众多，同时线上观看的人数也庞大。这种规模的扩大为 Major 赛事带来了更加热烈和激烈的氛围，观众们热情高涨，为选手们加油助威，场内场外都洋溢着一种集体狂欢的氛围，在舞美设计和实现方面，赛事举办方也通常会采取比较紧密的座位排布，以及色彩随意又夸张的场景布置道具，来配合调动现场观众的情绪，如图 10-224 所示。

图 10-224　Major 现场 LDLC 战队的经理 MoMaN 激动地在场上喷洒香槟

除了规模上的差异，Major 赛事在舞美设计、视觉效果和观赏体验方面也表现出色。

作为最高级别的赛事，Major 投入了大量资源和精力来打造令人难忘的观赛体验。精心的舞台布置、炫目的灯光设计、恰到好处的音效和特效共同营造出一个壮观、震撼的赛事氛围，让观众沉浸于此。

以 2016 年的 Major 赛事为例，这一年 3 月，*CS: GO* 迎来了改制后的第一个 Major 赛事——"MLG Columbus 2016"。这次赛事具有里程碑意义，因为它是 *CS: GO* 历史上首次由 MLG（Major League Gaming）举办的 Major 赛事，同时也是 *CS: GO* 历史上首次将赛事举办地从欧洲移至美国的俄亥俄州哥伦布市。

MLG Columbus 2016 的规模和影响力都非常引人注目。赛事的奖金池达到了 100 万美元，吸引了来自全球的 16 支顶级 *CS: GO* 战队参赛，这些战队代表了世界各地的顶尖水平。这次 Major 的举办地点选择在哥伦布市的 Nationwide Arena，为参赛队伍和观众提供了一流的比赛环境和精彩的观赛体验。

如图 10-225 所示，在 MLG Columbus 2016 的决赛中，来自巴西的 Luminosity 战队（简称为 LG）在一场激烈的比拼中击败了来自乌克兰的 Natus Vincere 战队（简称为 NAVI），夺得了冠军。这也标志着 Luminosity 成为了历史上首支夺得 Major 冠军的非欧洲战队。他们的胜利不仅打破了欧洲战队连续七届 Major 冠军的垄断，还开启了巴西战队在 *CS: GO* 赛事中长达一年的统治。此外，Luminosity 队的选手 coldzera 在这次赛事中展现出色的表现，获得了他职业生涯中的第一个 MVP 称号。

图 10-225　MLG Columbus 2016 绚烂灯光下的选手席

在 2016 年的 7 月初，距离 MLG Columbus 2016 举办 3 个月后，又一届 *CS: GO* Major 赛事——ESL One: Cologne 在德国科隆（Cologne）举行，场地选址回到了欧洲，并再次选择了德国科隆市作为举办地点。

这次 Major 的赛事场馆是位于科隆市中心的 Lanxess Arena，这座多功能室内体育馆和演唱会场馆汇集了音乐和体育活动。Lanxess Arena 内部设有多个楼层和区域，包括观众席、包厢、餐饮区域和商店等，满足了大型赛事如 Major 的观赛需求。此外，该场馆还拥有现代化的设施和先进的音响灯光系统，为赛事的现场直播提供了强有力的支持。

这次 ESL One: Cologne Major 依旧吸引了 16 支顶级 *CS: GO* 战队的参赛，竞争异常激烈。赛事方特别设置了超过 6 块悬挂的大型屏幕，用于展示不同的赛事数据和画面，为观众带来了更加丰富的观赛体验。整个场馆以蓝色和紫色作为主色调，通过色彩的渲染营造出高端而富有科技感的现场氛围。

与其他赛事强调游戏人物的方式不同，由于 Major 赛事本身是基于第一人称视角的游戏，因此在舞美设计和实现上更倾向于利用小型物料道具（如贴纸、标签、旗帜等）来营造现场氛围，而不是通过还原游戏内的 IP 角色、场景或大量特效来讲故事，如图 10-226 所示。

另一方面，考虑到 Major 赛事的主要受众群体为男性，舞美布置时主办方会将重点放在提供与赛事相关的信息上。通过大量的屏幕和画面展示，帮助观众理解赛事的细节，并享受激烈的观赛氛围。

图 10-226　2016 年德国科隆 Major 现场

大型屏幕通常会放置在场馆显眼处，以确保每个观众都能方便地观看到比赛的画面和数据。这些屏幕将显示比赛的实时战况、队伍的数据统计、玩家的表现以及其他重要的赛事信息。这种设计不仅能够满足观众对赛事细节的需求，还能调动观众的参与感和紧张的情绪。

此外，舞台背景和场馆的装饰也会使用 Major 赛事的品牌标识和相关元素，如赛事标志、赞助商标识等，以增强赛事的宣传效果和商业合作的呈现，如图 10-227 所示。

图 10-227　2021 年 Major 赛事现场

除了 Major 赛事，*CS: GO* 赛事中还有一个比较重要的赛事 EPL。EPL 全称 ESL Pro League，中文译名为 ESL 职业联赛，EPL 是全球最大电竞组织 ESL 举办的 *CS: GO* 比赛，也是欧美地区的顶尖联赛。2015 年 4 月 28 日，ESL 宣布与 ESEA 成立合资公司，并打造了 *CS: GO* 职业联赛，每年两个赛季总奖池超过 100 万美元。

ESL 分为北美和欧洲两个赛区进行，常规赛是线上赛，而季后赛是线下赛，最后的总决赛将由北美和欧洲两个赛区的晋级队伍共同竞技，这与英雄联盟的 MSC 最终由 LPL 和 LCK 一起角逐类似。

EPL 在舞美设计上的特色与其选址密不可分。与其他众多 *CS: GO* 赛事相比，EPL 在选址时注重考虑举办地的风景优美程度，这也成为其最大的亮点之一。因此，EPL 赛事不仅是一场电竞比赛，同时也兼具城市文旅特性。EPL 选择举办地时会考虑城市的独特之处和吸引力。他们倾向于选择拥有美丽风景、富有文化魅力和旅游资源的地点，这样的地点能够为参赛队伍和观众带来更加愉悦的体验，如图 10-228 所示。

以 2021 年 EPL S13 为例，这一届 EPL 选择了一个独特的举办地——马耳他（Malta），这个位于地中海的小岛国拥有令人惊叹的风景和丰富多样的旅游资源。马耳他作为一个岛国，其壮丽的海岸线、怡人的自然景观是其最大的亮点之一。观赛的粉丝们可以在欣赏精彩比赛的同时，沿着海岸线漫步，感受蓝天、碧海和白色沙滩的美丽景色。这样的举办地让观众能够在游戏之外，享受到大自然的恩赐，将观赛作为一种真正的娱乐享受。此外，马耳他还拥有许多保存完好的古老城镇。观赛游客可以抽出时间来探索这些城镇，感受悠久的历史和独特的文化氛围。如图 10-228 所示，瓦莱塔（Valletta）作为马耳他的首都，被列为世界遗产，其古老的建筑、教堂和博物馆向游客展示了马耳他的历史和文化遗产。在观赛之余，参观这些古老城镇成为一种充实的旅行体验。

图 10-228 EPL S13 选址：马耳他

EPL 对于选址独特的考虑，使得 EPL 不仅是一场电竞赛事，更是一次难得的探索和休闲的机会。

遗憾的是，由于当时受疫情影响，欧洲地区的"旅行限制和检疫条例"使得 EPL S13 原定淘汰赛线下计划告破，队伍采取线上赛的方式进行比赛。马耳他的落地观赛旅游方案也只得搁置，如图 10-229 所示。

图 10-229 2021 年 EPL 赛事现场

除了以上两种赛事外，*CS: GO* 还有一个代表性的赛事，就是 IEM。在之前对 IEM 的介绍中，我们已经提到了 *CS: GO* 是目前 IEM 赛事中吸引观众最多的项目之一。然而，与 EPL 不同的是，IEM 是一项巡回赛，涵盖的游戏项目并不仅限于 *CS: GO*——每个地区的 IEM 比赛可能举办不同的游戏比赛，这意味着并非每一届 IEM 都会有 *CS: GO* 的比赛。

参与 IEM 赛事的方式通常是直接邀请和预选赛。直接邀请是指主办方直接邀请一些顶尖的战队参赛，这些战队在过去的比赛中表现出色或具有重要的地位。预选赛则是为了给更多的战队机会参与赛事，通过一系列的预选赛，战队们将竞争取得参赛资格。

IEM 作为一项具有多样性的赛事，通常会呈现多种电竞游戏的精彩对决，为不同游戏项目的粉丝们带来紧张刺激的比赛体验。这种多元化的安排也为观众们提供了更广泛的选择，让他们能够欣赏到不同游戏的顶级竞技水平，如图 10-230 所示。

尽管 IEM 不一定每次都会有 *CS: GO* 的比赛，但有 *CS: GO* 品类的 IEM 赛事都以其专业性和刺激性而受到广大电竞爱好者的喜爱。

图 10-230　2023 年 IEM *CS: GO* 赛事现场

由于 *CS: GO* 在全球范围内的广泛流行，IEM 赛事中的 *CS: GO* 比赛通常占据了最大的舞台，并为观众留出上千个观赛座位。整体的色彩排布延续了 IEM 一贯的主视觉配色，现场并没有过多的元素区分。观众们可以通过赛事的激烈程度、巨大的屏幕以及最大的舞美分区清晰地辨认出 *CS: GO* 比赛场景。

然而，由于 IEM 本身涵盖的游戏项目的不确定性，每场 IEM 赛事中的 *CS: GO* 比赛的舞美现场布置通常不会有非常严格的观赛分区规定。相反，它会根据具体的场馆和赛事需求而不断变化。有时，舞美布置可能呈现半球形的包围式设置，为观众们打造出更加沉浸式的观赛体验；而有时，它也可能呈现阶梯状的包围式设置，以更好地适应场馆的特点和空间布局。

总的来说，这三个 *CS: GO* 赛事在舞美呈现标准上的差异并不是很大，因此我们可以进行统一的分析。

与其他大型电竞赛事类似，*CS: GO* 系列赛事选择较大的场馆，并在色彩上注重营造浓厚的科技感。然而，与其他游戏相比，*CS: GO* 在舞美设计中有一些独特之处。考虑到游戏对选手微观操作和感知能力的严苛要求，以及其庞大的人气和用户数量，赛事主办方通常会在赛前准备方面投入更多精力。比赛环境、场馆温度、主机配置、显示器选择等因素都被精心考虑，力求提供专业水平的设备，以确保顶尖选手能够发挥出最佳的竞技水平。

例如，2013 年的第一届 Major 选择了 ZOWIE GEAR 电竞显示器作为比赛设备。从最早的 144Hz 刷新率显示器 XL2411，到第一款原生 240Hz 刷新率显示器 XL2540，再到搭载 DyAc 功能的 XL2546，设备的先进性成为该比赛舞美的一大亮点。如图 10-231 所示，这种精选的显示器不仅可以提供更高的刷新率和更流畅的画面表现，还可以减少图像的模糊和眩光，使选手在比赛中能够更清晰地感知游戏画面，从而更好地应对快速变化的战局。

图 10-231　*CS: GO* Major 赛事选手席

此外，*CS: GO* 赛事的观众席部分也是一个引人注目的亮点。与其他赛事相比，*CS: GO* 的观众席更具"随性"的特点，赛事制作方对观众行为的管理相对宽松。正是因为这种开放的氛围，*CS: GO* 比赛的现场常常呈现出各种有趣的观众互动和"整活"的场景，让整个赛事场馆充满了活力和妙趣横生的气氛。

在 *CS: GO* 的比赛现场，观众们常表现出独特而有趣的举动，如穿着与游戏相关的服装、佩戴队伍标志的饰品或挥舞支持喜爱的战队的旗帜和横幅。他们会热情地呐喊助威、跟随比赛的节奏鼓掌欢呼，甚至可能在特定时刻展示出创意十足的庆祝动作。这种活跃而随性的观众互动，不仅增加了现场氛围的热烈和欢乐，也为参与其中的观众们带来了独特的娱乐体验，如图 10-232 所示。

图 10-232　*CS: GO* 赛事观众

2. 《穿越火线》系列赛事

除了 CS: GO，在中国地区还有一款极其流行的 FPS 游戏——《穿越火线》（CrossFire，CF）。这款游戏由 Smile Gate 开发，在中国内地由腾讯游戏代理运营。在《穿越火线》系列赛事中，最为知名的莫过于穿越火线职业联赛（CFPL）。作为一项由腾讯电竞主办、英雄体育 VSPO 承办的大型 FPS 联赛，CFPL 以其独特的特点吸引了游戏界、电竞界以及媒体界的广泛关注。这些特点包括俱乐部运营、明星选手打造、专业赛制体系和职业化直播渠道等。

CFPL 的第一个赛季于 2012 年 2 月 24 日在北京揭开序幕，成为国内电竞联赛的开创者之一。如今，CFPL 已经运营了 11 年，见证了中国 FPS 电竞的快速发展和成长。每年，CFPL 都吸引着来自全国各地的顶级战队和职业选手参与竞争，争夺丰厚的奖金和荣耀。赛事期间，精彩的比赛表现和紧张刺激的对决引发了广大玩家和电竞爱好者们的热情参与。通过 CFPL，中国《穿越火线》的玩家、选手们有机会展示他们的实力和技巧，同时也为观众们提供了精彩的电竞盛宴。这场长盛不衰的赛事不仅推动了中国 FPS 电竞事业的发展，也为国内外的玩家们带来了无尽的游戏乐趣和竞技精神的共享。

比较有意思的是，在手游兴起的大背景下，穿越火线手游职业联赛（CFML）在 2016 年也崭露头角，成为电子竞技产业中备受瞩目的一部分。借助于穿越火线这一知名的 IP，CFML 迅速赢得了广泛的关注和支持。

作为穿越火线在手机平台上的延伸，CFML 为手游玩家们提供了一个竞技舞台，让他们能够展示自己的技术和战术，与其他顶尖选手一决高下。这个职业联赛不仅吸引了众多热衷于穿越火线手游的玩家，也吸引了行业内的专业团队和媒体的关注。

CFML 的举办为穿越火线手游注入了更多的竞技元素，促进了游戏的发展和社区的壮大。赛事中的精彩对决、高水平的比赛和激烈的竞争吸引了大批玩家的观看和参与，同时也为职业选手提供了一个斗志昂扬的竞技平台。CFML 的成功不仅仅体现了穿越火线手游的影响力，也为手游电竞产业树立了典范和标杆。

随着 CFML 的发展壮大，越来越多的玩家和团队加入其中，赛事规模不断扩大，奖金也逐渐提高，为职业选手们提供了更好的发展机会和经济回报。CFML 的成功也为其他手游职业联赛树立了榜样，推动了手游电竞的发展和壮大。

在 2017 年 3 月，穿越火线迎来了一个具有特殊意义的里程碑时刻，首次将端游与手游的职业联赛联合举办，并在上海宝山体育馆圆满结束，成为了电竞史上引人注目的一次创举。

如图 10-233 所示，这一年的穿越火线职业联赛舞台呈现了独特的舞美设计。蓝色作为主色调，给人一种炽热而沉稳的感觉，与穿越火线的游戏风格相得益彰。赛事制作团队采用了 4K 转播车进行制作，提供了顶级的视觉体验。18 个机位的布置使观众能够多角度、多维度地观赛，感受比赛的激烈与紧张。

如图 10-234 和图 10-235 所示，舞台的亮点之一是四面吊装的大屏幕，实现了 360 度无死角观赛。这些大屏幕以高清的画面呈现比赛的精彩瞬间，让观众仿佛置身于赛场之中。同时，地屏实时展示比赛地图，帮助观众更好地了解比赛的进程和战局，营造出一种沉浸式的观赛氛围。

图 10-233　2017 年 CFML 与 CFPL 合办双端职业联赛

图 10-234　2017 年穿越火线双端职业联赛现场（一）

图 10-235　2017 年穿越火线双端职业联赛现场（二）

CF 电竞赛事一直以拓荒者的形象引领着行业伙伴们前行，也一步步见证着电竞黄金时代的到来。

多年以来，穿越火线系列赛事舞美也经历了不断革新，虚拟现实等技术同样被应用在了赛事舞美实现上，为观众带去更多新鲜的观赛体验。

以 2020 年穿越火线十二周年火线盛典暨穿越火线双端职业联赛总决赛为例，受新冠疫情的影响，制作方采用了虚拟增强现实技术来设计和实现舞美。赛场上，通过 AR 技术，观众们得以欣赏到百年后上海成为电竞之都的景象。整个活动以"城市即是主舞台"的理念为基础，将每个环节融入上海的建筑和环境中。在城市中心矗立着"CF 枪械大楼"，它成为本次比赛的主要战场。随着两支战队的登场，枪械大楼的内外观会发生变化，呈现出对战的场景。此外，枪械大楼还可以根据战队的比赛情况进行实时互动，观众可以通过投票选出人气 MVP、发送互动弹幕、进行视频连线、购买礼花道具等方式与线上场景进行互动，呈现出虚拟城市的奇观，让观众更深地沉浸其中。

为了完美呈现这次盛典，制作方配置了 5 讯道次世代虚拟 AR 渲染引擎，配合 2 台跟踪虚拟摇臂、1 台跟踪传感斯坦尼康和 2 台传感固定机位。如图 10-236 所示，他们采用纯虚拟的制作方式，在近 1000 平方米的绿幕空间中划分了 4 个功能区进行制作。

图 10-236　2020 年穿越火线双端职业联赛总决赛在绿幕中完成的 AR 场景

技术团队则打破了传统的"实体小舞台"和"虚拟演播厅"的设定，通过机械结构的运动变换，将对战席、主舞台、演出舞台等部分展现出不同的舞台造型，引人注目。同时，他们创新地采用了分区跟踪法，将真实的功能区与不同的虚拟楼顶相匹配，呈现出虚实结合、真假难分的视觉效果。整个舞美设计贯穿着未来感和科技感，为观众创造了一场别开生面的狂欢盛典。

通过这样的持续的创新和技术突破，穿越火线系列赛事在舞美设计上展现出了无限的想象力和创造力，虚拟现实技术的应用为观众带来了前所未有的视听盛宴，使电竞比赛上升到一个全新的高度，如图 10-237 所示。

图 10-237　2020 年穿越火线双端职业联赛总决赛虚拟舞台

作为本土知名的 FPS 游戏赛事，穿越火线职业赛事在早期的制作和呈现上积极借鉴了许多先进的国际赛事制作方法，以呈现出色的视觉效果。

然而，近年来，穿越火线职业赛事更加注重与本土文化特色的结合，通过强调"情怀"来营造赛事的氛围感。

随着时间的推移，穿越火线职业赛事逐渐意识到了本土文化的重要性，并将其融入赛事的制作和呈现中。这种做法不仅展示了本土文化的独特魅力，也拉近了与观众的情感距离，营造出更加亲切和独特的赛事氛围。在近几年的穿越火线职业赛事中，观众可以看到一系列与本土文化特色相关的设计和表现手法。比如，赛事主题突出"情怀"的内涵，通过赛事元素、场地布置、视觉效果等方面的细节展现出本土文化的特色和精髓。这种结合不仅能够让玩家们感受到自己熟悉的文化氛围，也能够引发观众的共鸣和情感共振。

以 2023 年 CFPL 穿越火线职业联赛春季赛为例，这场赛事在成都举办，以"心够烈"为主题，并以"蜀道难"作为赛事争夺的故事线，紧密围绕传统文化展现赛事的各个环节。从开幕式到选手登场，都以传统文化元素为线索，展现着深厚的文化内涵。

在总决赛的现场，观众们目睹了象征着至高荣耀的中国龙在立体舞台中翻腾，掀起了惊天的风云。"蜀道难"这首诗词象征着两支队伍在常规赛和季后赛中的艰难征程，也象征着他们来到总决赛舞台的不易。为了更好地点燃氛围，现场采用了中国传统乐器钟鼓唢呐，将音乐的力量融入其中，营造出浓厚的文化氛围。两支队伍以少林和武当的姿态聚集在舞台中央，象征着他们将在这里一决高下，展开激烈的对抗。

这种对传统文化的强调和将其融入赛事的做法，使得 CFPL 穿越火线职业联赛春季赛具有独特的魅力和文化内涵。通过将赛事与传统文化元素相结合，赛事呈现出浓厚的历史感和地域特色，为观众带来别具一格的文化盛宴，如图 10-238 所示。

图 10-238　2023 年 CFPL 穿越火线职业联赛春季赛总决赛现场

这种文化元素的融入不仅体现在大型活动上，还体现在一些细节之中。例如，CFPL的奖杯设计灵感来自于中国文化中对龙的崇尚。奖杯展示了一条栩栩如生的中国龙盘踞在枪支上，这体现了对传统文化的尊重与传承，使赛事更具独特性，为观众和参赛选手提供了更加丰富和有意义的赛事体验，如图 10-239 所示。

图 10-239　CFPL 穿越火线职业联赛奖杯

另一方面，与 CS: GO 类似，《穿越火线》赛事的用户主要以男性为主，因此，在现场看台区的布置上，制作方会采取一种更为活跃和互动的方式，而非拘泥于刻板的布置。他们通过使用大量的小型现场物料道具（如小型灯牌、手环等），让观众们聚集在一起，共同营造现场的氛围。

有趣的是，现场观众也会自带一些有趣的应援周边，例如横幅、旗帜等，用来为他们支持的队伍加油助威。这些应援道具不仅增添了现场的色彩和活力，还展现了观众们对赛事的热情和参与度。

尽管在早期，由于 FPS 赛事的激烈对抗属性，赛事现场存在观众冲突的风险，但通过一系列安保上的调整和安全性的呼吁，这样的情况已经大大减少。然而，《穿越火线》赛事的观赛现场仍然保持着激烈和澎湃的氛围，使观众们可以充分享受到比赛的紧张刺激和高潮迭起的气氛，如图 10-240 所示。

图 10-240　2023 年 CFPL 穿越火线职业联赛春季赛总决赛现场观众应援

总的来说，FPS 赛事的舞美设计与 MOBA 类似，都遵循对称性和赛事 IP 氛围的还原原则。然而，这两类赛事在受众群体的定位上存在明显的差异。鉴于 FPS 游戏的直观战斗特质，其赛事更容易引发观众的热情与激情。因此，FPS 比赛在观众席的布置上往往更倾向于借鉴大型体育赛事的设计理念。

在大型 FPS 比赛的观众席布置中，通常会考虑到观众的观赛体验和参与感。观众席的设计会采用更加宽敞的空间布局，以便观众可以更自由地站立、欢呼和应援。为了营造更具体育赛事的氛围，可能会增加更多的观众互动元素，如激光灯光秀、观众呼吸灯、大型屏幕等。这些元素可以增强观众的参与感，让他们更加投入到比赛的氛围中。

此外，大型 FPS 比赛的观众席布置也会考虑到安全性和便利性。例如，设置足够的紧急出口和安全通道，确保观众在紧急情况下的安全撤离。同时，也会提供足够的便利设施，如休息区、餐饮区和卫生间，以满足观众的需求。

另一方面，差距还体现在主舞台的设计上，FPS 赛事更加注重赛事画面和数据本身，而不是还原游戏的故事情节。尽管像 CFPL 这样的赛事在长期发展中已经建立了自己独特的赛事故事架构，但在舞美呈现上仍然显得相对精简和富有科技感。

这样的设计风格的背后是为了突出赛事的紧张氛围和竞技性。通过注重赛事画面和数据的展示，舞台呈现出专业、高科技的感觉，以进一步增强观众的参与感和沉浸感。这种精简而富有科技感的舞美呈现方式能够更好地配合 FPS 赛事的特点，将观众带入激烈的战斗环境中，创造出独特而震撼的视觉体验。

10.2.4　战术竞技类

战术竞技型赛事，通常以战术竞技类沙盒游戏为特色，这类游戏源自沙盘游戏，并发展成独立的游戏类型。它们通常由一个或多个地图区域构成，涵盖了多种游戏要素，包括角色扮演、动作、射击、驾驶等。沙盒游戏的独特之处在于它们能够改变、影响甚至创造虚拟世界。创造是这类游戏的核心玩法，玩家可以利用游戏中提供的物件和工具创造出自己独创的东西。

这类赛事的游戏地图通常较大，并具有丰富的互动性与内容。玩家可以与非玩家角色（NPC）或环境进行互动，探索游戏世界的各个角落，发现隐藏的任务、资源或秘密。游戏中的任务与目标往往是多样化的，玩家需要运用战术和策略来完成各种挑战。

战术竞技型赛事强调玩家的战术思考和团队合作能力。玩家需要制订有效的策略，与队友紧密配合，以达到游戏中的目标。这类赛事不仅考验玩家的操作技巧，还注重战术规划、团队协作和决策能力。

《绝地求生》系列赛事在战术竞技型赛事中具有显著代表性。其中，绝地求生全球总决赛（PUBG GLOBAL CHAMPIONSHIP，PGC）是备受关注的赛事之一。

PGC 是年度顶级赛事，吸引着全球顶尖的 PUBG 选手和团队参与竞争。这项赛事不仅考验了玩家的射击技巧和战术能力，还考验了他们在不断变化的游戏环境中的适应能力和决策水平。

PGC 赛事的规模宏大，通常分为多个阶段，包括预选赛、资格赛和总决赛。参赛队伍通过多轮激烈的竞争，力争在全球范围内脱颖而出，争夺最终的冠军头衔。赛事的组织方会为选手提供专业的赛事场地和设备，以确保公平竞争和高质量的比赛体验。PGC 是以《绝地求生》为项目进行的世界性电子竞技赛事，首届 PGC 赛事于 2019 年举办。来自全球 9 个赛区的《绝地求生》职业战队将经历层层选拔，获得全球总决赛的晋级资格。

全球 9 个大区的比赛将统一采用 64 人 FPP 的比赛规则，其中 9 个大区包括北美、欧洲、中国、韩国、日本、中国台北 / 香港 / 澳门、东南亚、拉丁美洲和大洋洲。其中北美、欧洲、中国、韩国、日本、中国台北 / 香港 / 澳门将采用职业联赛结构，如北美 NPL、韩国 PKL、中国 PCL、欧洲 PEL、日本 PJS、中国台北 / 香港 / 澳门 PML；东南亚、拉丁美洲和大洋洲将采用职业巡回赛结构。所有大区的职业比赛将使用统一赛历，一共经历三个阶段，在经过前两个阶段后，各大区选出表现最好的队伍参加第三阶段由官方主办的全球总决赛，一同争夺至少 200 万美金的奖金池和年度冠军。

与其他类型的赛事相比，战术竞技类赛事的总决赛通常涉及更多的参赛队伍。以 PGC 为例，该比赛的总决赛通常会有 16 支队伍参与，每支队伍由 4 名选手组成。这意味着在舞美布置方面，需要进行特殊的设计来搭建选手席，以确保比赛的公平性和美观性。

为了保证比赛的公平性，选手席的设计需要考虑到每支队伍的位置布局。每个选手都应该有足够的空间来操作设备和执行战术，而且相邻队伍之间应该保持适当的距离，以防止干扰和不必要的交互。此外，选手席的高度和角度也需要精心设计，以确保每个选手都能够清晰地观察比赛场地和其他队伍的动态。

以 2019 年的 PGC 为例，2019 年 11 月 8 日至 11 月 24 日，2019 年 PGC 总决赛在美国俄勒冈州波特兰市的甲骨文球馆（Moda Center）落地，汇聚了来自全球不同地区的顶尖战队。

如图 10-241 所示，甲骨文球馆作为一个大型、多功能且现代化的体育馆，可以容纳上万名观众。然而，为了应对 PGC 总决赛的特殊需求，即容纳 16 支队伍和 64 名选手，舞美设计与实现变得更加复杂和具有挑战性。

图 10-241　2019 年 PGC 总决赛落地在美国俄勒冈州波特兰市的甲骨文球馆

为了满足上述需求，赛事方采取了巧妙的设计，根据场馆的地形特点，将主舞台设计成了一个扇贝形状，使其能够最大程度地容纳选手和观众。在主舞台的中前方位置设置了积分较高的队伍选手席，主舞台后方的观众席采用了阶梯状弧形展开的设计，这样的布局一方面保障了赛事的公平性，另一方面，也是为了让更多观众注意到自己喜欢的队伍，享受到良好的观赛体验。

此外，2019 年 PGC 总决赛的舞台舞美设计还考虑到了开幕式和中场秀嘉宾的表演需求。在主舞台的中前方，设计师巧妙地打造了一个环绕型的"扇贝"柄，留出中间的留白区域，为开幕式和中场秀的嘉宾提供了表演的空间，如图 10-242 所示。

为了有效且合理地利用空间，PGC 总决赛的道具类舞美通常以悬空的方式悬挂在舞台正中央的空中。这种设计不仅为舞台增添了视觉上的层次感，还与《绝地求生》游戏本身的特点相呼应。在游戏中，选手们的出生点几乎都是在空中，因此悬空的道具舞美设计能够更好地再现游戏的场景和体验，给观众带来更加逼真和震撼的视觉效果。

图 10-242　2019 年 PGC 总决赛现场

到了 2022 年，随着 PUBG 在全球范围内的风靡，PGC 总决赛选择了以迪拜展览中心作为举办地，并成为首届 DEF 迪拜电竞节的一部分。为了表达对举办地的尊重，并融入迪拜的独特魅力，赛事方在总决赛的主视觉设计和舞美呈现上运用了许多迪拜当地的特色元素，如哈利法塔等。同时，设计风格以简洁、干净的线条为主，以展现出高级感和现代感，如图 10-243 所示。

图 10-243　2022 年 PGC 主视觉 KV

与之前的环形设计不同，作为电竞节的一部分，这一年的 PGC 主舞台采用了平铺设置。然而，为了增添视觉趣味和引人注目的效果，赛事方将多个队伍的选手席按照相同间隙错落地对向排列，营造出错落有致的布局。同时，为了突出荣誉和胜利的象征，赛事方将奖杯放置在主舞台的中央高处，成为整个舞台的焦点和视觉中心，如图 10-244 和图 10-245所示。

图 10-244　2022 年 PGC 赛事主舞台

图 10-245　2022 年 PGC 比赛现场

　　值得一提的是，除《绝地求生》系列赛事外，《绝地求生》手游《绝地求生：刺激战场》的赛事在近年来也收获了不少人气，其中比较有代表性的国际赛事为绝地求生手游全球总决赛（PUBG MOBILE GLOBAL CHAMPIONSHIP，PMGC），而在 PMGC 选拔过程中，最具代表性的则是中国赛区的和平精英赛事。

　　和平精英职业联赛（Peace Elite league，PEL）是《和平精英》官方举办的最高级别职业联赛。赛程包括预选赛、突围赛、晋级赛与联赛决赛四个阶段，首届 PEL 于 2019 年9 月正式开启预选赛。由于 PEL 的赛制在几年来经过了多次针对性调整，本书中将不作赘述，仅针对其舞台进行讲解分析。

　　如图 10-246 所示，与 PGC 类似，由于 PEL 赛事中参赛队伍数量通常超过十支（大多数赛季为 15 支），这是 PEL 赛事舞美的设计和实现中独特的特色。其中最明显的特点之一是大量独立且不受干扰的选手席的设置。

图 10-246　PEL 比赛现场选手席画面

为了确保比赛的公平性和舒适性，PEL 赛事采取了一种独特的选手席布置方式。每支参赛队伍都会被分配一个独立的选手席，以确保他们在比赛过程中不受其他队伍的干扰。

由于参赛队伍数量众多，PEL 赛事的选手席数量也相应庞大。这种大规模的选手席设置在舞美设计和实现上提出了挑战，需要合理利用赛事场馆的空间。为此，赛事方会进行精确的平面布局设计，确保每支队伍的选手席位置合适，同时与其他舞台元素协调一致。

这样的设置不仅要考量选手席的抗干扰性、公平性，还要考量多信号传输、走线，整体审美的美观等。

以 2019 年首届 PEL 现场舞台为例，如图 10-247 所示，15 支队伍的选手席采取了一种独特的布置方式。它们被排列成 3 列，每列 5 支队伍，并按照阶梯状往上排列。

图 10-247　首届 PEL 现场图

阶梯状的选手席设置有几个重要的目的。首先，它提供了良好的视野，使观众能够轻松观赛并欣赏选手们的表现。观众可以根据自己的喜好选择观看的队伍，并且阶梯状的布局使每支队伍都能够得到公平的展示。

另外，为了保护选手的隐私和防止干扰，电子面板被设置在选手席的前方。这些面板不仅起到了防窥屏的作用，防止其他队伍和观众看到选手的操作，还能够抵御外界的干扰信号，确保比赛的公平性和准确性。

除了以上功能，这些电子面板还具有其他的用途。它们可以用来投放队伍的简介和背景资料，让观众更好地了解参赛队伍。此外，赞助商的广告也可以通过这些面板展示，为赛事增添商业化元素，并提供经济支持。

事实上，PEL 在中国的流行不仅仅源于其主舞台的细节设计，还得益于底层游戏《和平精英》在光子工作室和腾讯等强大资金支持下的发展以及众多赞助商的投入。每年的PEL 总决赛舞台都充满华丽的设计和精彩的表演。

以 2021 年的 PEL 总决赛为例，比赛场地选址于重庆华熙文体中心——一个可容纳数万观众的体育场馆。除了精心安排选手席的排列，赛场还采用了大量的氛围灯光和高清地屏，以展现赛事的主视觉效果。这些灯光和屏幕的运用创造了一个充满震撼力和视觉冲击力的赛场氛围，为观众带来了独特的感受和视觉享受。

除了精彩的比赛表现，PEL 总决赛还邀请了当时非常受欢迎的艺人华晨宇进行中场秀演出。华晨宇以他的独特魅力和才华吸引了众多观众，他的演出为赛事增添了音乐和娱乐元素。此外，赛事方还利用华晨宇的应援色——红色，在该环节配合灯光和灯牌进行效果演绎，进一步提升了赛事的氛围和观赏性，如图 10-248 所示。

图 10-248　2021 年 PEL 总决赛落地重庆华熙体育中心

除了与主流明星的合作，作为本土赛事，PEL 在舞美呈现上也比较注重与文旅的结合。2023 年，PEL 常规赛主战场迁至成都，并在 2023 年 PEL 春季赛季后赛开幕式上，主办方邀请了成都市川剧院的演员王耀超先生为观众带来经典的文化演绎——"变脸"。演员所呈现的"变脸"表演不仅仅是简单的重复演出，赛事方在道具"脸谱"的设置上也下了一番功夫。以进入季后赛的 20 支队伍的主视觉为参考，他们设计了 20 套独特而富有纪念意义的脸谱，并将其与演出巧妙结合。每套脸谱都被精心制作，展现了各支队伍的标志性元素和独特风格。通过色彩和图案的精准搭配，脸谱成功地呈现了每个队伍的个性和特点。同时，这一表演配合了主题口号"百炼终成冠，蜀戏'冠'天下"，向中国传统艺术文化致敬，获得了极佳的反响，如图 10-249 所示。

图 10-249　2023 年 PEL 春季赛季后赛开幕式上的"变脸"表演

另一方面，战术竞技类赛事由于庞大的地图和众多的战场，以及观察者（OB）视角的存在，现场舞美在搭建大屏幕时往往采用分屏的方式，以便分类呈现 OB 画面、实时积分、"人头比"等相关内容。通过这样的设计，赛事主办方可以在大屏幕上同时展示多个重要的游戏元素，以满足观众对赛事的多重关注需求。一块屏幕可能专门用于显示观察者视角的画面，让观众能够观察选手的策略和战术。另一块屏幕可以显示实时的积分情况，让观众了解比赛进展和各队伍的排名。还可以设立专门的屏幕来显示"人头比"/得分比，展示每个选手或团队的击杀数量和表现，如图 10-250 所示。

图 10-250　PEL 赛事现场的大小屏幕组合

除此之外，作为国内顶级赛事之一，PEL 赛事近年来也非常注重与科学技术的结合。赛事承办方英雄体育 VSPO 公开发布的新闻资料显示，2023 年 PEL 春季赛总决赛舞台上，制作方运用了实时增强现实技术，为战场增添了炫目的闪电元素，代表光子工作室群的标志性符号在战场上呈现出逼真的效果，如图 10-251 所示。

在开幕式上，AR 生成的奖杯通过破空而至，出现在舞台中心的光圈中高耸而立。与此同时，特种兵角色从空中降落至舞台边缘，手持光箭射向舞台中央，象征着他们要夺取奖杯的决心和努力。这一创新的表演元素将舞台气氛推向高潮，将赛事氛围点燃。

在赛事的进行中，制作方还考虑到了赞助商的需求，并为他们设置了实时 AR 动画——赞助商乐虎的瓶身从舞台中心逐渐升起，随着动画的运行，瓶身上闪烁着点点光芒，犹如星星闪耀，为选手们带来能量与助力的象征。

图 10-251　2023 年 PEL 春季赛总决赛上的实时 AR

此次赛事的舞美制作中，制作方引入了创新的自研 LightBox 多设备联动控制系统，这也是一项突破性的技术应用。据介绍，该系统通过智能数据互联的方式，打破了以往大屏、音控、灯光、字幕、特效等环节之间的衔接壁垒。这一创新不仅极大程度地降低了播控台可能出现的衔接风险，提高了数据准确性，还能够实现无延时的视听效果集成显示，为观众带来流畅无间的观看体验，如图 10-252 所示。

图 10-252　制作方在 PEL 赛事舞美效果呈现中使用自研 LightBox 多设备联动控制系统

通过这些创新，PEL 赛事各环节实现了智能联动，呈现出丝滑的集成视听效果。无论是大屏幕的投影，还是音响的控制、灯光的变化、字幕的展示以及特效的应用，这些元素都能够高度协同工作，实现精准地同步播放，观众们也因此得以在不间断的流畅体验中享受到完整而精彩的赛事内容。

总的来说，战术竞技类赛事的舞美设计与实现具有以下几个显著特点，使得赛事呈现出独特而引人注目的视觉效果。

（1）参赛选手众多：由于战术竞技类赛事总决赛往往涉及大量的参赛选手和队伍，选手席的设置需要格外谨慎。舞美设计师需要考虑选手席的数量、位置和排列方式，以确保每个选手都能够得到公平的竞技环境和观众的关注。特殊设计可能包括选手席的高度差、区域划分以及选手标识等，以便观众和裁判能够清晰地辨认和关注每个参赛选手。

（2）地域特色与文旅结合：为了营造独特的氛围和增加赛事的吸引力，有时赛事的舞美设计会融入当地的地域特色和文化元素。这可能包括地域标志性建筑、传统艺术表演、当地特色道具等。通过与当地文化的结合，赛事在舞台布置和视觉效果上展现出独特的风格，使观众和参赛选手能够深刻体验到举办地的魅力。

（3）艺人表演的参与：大型战术竞技类赛事通常会邀请当红艺人来为赛事增添气氛。这些艺人可能进行中场秀表演、开幕式演出或闭幕式的演出等。通过艺人的参与，为赛事注入活力和娱乐元素，吸引更多观众的关注和参与，提升整体的观赛体验。

（4）创新技术的应用：为了提升赛事的舞美效果和观赛体验，战术竞技类赛事常常会创新性地运用新技术。例如，使用实时增强现实技术在赛场上添加特殊元素，使用灯光和音效的精确控制，利用高清大屏幕展示实时数据和赛况等。这些创新技术的应用能够为观众带来更加沉浸式的赛事体验，并增强赛事的视觉冲击力和观赛乐趣。

10.2.5 策略卡牌类

策略卡牌类游戏赛事属于桌面游戏的一种，它的兴起源于人们对卡牌游戏的热爱和对策略性玩法的追求。关于卡牌游戏的起源有多种说法，目前比较普遍的说法是该游戏的原型来源于中国唐代的"叶子戏"，后来经过阿拉伯在世界范围内的传播而进入欧洲。

随着移动设备的大力普及，策略卡牌类赛事得到了更广泛的推广和发展。移动端设备的方便快捷性、操作简单性和自动化高效性使得策略卡牌类游戏成为许多玩家喜爱的选择。移动设备的普及使得玩家可以随时随地参与卡牌游戏，无论是与好友对战还是参加线上赛事，都变得更加便捷。

策略卡牌类赛事的兴起也得益于社交媒体和网络平台的发展。玩家们可以通过在线平台分享战术、对局心得和牌组构筑，与其他玩家进行交流和竞技。同时，赛事组织者也借助社交媒体平台宣传赛事信息，吸引更多的参与者和观众。

策略卡牌类赛事的代表有《皇室战争》系列赛事、《炉石传说》系列赛事、《云顶之弈》赛事、《金铲铲之战》赛事等。

1. 《皇室战争》系列赛事

《部落冲突：皇室战争》（Clash Royale）是由芬兰游戏公司 Supercell 所推出的集即时策略、MOBA 以及卡牌等元素于一体的一款手机游戏，于 2016 年 1 月 4 日在 App Store 发布，简称《皇室战争》，该游戏以《部落冲突》的角色和世界观为原型。比赛中，玩家需通过不断地开启宝箱来获取卡片的方式来增强自己的战斗力，进而与其他在线的玩家进行匹配战斗。随着奖杯升级，开启不同场地的竞技场。

《皇室战争》系列赛事中，比较有代表性的有皇室战争职业联赛（Clash Royale League，CRL）和皇室战争传奇公开赛（Clash Legend Open，CLO）。

其中，CRL 为《皇室战争》的全球性职业比赛。该联赛分为东方赛区和西方赛区两个分区。2018 年包含中国大陆、亚洲、欧洲、北美洲、拉丁美洲五大赛区，2019 年包含中国大陆、亚洲、西半球三大赛区，每大赛区根据配比名额晋级的队伍将进军全球总决赛，CRL 比赛现场如图 10-253 所示。

图 10-253　CRL 比赛现场

CLO 是国内最高规格的皇室战争比赛，也是中国赛区通往皇室战争国际比赛的重要渠道，图 10-254 是 CLO 的比赛现场图。

图 10-254　CLO 比赛现场

基于皇室战争的独特游戏风格，不论是皇室战争联赛还是皇室战争世界锦标赛，舞美设计都会采用可爱而萌趣的画风，以还原游戏中的场景和氛围。在舞美设计的细节中，除了运用了圆润柔和的陈设设计元素，选手席的布置也借鉴了童话故事的奇幻元素，营造出梦幻而愉悦的氛围。

以 2020 年皇室战争 CRL 总决赛为例，该赛事选择在中国上海的火柴电竞馆举行。火柴电竞馆是一个建筑面积超过 5000 平方米的场馆，能够容纳约 1000 名观众，拥有双直播通道和四种语言同时直播的能力，为 CRL 这样多国战队参与的国际联赛提供了理想的场地和设施。

在舞台设计方面，2020 年 CRL 总决赛的主舞台采用了波浪形的边缘设计，与其他赛事的舞台不同之处在于它没有过于强硬的冲击力，而更符合皇室战争的游戏画风。如图 10-255 所示，主舞台的主色调采用饱和度较高的红蓝配色，中央地屏还原了游戏中的场景，并设置了分界线的效果，使整个舞台更具视觉冲击力和游戏的氛围。

图 10-255 2020 年 CRL 总决赛现场（一）

除了主舞台的设计，赛事还在主舞台两侧设置了约 2 米高的巨大奖杯陈设和巨大的皇冠陈设，以还原游戏内的元素。如图 10-256 所示，这些陈设物在舞台两侧突出展示，不仅为比赛增添了庄重感，同时也让选手和观众更好地感受到皇室战争的精神和荣耀。

图 10-256 2020 年 CRL 总决赛现场（二）

有趣的是，不仅选手席采用了可爱的设计风格，连解说席也被设计成线条感较粗的游戏风格，与整体舞台设计相呼应。这样的设计细节营造出一种融入游戏世界的感觉，使参与者和观众更加沉浸于皇室战争的竞技氛围中。

2. 《炉石传说》系列赛事

《炉石传说: 魔兽英雄传》是由暴雪娱乐公司开发和出品的一款策略类卡牌游戏，常简称为炉石传说。该游戏背景设定在暴雪的魔兽系列世界中，玩家可以选择十一个不同的职业，每个职业代表了魔兽世界中的一个角色。在游戏中，选手需要根据自己所拥有的卡牌，组建一个合适的卡组，并指挥英雄、驱动随从以及施展法术，与对手进行对决，争夺胜利。

在《炉石传说》系列的赛事中，炉石黄金公开赛是其中较为有代表性的一项赛事。炉石黄金公开赛是由网易和暴雪联合主办的一项全民电竞赛事，每站参赛人数限定 512 人，报名不设门槛，面向全民公开选举。自从 2014 年起，黄金公开赛每年都会在全国数个城市巡回举行。

该赛事吸引了众多顶级选手的参与，他们展示了高超的游戏技巧和策略，为观众带来了精彩的对局。炉石黄金公开赛不仅是一个竞技赛事，也是一个促进炉石传说社区发展和推动游戏内外交流的平台。赛事中的选手们经过激烈的对抗，展现出卓越的牌局解读能力和战略思维，吸引了大量炉石传说爱好者的关注和支持。炉石黄金公开赛现场如图 10-257 所示。

图 10-257　炉石黄金公开赛现场

炉石黄金公开赛的舞美设计也会还原炉石传说游戏的独特风格，融入丰富的"魔兽"IP元素进行创作，舞美布置中，常常可以看到具有浓厚魔幻氛围的背景，如炉石世界的城市景观、神秘的森林和险恶的洞穴等。

此外，炉石黄金公开赛的舞美设计还会巧妙地运用游戏中的角色元素，如各职业英雄的标志性装备、技能特效等，将它们巧妙地融入舞台布置中，为观众带来熟悉而又令人惊喜的视觉效果。

以网上公开的 2019 年炉石传说黄金公开赛舞美方案为例，其主舞台的设计巧妙地加入了非常多的游戏元素。

如图 10-258 所示，整体主视觉以资料片主题"达拉然"的建筑风格元素为基础，营造出独特的氛围。主舞台位于正中央后方，展示了最新游戏资料片版本《暗影崛起》中的画面场景，让观众仿佛身临其境地感受到游戏的精髓。

主比赛擂台的设计风格灵感来自于游戏中的源头拉法姆和他手下集结的地方，即著名的"巫师帐篷"。这种设计选择既符合游戏的故事情节，又呈现出独特的神秘感和奇幻氛围，为比赛增添了一份魔幻的色彩。

图 10-258　2019 年炉石传说黄金公开赛舞美效果图

为了进一步融合现实与虚拟游戏元素，选手入场口设计了传送门屏风，让观众有一种穿越到游戏世界的错觉。

在对战桌方面，舞美设计团队在显示器部分采取了下沉设计，并留出了键盘鼠标操作的空间。同时，他们也考虑到选手的个人喜好和装饰品的摆放需求，在桌面上留有一定的空间供放置手办和其他装饰品。由于游戏的核心是魔法桌面卡牌，为了增强选手的代入感，整个对战平台被设计成游戏内部桌面的样式。

为了进一步增强代入感，显示屏的角度上扬，并与桌面的画面相结合，使选手仿佛置身于真实的桌面卡牌游戏中。这样的设计不仅能够让选手更好地沉浸在游戏的氛围中，还能避免显示器对选手面部的遮挡，确保他们能够自由观察和操作，如图 10-259 所示。

图 10-259　比赛桌面设计

考虑到赛事地点在厦门，舞美设计团队在主舞台前方采用了沙滩风格的设计，以呼应厦门这座海滨城市的氛围。这样的设计让当地观众能够近距离感受到熟悉而亲切的氛围，仿佛置身于海滩之上。此外，白色灯带相比于科技化的炫彩灯光，其运用进一步增添了清新的感觉，使海滩风格更加生动。

整个比赛平台的设计以卡牌为核心，旨在表达比赛选手与卡牌的紧密联系。从阶梯到平台的设计，象征着选手们与卡牌一同攀登至荣誉的巅峰。这个设计寓意着他们通过比赛争夺卡牌之巅的荣誉，象征着他们在卡牌世界中的精彩战斗和奋斗。

除了视觉上的舞美设计，整体舞美规划中还考虑了合理的动线和功能性需求。中央的卡牌阶梯不仅作为视觉焦点，也兼具通道的功能，为选手提供了合影和退场的空间。这样的设计既方便了选手的移动，又能够展示选手们在比赛结束后的合影，留下珍贵的回忆，如图 10-260 所示。

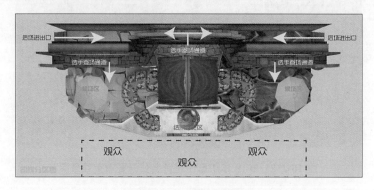

图 10-260　动线分区图

此外，舞台两侧的帐篷设置不仅是为了还原海滩的氛围感，更为选手们提供了候场和休息的区域，不仅符合主题，还为选手们创造了一个温馨舒适的环境，使他们能够在比赛前保持良好的状态。

炉石传说黄金公开赛与 Ti 类似，在吸引力方面有一个重要因素是赛事的奖励。获得该赛事的冠军不仅能够获得丰厚的奖金，还将获得参加《炉石传说》黄金系列赛年度总决赛的资格。在总决赛中，他们将与全国顶尖玩家一起角逐，争夺最高荣誉——约 500 克纯金炉石雕像奖励。

这一特殊奖励由上海知名金店老凤祥负责制作。考虑到炉石传说的造型非常独特且不规则，制作这样一座金质雕像需要复杂的工艺和技术。老凤祥花费了三个多月的时间来精心打造这座炉石雕像，确保其高度还原了游戏中的细节和风格，如图 10-261 所示。

图 10-261　炉石黄金公开赛纯金炉石雕像

2022 年年底，随着暴雪娱乐公司与网易代理合作的到期，双方决定不再续约，这也意味着炉石传说黄金公开赛将被暂停举办。

3. 《云顶之弈》赛事

《英雄联盟：云顶之弈》公开赛（TOC），是英雄联盟官方在中国大陆举办的比赛。赛事总奖金池高达200万人民币，总冠军将独享100万人民币奖励。首届《英雄联盟：云顶之弈》公开赛的KV如图10-262所示。

首届《英雄联盟：云顶之弈》公开赛的举办时间为2020年7月3日至8月21日。2020年7月3日开启线上赛道的"全民"报名，此届赛事在中国大陆地区分为线上赛道、平台赛道、新星赛道三大赛区。历经层层激烈选拔，线上赛道晋级5名、平台赛道晋级5名、新星赛道晋级2名，12名晋级选手和4名种子选手共计16名顶尖选手进行全国总决赛，最终，选拔出了3名晋级至Riot Games举办的《英雄联盟：云顶之弈》"银河战争"全球总决赛的选手。

图 10-262 首届《英雄联盟：云顶之弈》公开赛

依托于《英雄联盟》强大的IP力量，《英雄联盟：云顶之弈》自上线以来受到了广大玩家的热爱与追捧，并成功举办了多届全球总决赛。以2022年举办的TOC4为例，TOC的舞美设计与思路主要是以较低的成本实现游戏与现实的完美融合。

如图10-263所示，TOC4的舞美设计精心还原了游戏内的《光明与黑暗》版本，通过大量的异形结构和细节呈现，再现了游戏中的奇幻场景。舞台上巨大的装饰物和背景元素展现出游戏的世界观，让选手和观众们仿佛身临其境，沉浸在云顶之弈的魔幻世界中。

色彩鲜明的灯光凸显出游戏中的明暗对比，烘托出游戏内英雄的独特魅力。舞台的布景、道具和特效的运用，使得整个比赛场地充满了游戏的氛围和能量，为选手和观众们带来了视觉上的震撼和享受。

图 10-263 TOC4 总决赛舞美

4. 《金铲铲之战》赛事

《金铲铲之战》是 MOBA 竞技网游《英雄联盟》中云顶之弈模式正版授权的自动战斗品类手游，其知名赛事主要有金铲铲之战公开赛（J Open Championships，JOC）。

金铲铲之公开赛是《金铲铲之战》最高级别的赛事，参赛选手共计 32 人皆为四大赛道中选拔产生的顶尖弈士，分别是金铲铲之巅头部玩家、官方联赛 JSL 优胜选手、各大平台冲榜赛冠军以及官方直邀选手。

首届金铲铲之战公开赛于 2022 年正式启动，为广大玩家带来了一场新颖而令人期待的赛事盛宴。这项赛事的总决赛于 2022 年 12 月 4 日激烈展开，吸引了众多观众和参赛选手的关注。

作为一项较为新兴的赛事，金铲铲之战公开赛的赛事特点和规模还在逐渐形成和发展中。因此，在这里我们将对其进行简要的分析和介绍，以期初步了解和认识这场赛事的舞美设计与实现。

如图 10-264 所示，JOC 赛事在舞美设计方面也采用了类似 TOC 的策略，通过大量的异形陈设来还原游戏的 IP 场景，为选手和观众创造了独特的视觉体验。整体布局体现了对称性，注重细节的呈现，以营造出与游戏世界相一致的氛围。

图 10-264　JOC 总决赛舞美

赛事场地中的常规大屏结构被巧妙地融入设计中，以展示实时比赛画面和精彩瞬间，为观众带来更加沉浸的观赛体验。而在舞台的中部，更是用心还原了游戏的 IP 场景，将其作为焦点呈现给观众，使其能够迅速联想到游戏中的形象和元素，给观众留下深刻的印象。

总的来说，卡牌类游戏虽规模上可能不如其他类型游戏庞大，但舞美设计常常独具匠心，具有以下几个显著特征。

（1）显著的 IP 特征：在舞美设计中，卡牌类游戏注重还原游戏的 IP 特征。设计师会充分考虑游戏的核心元素和角色形象，并通过独特的设计手法，使观众能够迅速辨识出赛事所属的品类。

（2）适度的成本控制：由于现阶段卡牌类游戏的舞台制作成本相对较低，设计师在搭建和设计舞美时通常会注重在有限的成本下还原游戏的场景。他们会巧妙运用各种材料和装饰品，以突出赛事的独特特点。

（3）饱和度高的主视觉色彩：卡牌类游戏的舞美设计通常会选择色彩饱和度较高或明暗交替明显的风格。这样的设计能够增加视觉冲击力，吸引观众的注意力，并营造出富有活力和紧张感的氛围。

10.2.6　体育类

体育类赛事，也被称为运动类赛事，是一种让玩家模拟参与专业体育运动项目的赛事。这类游戏的内容主要以人们熟悉的实际体育赛事例如 NBA（美国职业篮球联赛）和世界杯足球赛等国际顶级赛事作为设计蓝本。

体育类赛事的游戏通常致力于提供真实的体育竞技体验，通过模拟运动项目的规则、场地和参与者，让玩家能够在虚拟环境中感受到身临其境的竞技乐趣。这些游戏会重点关注运动技巧、策略规划和团队合作等方面，使玩家能够在游戏中扮演运动员或团队的角色，与其他玩家或电脑控制的对手进行对抗。

在体育类赛事中，开发者会尽力还原真实的体育赛事场景和参赛选手的形象。他们会通过逼真的图形效果、精确的物理模拟和流畅的操作体验，让玩家感受到接近实际比赛的紧张氛围和技术挑战。此外，游戏中也会包含各种衍生内容，如球场建筑、球队服装和球员特征等，以增加游戏的真实性和可玩性。

具有代表性的体育类赛事有 *FIFA Online* 赛事、*NBA 2K* 赛事。

在介绍这款赛事的舞美之前，本书对其关联的体育赛事先进行简单的介绍。FIFA 是指国际足球联合会（Fédération Internationale de Football Association，FIFA，国际足联），于 1904 年 5 月 21 日在法国巴黎成立，总部于 1932 年由法国巴黎移至瑞士苏黎世。国际足联旗下有三大国家队赛事，分别是世界杯、U20 世界杯（世青赛）以及 U17 世界杯（世少赛）。

1.　*FIFA Online* 赛事

现阶段的 *FIFA Online* 赛事主要是基于 *FIFA Online4* 的赛事，这款游戏是由 EA（艺电）公司开发、腾讯代理的足球网游。该游戏系列拥有 FIFA 国际足联组织的官方授权，覆盖了全球 37 个主要联赛、47 支国家队，以及 1.5 万名以上的在册职业球员。选手可以在对局中进行球团球员的管理，并作出攻防。

在 *FIFA Online* 系列赛事中，比较有代表性的赛事有 EA 冠军杯（EA CHAMPIONS CUP，EACC）。

EACC 是 EA 主办的 *FIFA ONLINE4* 洲际赛事，有来自中国、韩国、泰国、越南等多个国家超过 12 支电竞队伍参赛。

为了还原体育类赛事游戏的真实体验，其舞美设计和实施过程通常会比较注重恢复传统体育赛事场景的色彩和布置。另一方面，赛事方也会考虑电竞赛事的科技特性，以确保游戏呈现出与现实赛事相似的氛围。

在舞美设计方面，体育类赛事通常会通过使用适当的灯光效果、视觉元素和装饰品，还原体育赛事场馆的独特氛围。运用逼真的色彩和纹理，营造出与传统体育场地相似的感觉。

而为了保留电竞赛事的科技特性，赛事方往往会融入现代化的元素和创新技术。例如，在舞台背景或道具设计中，以 LED 屏幕展示游戏中的实时数据、比分和精彩回放，以发光的应援棒来营造氛围感等，如图 10-265 所示。

图 10-265　2019 年 EACC 春季赛总决赛现场

但异于传统足球赛事，EACC 的选手在比赛中扮演整个团队的掌舵者，通过全局视角来管理和控制他们管理的团队。而观众则更多地采用传统体育足球赛事的视角观看比赛。然而，这种电子科技感的呈现对选手的身体要求相对自由且广泛，更加关注选手的反应速度和协调能力，以便进行更为精细的操作，以实现大型体育赛事的想象和呈现。

在 EACC 中，选手的视角使他们能够通过操纵游戏中的虚拟角色和团队来实现战术策略，并赢取比赛。与传统足球相比，电子竞技足球赛事更加注重选手的反应速度和协调能力。选手需要迅速准确地控制角色在虚拟场地上的移动和操作，以应对复杂的比赛情况和对手的攻击。

以 2019 年 EACC 现场为例，2019 年 5 月 24 日至 5 月 26 日在上海 U⁺ 时尚艺术中心进行了为期三天的淘汰赛，最终泰国红队获得冠军及 100 000 美元的奖金。

在基础落地背景上，上海 U⁺ 时尚艺术中心是一座独立的单体建筑，拥有一个占地 2250 平方米的无柱多功能厅。该多功能厅的层高达到了 14 米，为举办大型活动提供了广阔的空间。在 2019 年 EACC 春季赛总决赛的整体搭建中，舞美陈设相对简洁，主要以几块大屏幕作为视觉的中心，通过这些大屏幕上的画面来还原真实的体育场景。这种简洁而实用的舞美设计选择，一方面是由于体育类赛事的关注度相较于已经成熟的体育赛事而言，还有一定的差距；另一方面也是为了利用有限的经费，突出体育赛事的本质，将焦点放在游戏画面和选手表现上。

比较有趣的是，在服化道方面，EACC 赛事的选手服装与其他电竞赛事有着一些有趣的区别。与一般电竞赛事常见的街头风格或未来主义风格不同，EACC 赛事的选手们在服装选择上更加接近传统体育球员的服装风格，更加注重体现出传统体育赛事的氛围和形象。这种选择在某种程度上也反映了 EACC 对于体育属性的尊重和强调，同时也为观众提供了更加熟悉和亲切的感觉。选手们穿着球员服装，能够在比赛中更好地代表自己的团队，也为比赛增添了一种正式而专业的氛围，如图 10-266 所示。

图 10-266　2019 年 EACC 春季赛总决赛现场战队服装

如图 10-267 所示，类似的情况也出现在 2019 年 12 月 22 日举行的 EACC 2019 冬季赛总决赛，该赛事在韩国 KINTEX 举行。

与之前提到的春季赛相似，这场比赛的空间在舞美陈设方面也保持简约，利用了几块大屏幕和选手席来呈现比赛的关键元素。与此同时，为了还原游戏的特点，在观众席上使用了以绿色为主要色彩的应援棒。

这种设计选择再次凸显了 EACC 赛事的特点，以及对于展现游戏本身特点的追求。通过利用大屏幕和选手席作为核心元素，赛事组织者得以控制成本，同时将焦点集中在比赛的核心内容上，让选手的精彩表现和游戏画面成为观众关注的焦点。

图 10-267　EACC 2019 年冬季赛总决赛现场

2. NBA 2K 赛事

NBA 2K 是一款由 Take-Two Interactive 旗下的 Visual Concepts 工作室开发的篮球类游戏，首次发布于 1999 年 11 月 10 日。这一系列作品以其全面的 NBA 体验、精美的球员动作表现和标志性的动作而闻名，为玩家提供了一个逼真而精彩的篮球世界。

NBA 2K 系列的独特之处在于其对 NBA 的全面还原和呈现。从球场的设计到球员的动作表现，游戏力求在细节上与现实世界相媲美。球场的布局、篮球场边的氛围、球员们的特点和技能，甚至是观众的反应，都经过精心的打造，使玩家可以身临其境地感受到真正的 NBA 比赛。

NBA 2K 联赛（NBA 2K League）是 NBA 与 NBA 2K 电子游戏系列开发商 Take-Two Interactive Software 合作推出的电子竞技赛事。这是首个由美国职业体育联盟运营的电子竞技联赛。

联赛中，每个队员将使用自己的专有角色（而不是 NBA 球员）进行五 V 五比赛。每个赛季的比赛将分为常规赛、锦标赛和季后赛。

NBA 2K 联赛现场的配色方案以 NBA 的经典配色为主，从视觉上创造出与 NBA 联赛紧密相关的环境和氛围，同时结合了科技感和类篮球场馆的元素。

此外，NBA 2K 联赛现场舞美通常还会利用先进的科技设备和效果，如 LED 灯光、投影映射等，以科技感和类篮球场馆的元素来营造出一个充满未来感和科技感的赛场环境，场馆的布局和装饰元素也会借鉴类似篮球场馆的设计，以呈现出更加专业和真实的篮球赛氛围。

以 2022 年 NBA 2K 联赛现场为例，每位选手都分配了一个独立的对战桌，得以专注于比赛，并确保有充足的空间来进行操作和战术规划。如图 10-268 所示，对战桌呈圆形围绕在主战场周围，提供了更好的视野和观察角度，也增强了现场的交流和互动氛围。

图 10-268　2022 年 NBA 2K 联赛现场

为了展示战队和实时战况，现场设置了多个大屏幕。这些大屏幕位于主战场周围，通过实时转播比赛的画面和数据，让观众能够全面了解比赛进展和选手表现。

配色方面，大屏幕以 NBA 的经典红蓝配色为主，进一步强调了与真实篮球比赛的关联性，此外，为了营造更加逼真的篮球赛场氛围，主战场的正中央甚至还设置了一个巨大的类似于篮球赛场上的地板图案的地贴。这种细致入微的设计是为了让选手和观众仿佛置身于真实的比赛场地中，强化他们对比赛的沉浸感和参与感。

电竞赛事的舞美呈现与传统体育赛事有所不同。总的来说，体育类电竞赛事的舞美呈现主要具有以下几个特点：

（1）由于目前体育类电竞赛事的观众流量相对较少，赛事舞台通常不会过于盛大。相较于传统体育赛事，体育类电竞赛事在观众关注度方面还有一定差距，因此舞美设计更注重实用性和节约成本。赛事舞台的规模和装饰相对较简洁，以确保比赛的顺利进行为主要目标。

（2）在舞美设计中，还原体育场景是一个主要的思路。通过制订合理的配色方案、布置选手席和设置少量的物料道具等手段，营造出体育赛事的氛围。例如，选手席的排布和舞台布景可能会模拟传统体育场馆中的座位和场地布局，以让选手和观众们感受到熟悉的体育赛场氛围。

（3）在还原体育场景的基础上，体育类电竞赛事舞美设计还会注入一些富有科技感的AVL（音频、视频和照明）配件，以突出电子竞技的科技特色。例如，利用灯架的布置和照明效果制造炫目的灯光效果来增强比赛的视觉冲击力。音响系统的设置可以提供清晰而震撼的音效，将选手和观众带入游戏的世界。大屏幕的运用可以展示比赛实况、数据统计和选手表现，为观众提供更多信息和互动的机会。

10.2.7　竞速类

竞速类赛事（Race Game，RAG）是一种电子游戏赛事，其主要内容是玩家通过控制汽车进行竞速比赛。竞速游戏的核心比赛方式和目标是让玩家驾驶汽车与电脑控制的对手或其他玩家进行比赛，并争取获得胜利。在比赛过程中，竞速游戏常常营造出强烈的速度感和刺激感，让玩家能够身临其境地感受驾驶汽车的快感。

竞速类赛事注重玩家对赛道的熟悉程度和驾驶技巧的运用。玩家需要灵活掌握油门、刹车和转向等操作，以便在比赛中实现最佳的车速和线路控制。同时，竞速游戏还会设定各种赛道障碍和挑战，如弯道、跳跃、障碍物等，以增加游戏的挑战性和乐趣。玩家需要在高速驾驶的同时，具备对路况的敏感性和反应能力，以应对突发情况和赛道上的竞争对手。

为了提升竞速游戏的真实感和激情，赛事的舞台设计和呈现也起着重要的作用。比赛场地常常以各种著名赛道或真实世界中的地点为基础进行建模，以使玩家感受到身临其境的赛车环境。此外，精细的图形效果、逼真的物理模拟和声音设计都为玩家带来了逼真的赛车体验。

具有代表性的竞速类赛事有 F1 电竞赛事、《QQ 飞车》系列赛事。

1.　F1 电竞赛事

世界一级方程式锦标赛（FIA Formula 1 World Championship，F1），是国际汽车运动联合会（FIA）举办的最高等级的年度系列场地赛车比赛，是当今世界最高水平的赛车比赛，与奥运会、世界杯足球赛并称为"世界三大体育盛事"。

与 FIFA Online 类似，F1 也拥有对应的电子游戏，并衍生了电竞赛事。其中比较知名的是 F1 电竞中国冠军赛。

2019 年，首届 F1 电竞中国冠军赛以"创造中国速度"为主题，覆盖华东、华南、华北、中西 4 大赛区，穿越上海、北京、广州、佛山、成都、西安等城市，吸引了超过 10 000人报名。来自中国各赛区分站赛的 80 名选手与 20 位外卡选手在上海展开总决赛的角逐。

由于 F1 电竞中国冠军赛的参赛人数众多，为了保证比赛的公平性和参与体验，赛事组织方在舞美设计与实现方面采取了一些特殊的设计。

如图 10-269 所示，与前面提到的战术竞技类赛事相似，F1 电竞中国冠军赛的选手席采用了等距排列的方式，以确保每位选手都能享有相同的竞技环境和机会。

图 10-269　2019 年 F1 电竞中国冠军赛总决赛现场

然而，与其他电竞赛事的常规做法不同的是，F1 电竞中国冠军赛在选手席的设置上选择了更接近赛车座椅的角度和视觉角度的设置，选手在比赛时坐在类似于赛车座椅的位置上，以模拟真实赛车驾驶的感觉和视野。这种特殊的选手席设计能够进一步还原赛车驾驶的真实体验，让选手们能够更加沉浸于比赛中，感受到真实赛车的激情和紧张氛围。

以 2019 年 F1 电竞中国冠军赛总决赛为例，与其他电竞赛事不同的是，这场比赛在选手席座椅的设计上注重模拟真实赛车的感觉。选手席座椅的靠背较低，使选手能够更贴近赛车驾驶的姿势，以增强比赛的真实感，同时，对战屏幕的位置较高，为选手提供更好的视野，以模拟赛车驾驶时所看到的视角。

主舞台的整体设计以红色为主色调，这是 F1 赛事标志性的颜色之一。此外，舞台上还加入了许多类似于加速符号的标志和线条设计，以渲染整个赛场的"竞速"刺激感。

F1 电竞赛事最大的亮点以及独特之处，毫无疑问就是其对于选手席的特殊设置。如图 10-270 所示，在 2021 年第四届进博会上，F1 电竞中国冠军赛带来了一项全新的竞赛

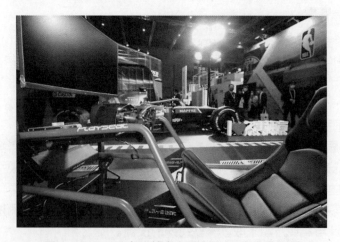

图 10-270　2021 年进博会上展示的 F1 电竞模拟器

设备，即新款 F1 电竞模拟器，它在活动现场焕发出光彩。作为一台全新的竞速设备，这款模拟器在进博会期间将长期"驻场"在 F1 展台，供参展观众现场体验，亲身感受驾驶"F1 赛车"的速度与激情。

尽管自 2020 年以来，F1 赛事在中国暂时缺席，但其独特的舞美道具在众多电子竞技赛事中独树一帜。这种在舞美道具方面的独特设计与其作为一项高水平电竞赛事的身份相得益彰。这种独特性为赛事增添了一份与众不同的魅力，也吸引着广大观众的关注和参与。

2. **《QQ 飞车》系列赛事**

《QQ 飞车》是腾讯公司 2008 年推出的一款赛车竞速、休闲、多人在线游戏，由腾讯公司的琳琅天上游戏工作室开发。主要对战方式为通过终端进行电子赛车的角度、速度等操作进行竞赛。2017 年，深圳市腾讯计算机系统有限公司基于《QQ 飞车》端游开发了首款 3D 赛车竞速休闲手机游戏《QQ 飞车手游》，而其关联的电竞赛事 QQ 飞车手游 S 联赛也比较有特色。

QQ 飞车手游 S 联赛（S league）是 QQ 飞车手游官方首个高水平赛事。在 UP2018 腾讯新文创生态大会上，《QQ 飞车手游》发布了全新的电竞赛事体系，而作为这一体系核心的 QQ 飞车手游 S 联赛在 2018 年 5 月正式启动，整体赛事奖金高达百万。QQ 飞车手游 S 联赛每个赛季分为季前赛、常规赛、季后赛及总决赛四部分。

与 PC 端的竞速类赛事舞美相比，由于 QQ 飞车手游基于手机终端的特性存在一些限制，因此无法完全模拟真实赛车环境的舞美效果。

由于手机屏幕相对较小，无法提供与大型显示屏相媲美的视觉体验，因此，在 QQ 飞车手游的赛事舞美设计的选手席设计上，可能会采用简化的元素和场景，以让选手舒适、公平地竞赛。另一方面，QQ 飞车手游 S 联赛的舞美设计却因这样的限制，有了一些额外的亮点。

事实上，QQ 飞车手游 S 联赛可以被视为电竞赛事舞美的典型代表之一。以科技感的呈现为特色，符合竞技公平原则的选手席排列，同时辅以代表赛事游戏品牌的竞速元素如加速赛道标志等，共同构成了一个符合品牌特色并具备功能性的舞台。

在舞美设计方面，QQ 飞车手游 S 联赛注重科技感的展现，通过现代化的舞台布置、灯光效果和视觉特效等手段，营造出浓厚的科技氛围。

为了保证竞技公平，舞美设计还考虑到选手席的排列布局。通常会采用等距离排列的方式，确保每位选手都能够享有相同的竞技环境和视觉体验，避免任何因位置不同而带来的不利因素。

除了科技感和竞技公平性，QQ 飞车手游 S 联赛的舞美设计还会巧妙地融入代表赛事游戏品牌的竞速元素。通过设置加速赛道标志等元素，舞台呈现出浓厚的赛车氛围，进一步凸显比赛的主题和特色，如图 10-271 所示。

以 2020 年 QQ 飞车手游 S 联赛秋季赛总决赛为例，赛事在一个近 900 平方米的封闭式空间内进行搭建，其中约一半的区域被用作主舞台，其余区域则用于设立现场导播间等功能。

整个舞台的视觉设计以 QQ 飞车手游的主题色——黄色为主要色调，并通过大量的灯带装饰来营造出科技感十足的氛围。

图 10-271　QQ 飞车手游 S 联赛 2020 年秋季赛总决赛舞台

舞台的设计中，还采用了异形结构来打造类似于"3D 竞速带"的效果，以增强赛事的主题感和视觉冲击力。选手席位于奖杯的两侧，呈对称排布，以体现竞技公平的原则，并为选手们提供公正的比赛环境。

此外，赛场的布置中，还设置了多个观赛大屏，用于展示战场数据和比赛的实时画面，让观众能够更清楚地观看比赛过程，并更好地感受到比赛的紧张和刺激。

这样的舞美设计与实现，能够作为各类中小型电竞赛事的一个标准化参考。

总的来说，竞速类赛事在舞美打造上，主要有以下几个特点。

（1）特殊标识物装饰：为了突出竞速的特性，赛场上常会出现类似于加速符号的装饰元素，如闪烁的灯带或标志性的箭头符号，以营造出一种动感十足的竞速氛围，让观众能够直观感受到速度与激情。

（2）大量的直线灯带：直线灯带是竞速类赛事中常见的舞美元素，通过灯带的闪烁和变化，营造出赛车赛道上的灯光效果。这些灯带通常沿赛道或舞台的边缘布置，呈现出流动的光线，增加了视觉上的动感和科技感。

（3）还原真实赛车体验：如果条件允许，竞速类赛事的舞美设计可能会尝试还原真实赛车体验，以让选手和观众更加身临其境。比如模拟赛车座椅、踏板等设备的设置，使选手在比赛中能够有更真实的驾驶感觉。

10.2.8　其他

除了上述提到的竞速类赛事，还存在许多其他类型的赛事，如休闲类、格斗类等。这些赛事在舞美设计和实现原则上可能没有明显突出的特点，因此在这里不会一一进行分析。为了对这些赛事做一个大致的介绍，笔者将通过图片形式进行简要的说明。

1. 《球球大作战》系列赛事

《球球大作战》是由巨人网络旗下的 Superpop&Lollipop 工作室自主研发的一款手机网络游戏。该游戏于 2015 年 5 月 27 日由巨人网络在中国大陆发布，是一款免费的游戏

（道具除外）。

　　游戏的设计宗旨是通过实时互动 PK 来提供玩家间的竞技体验。玩家可以利用简单的规则将操作直接转化为游戏策略，在比赛中进行大球吃小球的竞争。游戏中，玩家控制一个球体，通过吃掉其他玩家的小球来变得更大，同时要避免被其他更大的球体吞噬。这种简单而刺激的玩法吸引了众多玩家的参与，并在手机游戏领域有着广泛的影响。

　　《球球大作战》系列赛事中比较有代表性的有：《球球大作战》职业联赛（Battle of Balls Professional League，BPL）。

　　《球球大作战》竞技职业联赛是全球首款休闲类手游的竞技赛事。BPL 设有专业的赛程赛制，通过游戏内排行榜、线上公开赛、杯赛，以及第三方赛事进行积分累积，积分最高的 16 支最顶尖的战队脱颖而出，成为《球球大作战》首届职业联赛的参赛队伍。

　　尽管《球球大作战》和前面提到的《皇室战争》是完全不同的游戏类型，但它们在游戏画风上都呈现出卡通可爱的特点。正因如此，《球球大作战》竞技职业联赛在舞美打造上也会采用与《皇室战争》赛事相似的主视觉风格，以确保观众能够深入沉浸于游戏的世界中。

　　在舞美设计方面，BPL 将运用较高的饱和度和较为圆滑的物料道具设计，以还原《球球大作战》游戏 IP 所带来的沉浸感。如图 10-272 和图 10-273 所示，舞台上可能会出现

图 10-272　BPL 现场及奖杯

图 10-273　BPL 领奖现场

大量鲜艳的色彩和柔和的曲线，使整个场景充满活力和趣味。同时，通过精心布置的道具和装饰物如可爱的游戏角色模型、彩色灯光效果等，营造出与游戏一致的视觉风格，让观众在观赛过程中感受到游戏的欢乐与活力，加强游戏 IP 的辨识度和代表性。

《球球大作战》的舞美设计中有一个非常有趣的特点，那就是选手席以球形为主要结构，以模拟选手在比赛中的真实形象。

这种设计方式通过视觉上的呈现，将选手与游戏中的角色形象进行呼应，增强观众的沉浸感和游戏氛围。

除了球形选手席，同一个战队的选手们还会以"围炉"的形式坐在一起。这种布局方式不仅展现了球球大作战游戏中"抱团"协作的特性，也强调团队之间的紧密合作和默契配合，如图 10-274 所示。

图 10-274　BPL 选手席一览

2. 《街头霸王》系列赛事

《街头霸王》是由日本 CAPCOM 公司于 1987 年首次推出的格斗类单机游戏系列，第一代游戏于 1987 年 8 月 30 日发行。游戏内主要角色有隆、肯、春丽、盖尔、春日野樱、亚力克斯、维加、豪鬼等。属于经典的格斗游戏。

在不断地更新与迭代中，《街头霸王》在后续也更新了多个版本，包括以虚幻 4 引擎研发的 3D 格斗游戏《街霸 V》等。

由于《街头霸王》系列赛事有非常多的类型，包括但不限于循环赛、授权赛、平台赛、商场赛等，此处不一一展开，但笔者单独将《街头霸王》赛事的舞美提出来，是因为街头霸王作为经典的 1V1 格斗电子竞技，其舞美具有非常独特的特色。

首先，《街头霸王》赛事的舞美设计注重营造充满街头格斗氛围的环境，以展示游戏的精彩和激烈对战。

以图 10-275 和图 10-276 为例，比赛场地可以是常规的赛事舞台、商场或者专门的格斗场，这取决于比赛的规模和场地的可用性。此外，不同于手游或 PC 游戏，在《街头霸王》的赛事中，常见的比赛终端是街机，街机终端通常会提供多个按钮和摇杆，以便选手能够执行各种攻击、防御和技能操作，展示出他们的格斗技巧和策略。

图 10-275　2021 年某地《街头霸王》线下赛　　　　图 10-276　部分小型街机示意图

　　另一方面，由于《街头霸王》游戏的易上手性和广泛的 IP 延展性，它在小型商业领域中得到了广泛的应用。与其他电竞赛事相比，街头霸王的舞美成本相对可控，只需一个较小的场地空间、两台专业的街机以及能够展示比赛画面给观众的大屏幕和音响系统。此外，还可以使用一些还原《街头霸王》IP 的物料道具来增添氛围。这样的简单配置就足以打造一个能够让全民参与和娱乐的赛事舞台。街头霸王的赛事舞台通常可以容纳观众围绕着街机观看比赛，并吸引更多的玩家和观众参与其中。

　　这样的优点使其为社区、商场、咖啡馆等场所也提供了一个易于实现的互动娱乐的平台，促进了社交交流和游戏文化的传播。

　　总结：受科技高速发展的影响，近年来电子竞技产业蓬勃发展，除了上述提到的赛事外，还涌现了许多全民参与的赛事。

　　这些赛事的舞美设计多样，每个赛事都有其独特的特点。然而，总体上，它们都遵循竞技赛事的公平性原则，并且在舞美打造上与游戏本身密切相关，会着重还原相应游戏的特色和 IP。

　　随着信息技术和网络的持续发展，电子竞技舞台在设计上有望呈现出更多具有高科技特色的创新元素。有理由预期，在不久的未来，观众将能够亲眼见到更加震撼与先进的电竞赛事舞台呈现，以实现真正的"电子竞技元宇宙"。这些未来的舞台将融合尖端的投影技术、虚拟现实工具及增强现实技术，打造出全感官沉浸式游戏体验。观众不再仅仅是旁观者，而是能够深度融入游戏世界，与选手一同体验电子竞技所带来的激情与刺激。

　　未来的电子竞技舞台，可能会成为一个融合了技术、艺术和娱乐的综合体验。通过创新的舞美设计，赛事舞台将为观众带来更加震撼和沉浸式的体验，推动电子竞技行业向更高的层次发展。这种发展势头将进一步加强电子竞技的社会认可度，吸引更多人加入到这个新兴行业中。

第 **11** 章

电子竞技舞美设计
与实现的未来

11.1　舞台规模及制作效果持续提升

　　近年来，电子竞技行业一直处于高速增长的轨道中，这种增长受到了便捷的网络传播渠道的推动，使其观众数量也不断攀升。根据 Newzoo 的数据，2022 年，全球电竞观众数量已经达到了 5.32 亿，其中核心电竞爱好者占据 2.61 亿，而非核心观众则有 2.71 亿。预计到 2025 年，这一数字将以 8.1% 的复合年增长率持续增加，达到 6.40 亿。这一庞大的观众基础为电子竞技带来了前所未有的机遇。

　　尽管新冠疫情在 2020 年以来影响了电子竞技商业市场的增长，但却推动了宅经济的蓬勃发展，吸引了更多新的电竞观众。此外，全球范围内，新的电竞 IP 不断涌现，进一步促进了电子竞技观众的增长，其中大部分增长来自东南亚、拉丁美洲、中东和非洲等新兴市场。这个趋势表明，电子竞技的全球影响力正在不断扩大。

　　根据 2023 年部分电子竞技售票平台的数据，一些知名电竞赛事，如英雄联盟职业联赛和王者荣耀职业联赛，在售票开放后短短 10 分钟内就售罄，这清楚地表明当前电竞赛事所选择的场馆规模已经无法满足需求。随着电子竞技的全球化进程不断加快，观众对于赛事的审美需求不断提高，电子竞技舞台规模和制作效果的提升已成为迫切的需求。

　　然而，考虑到舞台比赛场地大小受到场地本身物理限制的制约，电子竞技舞美的提升不仅需要依赖于物理空间的扩展。在未来，电子竞技赛事的制作商们可以考虑融合更多虚拟技术，以创造超越物理限制的舞台。例如，如图 11-1 所示，以 PICO 全虚拟演唱会和 Bilibili 冰火歌会为例，虚拟技术可以用来提升舞美的模型品质，使其接近真实制作效果，同时还可以创造令人惊叹的虚拟世界，为观众提供更加震撼的观赏体验。

　　总之，电子竞技行业的快速增长为电子竞技舞美带来了前所未有的机遇，观众数量的增加和观众的审美需求提升将推动舞台规模和制作效果的不断提高。通过融合虚拟技术，电子竞技赛事将能够创造出更具创新性和沉浸感的体验，预示着电子竞技舞美领域在未来将充满更多可能性和挑战。

图 11-1　冰火歌会场景

11.2　舞美设计与实现中的新技术应用

以电影发展历史为例，电子竞技舞美设计与实现在未来可提升的可能性还在于利用新技术提升观赛感官的反馈。

早在 1900 年，第一部有声电影在巴黎放映，十年之后可靠的同步声音技术才逐渐成熟并可以商用；1914 年，上海维多利亚戏院放映了一次蜡盘发音的有声影片，当时也没有引起多少人的重视；1925 年，面临财务危机的美国华纳电影公司与长期研发录音和音响技术的西方电器公司合作，且到了 1927 年，影史上第一部正式的有声电影《爵士歌王》上映，大获成功，拯救了华纳财务危机，也标志着电影新世纪的到来；直到 20 世纪 30 年代早期，有声电影才成为一个全球现象；而现阶段的电影已经能够做到 3D 普及，且有大量的 4D 影院应运而生。

同为文化领域的产业之一，电子竞技的发展历程也经历了从简单的网吧赛到大型线下赛事，从简单的屏幕观察，到开始注重观众及选手精神反馈的沉浸式舞美打造。那么在未来，AR、XR、甚至是体感技术的高度运用和融合，或许可以调动参赛者和观赛者更多的感官集合，随科技的进步打造更为深入的沉浸式体验。

另一方面，随着大数据等新技术应用的不断成熟，在未来，数据分析和预测技术将在电子竞技中扮演举足轻重的角色。这些技术不仅能够为电子竞技产业带来巨大的影响，还将为选手、观众和赛事主办方创造前所未有的机会和体验。

2023 年 4 月初的和平精英职业联赛春季赛总决赛是一个引人注目的例子。赛事制作方英雄体育 VSPO 首次采用了自研的 LightBox 多设备联动控制系统，这一突破性的技术应用改变了电子竞技赛事的制作方式。通过智能数据互联，LightBox 系统成功打破了底层多个环节之间的衔接壁垒，包括大屏幕显示、音效控制、灯光效果、字幕展示、特效呈现等。这一创新不仅大大降低了播控台可能出现的衔接风险，提高了数据准确性，还实现了无延时的视听效果集成显示，为观众带来了流畅无间的观赛体验。

具体而言，这一技术的应用使得观众在比赛过程中可以实时查看游戏中的数据，包括战队的存活情况、首杀淘汰、缩圈状态、三杀暴走、淘汰王等关键时刻。同时，观众还可以同步享受到无延时的特效、灯光和音乐展示。当选手进入游戏环节时，LightBox 系统甚至能够将增强现实播控融入联动系统中，实现了全方位的控制集成。

这种技术的前景令人兴奋，而且这大概率只是一个开始。我们可以想象，在未来，随着数据分析应用的进一步加强和深入，许多舞美变化都可以通过大量的数据测试和量化来进行自动化的操控。这意味着更智能的电子竞技赛事舞美多设备联动控制将成为可能，甚至可以实现电子竞技赛事舞美多设备自动控制。这将使电子竞技的赛事制作更加轻松、简单，实现一键式的办赛操作。这不仅有望提高赛事的效率，还将为观众带来更令人印象深刻的观赛体验，进一步推动电子竞技行业的发展。

未来，电子竞技舞美将不仅仅是视觉和听觉的盛宴，还将成为数据科学和技术创新的交汇点，为全球的电子竞技爱好者带来更多无限可能。

2023 年 6 月，苹果举行了被俗称为"苹果春晚"的 2023 年全球开发者大会（WWDC），大会主题为"码出新宇宙"（Code new worlds）。值得注意的是，苹果头显在这次发布会重磅亮相。库克表示：AR 是一种深远的科技，将改变人们沟通、协作、工作和娱乐的方式。

库克在发布会上强调了增强现实技术的深远影响，指出 AR 将彻底改变人们在沟通、协作、工作和娱乐方面的体验。Apple Vision Pro 头显则是苹果公司多年高性能、移动和可穿戴设备设计经验的结晶，也是苹果历史上最为雄心勃勃的产品之一。

这款令人激动的头显搭载了 M2 和全新的 R1 芯片，R1 芯片是专门为 Vision Pro 头显研制的，其主要职责是高效的数据传输。操作系统方面，VisionOS 是首个从零开始打造的空间计算类操作系统，强调了用户隐私和安全，还引入了视网膜扫描密码功能 Optic ID，拥有苹果最先进的显示技术。

这个头显的独特之处在于用户可以通过手势、眼神和声音来控制，为用户提供了更加身临其境的电影、电视节目和游戏体验。在苹果的官方演示中，用户可以仿佛置身于《星球大战》等特效大片的世界，同时还能够观看多场体育比赛。更令人惊叹的是，Vision Pro 可以将电脑屏幕移至任何空间，实现随时随地的 360 度办公。不仅如此，用户还可以与家人或同事进行视频通话，仿佛对方真实地出现在眼前。关键的是，这一切只需通过简单的手势、语音或眼球动作来实现。其中最令人瞩目的特性之一是"Eyesight"，它确保戴上头显后，用户仍能与现实保持连接，因为屏幕的透明度会随时自动调整。例如，当有人靠近时，头显会自动变得透明，让别人能够看到你的眼睛，促进更加自然的交流。

Vision Pro 头显于 2024 年初上市，售价高达 3499 美元（约合 24852 元人民币），明显高于竞争对手的同类产品。与此同时，Meta 公司计划在今年秋季推出 Quest 3，128GB 版本售价为 499.99 美元。即便是高端的 Quest Pro，首发价格也仅为 1499.99 美元。

苹果头显的信息，显然也能够对电子竞技舞美领域带来一些新的思考和可能性。

首先来说，苹果所描述的头显的身临其境体验，能够为电子竞技赛事对于沉浸感的未来，带来一些新的思路。在未来，观众有望通过设备技术的更新，将不再只是隔着屏幕观看比赛，而是能够体验亲临现场的感觉，这种沉浸式体验可能会让观众通过脑电波的感官调解，感到他们自己就身处在比赛中，感受到选手的紧张、兴奋和压力。而这一点不仅会吸引更多的电子竞技粉丝，还可以吸引那些平时对电子竞技不感兴趣的人。

其次，头显的全方位控制功能也为电子竞技舞美设计也具有相当可靠的学习思路。我们已经在前面的章节提到过，舞美在电子竞技赛事中扮演着重要的角色，通过灯光、特效和音效来增强比赛的氛围和观赏性。而这些视听及灯光 AVL 所带来的体验，从本质上来讲，是对于观众神经系统的刺激，并收获其神经系统的反射反应。而有了头显的全方位控制，观众不仅可以观看比赛，还可以参与到舞美的创造中，他们可以自行操控灯光的颜色和亮度，选择特效的类型和时机，甚至调整音效的音量和音色。这将为观众提供一种前所未有的互动体验，使他们成为比赛的一部分。

最后，视觉透明度功能可能会进一步增加观众与现实世界的联系，这对于电子竞技赛事未来在社交性和互动性方面的提升也至关重要——观众不仅可以在虚拟世界中观看比赛，还可以看到身边的朋友、家人或其他观众，就像他们在同一个现实场地一样，通过神经系统的互联反应，促进观众之间的交流和互动，可能会引发新的社交体验和互动方式，例如观众之间的虚拟派对、互动游戏或实时讨论等等。

诚然，当我们思考新技术对电子竞技舞美设计的未来影响时，可以肯定的是，我们所讨论的只是众多可能性中的一小部分。当前，大数据和神经系统互动技术已经为电子竞技带来了巨大的改变，但这只是科技发展的起点。

随着人类社会在脑科学、基因工程、人工智能等领域的不断深入研究，电子竞技赛事将迎来更多令人难以想象的新技术应用。想象一下，未来选手可能会通过脑机接口实现与游戏的直接连接，提高反应速度和游戏表现；基因工程技术可能会创造出拥有超人能力的虚拟选手，为比赛增加更多刺激和娱乐性；人工智能和机器学习可能会推动电子竞技的智能化，为选手提供个性化的挑战和观众提供更具互动性的体验。

这些可能性只是未来的一部分，电子竞技的未来将更加绚烂多彩，充满创新和想象力。新技术的不断涌现将为电子竞技舞美带来更多机遇，将观众和选手带入一个更加引人入胜和沉浸的电子竞技世界。

11.3　舞美设计与实现的场地标准化

电子竞技舞美的优化不仅限于视听效果的提升。从经济角度考虑，成本结构的优化也是电子竞技舞美未来发展的重要方向。

回溯体育赛事的历史，早期的体育赛事并没有根据赛制和比赛项目而生的专门场地，然而，随着时间的推移，各类体育赛事都逐渐发展出具有明显功能性差异的比赛场馆，如足球场馆、篮球场馆、射箭场馆和射击场馆等。

与此类似，大型电子竞技赛事目前还主要依赖于对传统体育场馆的改造，这导致了大量一次性舞美搭建成本成为整个电子竞技费用结构中的重要组成部分。显然，这一方面的支出可以被合理优化和改善。

目前已经出现了一些专门用于电子竞技的功能性场馆，比如上海浦东森兰电竞馆和成都量子光等，这些场馆的结构、承重能力和灯光等方面都充分考虑了大多数电子竞技赛事的需求。然而，正如前文所讨论的，不同类型的电子竞技赛事在舞美方面可能存在较大差异。因此，电子竞技舞美的未来可能会出现针对不同品类赛事的标准化场馆。

以 MOBA 类赛事为例，可以设想一个专门用于 MOBA 赛事的标准化主场馆，该场馆的大屏幕可以适用于各种 MOBA 赛事，并且可以根据不同赛事的地图进行定制化调控。这种做法不仅可以节省大量一次性舞美支出，还可以打造出独具特色的电子竞技赛事场馆。

这样的设计当然也可以基于数据驱动来进行不断的设计优化，除了利用办赛者的经验，在未来，打造标准化场地时还可能利用大数据分析和智能系统，让电子竞技赛事可以更精确地了解观众需求和赛事趋势，并有助于优化舞美设计，确保资源的有效使用，并提供更具吸引力的观赏体验。

另一方面，标准化的场地也可能会伴随着更加可持续和环保的材料研发及使用，在基于可持续性和环保的考量上，未来的电子竞技舞美可能使用更加节能的设备、可再生能源以及环保材料将降低运营成本，同时也对环境友好。这种环保取向不仅有助于减少场馆的能源消耗，还能够树立电子竞技产业的社会责任形象。

综上所述，电子竞技舞美领域的成本结构优化不仅关乎经济效益，还可以推动电子竞技赛事的发展和多样化，为观众提供更加精彩的赛事体验。电子竞技赛事未来的标准化场馆可能会成为一个有趣的趋势，使不同类型的赛事都能够在适合自身需求的环境中展现出最佳状态。

11.4 舞台场景及功能的革命性变化

1992 年，美国著名作家 Neal Stephenson 在 *SnowCrash* 中提到元宇宙（Metaverse）一词，他这样描述：“戴上耳机和目镜，找到连接终端，就能够以虚拟分身的方式进入由计算机模拟、与真实世界平行的虚拟空间。”

2018 年，史蒂文·斯皮尔伯格打造的一部以虚拟现实游戏为背景的“史诗级冒险故事”电影《头号玩家》来到全球观众面前。这部电影在全球掀起的观影、争议热潮，获得近 40 亿美元的票房，成为当时全球电影市场的一部现象级电影。

2021 年，由肖恩·利维导演，瑞安·雷诺兹主演的《失控玩家》在全球范围内上线，影片对游戏中建模外的“自由之城”的描绘，以及，高度迭代后的人工智能 NPC 与玩家的真实情绪化互动，让“电竞元宇宙”一词再次引发了电竞从业者、学者的思考。

随着近年来“元宇宙”在各界得到广泛的关注，全球互联网巨头争相布局虚拟现实领域，EpicGames 为自己的元宇宙计划筹集 10 亿美元，并通过开放虚幻引擎的方式，邀请更多人进入自己的元宇宙世界。2021 年 7 月，Facebook 宣布成立元宇宙公司，随即谷歌、微软、三星和索尼也都加入 Facebook 的 XR 协会，形成元宇宙同盟，“元宇宙”似乎正在逐渐从概念走向现实。《头号玩家》中所描绘的高度虚拟现实电子竞技世界也再次引起电子竞技产业的遐想。

笔者认为，“电竞元宇宙”不失为电子竞技舞美场景未来一个革命性变化的参考和可能。具体来说，“电竞元宇宙”的舞台幻想又体现在几个方面：

1. 多学科融合与"元宇宙"

从科学角度上说，"元宇宙"的诞生是多学科融合的结果，根据"元宇宙"的概念，其融合了信息科学、量子科学、数学和生命科学等多个学科的范畴，元宇宙，实质上就是广义网络空间，在涵盖物理空间、社会空间、赛博空间以及思维空间的基础上，融合多种数字技术，将网络、软硬件设备和用户聚合在一个虚拟现实系统之中，形成一个既映射于现实世界，又独立于现实世界的虚拟世界。就电子竞技领域而言，"元宇宙"则主要倾向于信息科学和生命科学的高度链接。

2. 身份建模与选手数据

从电子竞技的概念出发，电子竞技利用高科技手段对人类智力和体力进行延展和突破，是科学技术深度融入竞技体育而产生的全新体育形式，电子竞技"元宇宙"的实现，离不开对电子竞技选手在"元宇宙"信息平台中的身份建模，而这样的身份建模又涵盖了选手本身的身体数据以及操控游戏的小肌肉群敏感程度。

对电子竞技赛事来说，评判选手是否取得胜利的重要标准无外乎通过信息数据对竞技者的智力、体力与协调能力进行量化和评估，那么，当传感技术足够先进，无线传输速度以及数据处理速度能够达到不影响赛事公平程度的时候，电子竞技选手在"元宇宙"世界的身份建模，即可以通过科学、准确的方式存在并不依赖于各式各样的终端进行竞赛。

3. 高科技与绿色电竞

通过先进的传感技术、高速无线传输和数据处理，电子竞技舞美的实现将不再依赖传统的硬件终端。这种变化不仅可以大大减少物理舞美的成本，还可以促进"绿色电竞"的发展，即通过锻炼提升角色建模数据，同时也优化了搭建物料的成本。

当信息科学发展到了可以搭建电子竞技"元宇宙"舞台，且科学家对于运动员生命科学的研究达到能够无误地与该舞台实现链接的时候，或许，我们可以想象出这样一副场景，全世界的电子竞技选手，仅通过一个小型的、统一的终端，就可以在以综合性赛事为原型的开放世界元宇宙里，在工程师搭建的、经过游戏厂商进行游戏场景及其他数据同步后的分区域游戏场景中，进行不受空间限制的电子竞技竞赛。

这样的变化不仅有助于物理层面的舞美成本的大大降低，也可以进一步实现"绿色电竞"的概念——让选手通过肌肉群和思维记忆等锻炼提升角色建模数据，同时也优化了搭建物料的成本。

4. 精神价值的再塑造

在第 10 章中，我们对现阶段不同品类的电子竞技赛事舞美进行了逐一分析，我们可以发现一个非常有趣的现象：全球性的大型、成功的电子竞技赛事的舞美，除了标准化、科技化的建设外，都能够从 IP 或者游戏特色本身出发，为参赛者、观赛者提供极大的情绪价值。在电子竞技学科研究的过程中，也出现过这样的观点：电子竞技的观赏性可以从美学欣赏、情绪调动、新奇看点三个层面来解读，电子竞技具有频繁调动情绪的能力——这也正是电子竞技最吸引人的地方之一。

我们可以看到，不管是 *DOTA2* 赛事独特的奖杯设计、*CS: GO* 赛事别具一格的观众席互动管理，还是《王者荣耀》赛事中体现的传统文化符号构建，都在一定程度上为电子竞技的受众（此处的受众包含了参赛者与观众等）提供了情绪价值的接口。

因此，在未来电子竞技"元宇宙"实现的蓝图中，成功的判断点必然不能少了"为受众提供全新的精神价值"。

与传统体育不同，电子竞技之所以能够在体育发展的几个阶段中占据一席之地，不仅因为其科技发展的必然性，从文化和精神价值层面来讲，"电子竞技"产自虚拟世界，从诞生之时就是一个完整的文化符号，是一个完整的虚拟故事世界观的延续。

因此，优秀的电子竞技舞美设计者，都离不开"讲故事"这个与受众进行精神互联的思考方式。

在电子竞技舞美发生革命性变革的道路上，"讲好故事"是一个基础且必要的条件。

未来的电子竞技舞美设计将更加强调"讲故事"这一核心概念，以提供全新的精神价值。不再仅仅是通过屏幕或现场观看，观众可以在多个感官的调动下，高度沉浸于一个真实的电子竞技世界。

这样全新的体验势必会带给观众全新感官认知和精神价值。

5. 深度沉浸式体验

在元宇宙中，电子竞技舞美将为观众提供一个前所未有的沉浸式体验。观众不仅可以看和听，还可以通过触觉、嗅觉等多个感官来体验这个虚拟世界，从而获得全新的感官认知和精神价值。

届时，受众通过电子竞技舞美感受到的，不仅仅是在现阶段通过文字、图像及终端画面所展现出来的，需要加以想象的游戏世界观，而是通过视觉、触觉、嗅觉等多个感官的调动，高度沉浸式的虚拟真实的另一维度的"竞技世界"。

现阶段的电子竞技用户热爱电子竞技，还仅限于通过屏幕去"听"故事，通过现场去"看"故事，而在电子竞技舞美产生"元宇宙"的革命性变化后，笔者相信，未来的电子竞技受众可以轻而易举地从本身的真实故事里，穿越到另一个高度真实的"平行世界"中，与热血的、梦幻的电竞世界"不期而遇"。

参考文献

[1] 栾冠桦. 戏曲舞台美术概论 [M]. 北京: 文化艺术出版社, 1994: 1.

[2] 中国大百科全书出版社编辑部编. 中国大百科全书戏曲·曲艺 [M]. 北京: 中国大百科全书出版社, 1983:480.

[3] 周忠, 周颐, 肖江剑. 虚拟现实增强技术综述 [J].《中国科学》杂志社, 2015.

[4] 侯颖, 许威威. 增强现实技术综述 [J]. 计算机测量与控制, 2017.

[5] 付楠, 李荣茂, 朱艳春, 等. 头戴式智能可穿戴设备的核心技术——增强现实 [C]. 全国可穿戴计算学术会议暨可穿戴与医学变革研讨会. 2015.

[6] 中央广播电视总台 冯高洁. 2019 年"金帆奖"获奖案例之春晚 AR 系统 [J]. 现代电视技术, 2020.

[7] 李晋, 钱明光. 大型活动现场直播中应注意的一些事项 [J]. 视听界 广播电视技术, 2013.

[8] 朱海清. 调音台的调音技巧 [J]. 现代电视技术, 2005.

[9] 刘畅. LED 屏幕工作原理及其在电视演播室的应用 [J]. 演艺科技, 2013.

[10] Jands Australia. Jands Stage CL - made for LEDs[EB/OL].[n.d] https://jands.com/stage-cl/.

[11] 冷若冰. 矛盾中的游戏者——论网络游戏 [D]. 济南: 山东大学, 2007.

[12] 李启光. "小奥运会"评论席系统的剖析及思考 [J]. 音响技术, 2013.

[13] 高琪强. 舞蹈人物形象塑造中"服化道"的作用 [J]. 东方藏品, 2018.

[14] 教育部体育大辞典编订委员会. 体育大辞典 [J]. 商务印书馆, 1984.

[15] 国家体育总局. 在华举办国际体育赛事审批事项改革方案.〔2014〕519[EB/OL].http://www.sport.org.cn/search/system/.

[16] WCG 结果: 正式比赛项目 [EB/OL].[2014]. https://wcg.xn--fiqs8s/2019/history/view/wcg-2004-san-francisco?lang=zh.

[17] Com Hem wins Guinness World Record title for 1.6 Tbps internet at DreamHack Summer[EB/OL]. [2021-09-02]. http://www.telecompaper.com. Retrieved.

[18] 卡托维兹: 由衰败煤城到电竞中心的蜕变 [J]. 中国商界, 2020.

[19] 竞·无止境｜TGA2022 年赛事回顾, 加速出圈的电竞魅力 [EB/OL] .[2023-01-04]. https://mp.weixin.qq.com/s?__biz=MjM5OTU3NDUxMg==&mid=2652133653&idx=1&sn=0477-196b7817fe1283a5122fbab27862&chksm=bcd9978a8bae1e9c5bf7a80ee21426d8e1ca-0e805411edc9411fad4d9b0cbf33f11e02662ad5&mpshare=1&scene=1&srcid=0807etM-G3CJFLcgcKtPesfYn&sharer_sharetime=1691343422988&sharer_shareid=6208fd43463-cde02200bdd6a580d0c19&from=industrynews&version=4.1.8.6020&platform=win#rd.

[20] What is the metaverse of the recent fire? [EB/OL]. CNR(2021-09-13) [2021-11-18]. https://baijiahao.baidu.com/s?id=1710776745437385158&wfr=spider&for=pc（最近大火的元宇宙是什么?[EB/OL]. 央广网 (2021-9-13)[2021-11-18].https://baijiahao.baidu.com/s?id=1710776745437385158&wfr=spider&for=pc）.

[21] Ning H S, Ye X Z, Bouras M A, et al. General cyberspace: Cyberspace and cyber-enabled spaces. IEEE Internet Things J, 2018,5（3）:1843.